마르크스주의로 본 한국 현대사

국립중앙도서관 출판예정도서목록(CIP)

마르크스주의로 본 한국 현대사 / 지은이: 한규한 외. -- 서울 : 책갈피, 2018
p. ; cm

"한국 현대사 연표" 수록
ISBN 978-89-7966-134-7 03910 : ₩13000

한국 현대사[韓國現代史]
마르크스 주의[--主義]

911.07-KDC6
951.904-DDC23 CIP2018008818

마르크스주의로 본 한국 현대사

한규한 외 지음

책갈피

차례

일러두기

1. 인명과 지명 등의 외래어는 최대한 외래어 표기법에 맞춰 표기했다.
2. 《 》 부호는 책과 잡지를 나타내고 〈 〉 부호는 신문과 주간지를 나타낸다. 논문은 " "로 나타냈다.
3. 인용문에서 [ ]는 지은이가 독자의 이해를 돕거나 문맥을 매끄럽게 하려고 덧붙인 것이다.
4. 본문의 각주는 지은이가 넣은 것이다.

들어가며

이 책은 주되게 고전적 마르크스주의 관점에 입각해 서술한 여러 저자들의 글을 묶은 책이다. 고전적 마르크스주의의 가장 핵심이 되는 사상은 아래로부터 사회주의라 할 수 있다. 이는 무엇보다 체제를 지배하는 지배계급의 눈으로 역사를 보는 데 반대한다는 뜻이다. 인류가 상호 대립하는 계급사회로 이행한 이래 어느 계급에게나 보편타당한 역사 해석은 거의 존재할 기반이 없었다. 특정한 역사적 사건들은 결국 누구의 눈으로 세상을 바라보는가 하는 문제로 귀결할 수밖에 없다.

한국 현대사를 아래로부터의 관점에서 본다는 것은 제국주의 열강, 독재 정권, 재벌을 위시한 자본가들의 한국 현대사에 반대한다는 뜻이다. 이것을 가장 노골적인 방식으로 옹호했던 세력이 뉴라이트다. 지난 9년간 우익 정권들은 이들을 온 힘을 다해 성원했고, 이들을 앞세워 대대적인 역사 전쟁을 벌였다. 특히 역사 교과서 국정화는 노골적인 강성 우익의 역사관을 국가적 차원에서 유일한 역사 해석으로 공인한다는 것을 뜻했다. 그러나 수백만 명이 참가한 항의 시위 덕분에 극도로 야비하고 부패했던 박근혜 정권이 몰락했다. 그러자 논란의 대상이던 역사 교과서 국정화가 중단됐다. 역사 교과서 국정화 중단이 항의 시위의 주요 요구 중 하나였기 때문이다.

역사 교과서 국정화를 반대하는 정서가 광범했다는 사실은 한국 주류 지배자들의 역사관이 얼마나 대중의 삶의 경험과 괴리돼 있는지를 반영한다. 그런데 사람들이 지배자들의 사상을 반박하려 애쓸 때 일부는 자신 나름의 경험을 동원하거나, 또 일부는 주변에서 쉽게 접할 수 있는 여러 계급의 다양한 주장들, 심지어 지배계급의 사상을 끌어다 쓰기도 한다. 흔히 이런 다양한 사상의 융합이 보통의 상식을 이루기도 한다. 사람들이 뉴라이트 역사 교과서를 반박할 때 소박한 민족주의나 자유민주주의론을 동원하는 걸 자주 볼 수 있다. 이런 민족주의, 민주주의론 가운데 급진적 조류를 좌파 민족주의나 민중주의라고 볼 수 있다.

일본의 식민 지배 경험, 열강들의 개입 때문에 민족이 분단되고 급기야 끔찍한 전쟁을 치러야 했던 경험, 야만적인 군부독재와 그 후원을 얻어 탐욕스럽게 몸집을 불린 재벌의 횡포 등 한국 현대사의 현실이 좌파 민족주의와 민중주의적 사상의 배양지였다. 이 사조들은 한국전쟁으로 노동계급 운동이 극히 위축된 속에서 한국 사회의 온갖 모순을 극복하고자 분투해 왔다. 한국에서 좌파 민족주의는 민중주의와 밀접한 연관이 있었다. 특히 한국에서 민중주의는 민족주의 프로젝트를 추진할 주체 문제와 연결돼 있었다. 한국 자본주의의 급속한 발전에도 불구하고(혹은 반대로 급속한 발전 때문에), 한국 사회가 외세에 착취당하며 저발전과 파행을 겪고 있고, 이는 광범한 민중의 연합으로 극복해야 한다는 생각이 오래 지속됐다. 또한 계급을 막론하고 광범하게 연합한 민중은 민족공동체 내의 정치·경제·사회·문화적 평등과 민주주의의 실제 내용을 채우는 주체이며, 이들이 평등과 민주주의 과제를 실현한 상태가 '진정한 민족주의'의 완성으로 여겨졌다. 따라서 이런 과제를 등한시한 역대 지배 엘리트들의 근대화 프로젝트는 '진정한 민족주의'일 수 없다는 것이다.

좌파 민족주의와 민중주의 사조가 사회 개혁을 위해 종종 아래로부터 저항을 동원한다는 점은 마르크스주의와 비슷하다. 그러나 고전적 마르크스주의와 달리, 대체로 좌파 민족주의나 민중주의는 자본주의를 근본적으로 변혁하는 데까지 나아가려 하지는 않는다. 자본주의 자체를 문제 삼지 않고 그 '파행적 운영'에 주로 주목하다 보면, '비정상적이고 일탈적인 극소수의 지배 엘리트'에 맞선 초계급적 범국민운동이 중시된다. 그런데 이런 사상을 일관된 전략으로 삼는다면 자본주의의 모순을 근본에서 변혁할 노동계급의 독특한 구조적 힘이 간과될 약점이 있다.

수십 년 동안 한국 현대사에서 북한 문제는 진지한 토론의 대상이 아니었다. 정부의 반공 선전물을 제외하면 대중이 접할 수 있는 가치 있는 정보는 거의 없었다. 역대 독재 정권들은 북한의 존재를 빌미로 사회를 단속했다.

고전적 마르크스주의는 소련과 북한 같은 스탈린주의 체제를 근본적으로 비판한다. 물론 우익과 자유주의를 비롯해 온갖 정치 사조들이 스탈린주의 체제를 비판했지만, 위선적이거나 기껏해야 피상적이다. 그러나 마르크스주의는 어떤 사회의 정치제도·이념·사상의 발생을 그 사회가 기초한 물적 토대와 연결해서 분석한다. 마르크스의 유물론적 방법을 적용해 보면, 스탈린주의 체제들은 계급으로 분열돼 있다는 점에서 단순한 전체주의 사회도 아니(었)고, 전형적인 자본주의적 착취 관계에 기초해 있다는 점에서 '봉건 왕조'도 아니(었)다.

과거와 현재의 스탈린주의 체제들은 자본주의 세계 체제가 가하는 군사·경제적 압력에 여느 자본주의 국가와 똑같은 방식으로 대처하려 했다. 체제 경쟁을 위해 생산은 대중의 필요가 아닌 (자본)축적에 종속됐다. 서방의 여느 사기업과 마찬가지로 노동과정은 경쟁과 억압적 통제를 통해 조직됐다. 착취의 주체가 개별 사장들이 아닐 뿐, 국가가 그 구실을 하는 국가자본주의 체제였던 것이다. 이 때문에 북한에 대한 마르크스주의적 비판은 중요하다. 많은 좌파 활동가들이 야만적인 군부독재에 맞서기 위해 북한을 대안으로 여기기도 했다. 북한을 대안으로까지 여기지는 않더라도 분단 극복과 통일을 위한 동반자라는 데 동의하는 사람들은 더 많았다.

한국 현대사 서술에서 해방 직후 스탈린주의 체제에 대한 평가는 제국주의에 대한 관점과도 직결된다. 정도의 차이는 있지만 많은 진보적 학자들이 소련의 북한 점령 정책은 미국의 남한 점령과 달리 어쨌든 진보적이었다고 암시한다. 그리고 많은 학자들이 모스크바 삼상회의의 결정을 현실적인 분단 극복책이었다고 본다. 그러나 실제 벌어진 결과를 떠나서, 고전적 마르크스주의 입장에서 보면 소련이 미국과 체결했던 신탁통치 협정은 레닌의 민족자결 원칙을 노골적으로 조롱하는 것이었다. 또 고전 마르크스주의 관점에서 보면 제2차 세계대전 이후 형성된 냉전 체제는 자본주의적 제국주의 경쟁의 변형이었다.

그런데 이 책에는 1980년대 말에서 1990년대 초까지 벌어진 세계사적 변환이 포함되지는 않았다. 이때 즈음 북한 문제는 이전과는 또 다른 의미를 지니기 시작했다. 그 즈음에 소련과 동유럽의 스탈린주의 체제가 붕괴하면서, 미국 중심의 신자유주의 세계화 외에는 다른 대안이 없다는 사상이 확산하고 있었다. 비록 당시 중국 지배계급은 톈안먼(천안문) 항쟁 등 정치 위기를 겪었지만, 일찌감치 자본의 세계화에 편승하려는 준비를 해 온 덕분에 급속한 경제성장으로 위기를 만회했다.

북한 지배자들은 중국이 그랬던 것처럼 권위주의적이고 패쇄적인 자신들의 권력은 보존하면서도 세계시장에 편입하려는 길을 필사적으로 모색했다. 그러나 서방 유수의 주류 학자들이 칭찬했던 '중국의 길'이 북한에는 허용되지 않았다. 미국의 동아시아 정책은 급부상하는 중국을 견제하고 일본을 자신의 휘하에 확실히 묶어 두고자 했다. 그래서 냉전이 해체됐는데도 불구하고 동북아시아에서 미군을 대규모 영구 주둔시키고 신속한 군사개입 능력을 과시하고자 했다. 북한은 계속 구제 불능의 은둔형 외톨이이자 사악한 악당으로 남아 있어야 했다.

중국(그리고 한참 뒤엔 러시아)의 소소한 지원 덕분에 북한은 체제 붕괴의 위기를 면하고 근근이 버텨 오고 있지만, 박정희의 새마을 운동보다 훨씬 앞서 제3세계 빈곤 국가의 성장 모델로 떠올랐던 북한은 이제 동아시아 최빈국 중 하나로 전락했다. 소련 진영과 서방 간의 냉전 경쟁이 해체되면서 동북아시아에서 세력균형은 북한에 압도적으로 불리해졌다. 심지어 북한은 자칫하면 미국과 중국, 러시아, 나아가 일본 등 열강들 간의 제국주의적 경쟁의 제물이 될 수도 있다. 북한 지배자들의 핵 개발은 이런 절망적 상황의 산물이다. 북한 핵을 빌미로 한 트럼프의 호전적 대북 압박은 한반도에서 군사적 긴장을 극적으로 고조시키고 있다. 트럼프 자신이 군사적 옵션을 쓰겠다는 말을 너무 많이 뱉어 놓기도 했다. 스스로 주워 담기에도 민망할 것이다. 한심하게도 남한의 일부 우익들은 트럼프가 북한을 선제공격하면 이에 편승해 남한 주도의 통일국가를 이룰 수 있을 것이라고 망상하기도 한다. 그러나 미국의 북한 점령 시도는 중국의 군사개입을 초래할 확률을 높일 것이다(중국이 평양에 지상군을 전개하는 데 시공간적으로 더 유리하기도 하다). 한미 동맹군(+일본군)과 직접 국경을 맞대고, 서해가 완전 개방돼 베이징이 미 해군의 직접 위협권에 드는 상황을 중국이 반길 리 만무하기 때문이다. 이런 상황에서는 소규모 무력 분쟁이 대규모 충돌로 직결될 가능성도 배제할 수 없다. 그러면 틀림없이 큰 재앙이 벌어질 텐데도 동아시아의 지배자들은 남북한 민중이 어떤 희생을 치를지는 안중에 없을 것이다. 또는 남한 우익들의 바람과 무관하게 북한 점령에 관한 정책 논의가 유엔으로 넘어가 열강들 사이에서 북한 점령 문제가 결정됨을 뜻할 것이다.

KKK 단원이라 해도 놀라울 것 같지 않을 트럼프가 "북한을 완전히 파괴하겠다"고 위협했다. 평범한 북한 주민들은 그게 무엇을 뜻하는지를 온몸에 소름이 끼치도록 선명하고도 절절하게 이해했을 것이다. 이미 미국은 지난번 한국전쟁 때 북한을 완전히 파괴한 바 있다. 미국은 북한의 모든 인프라를 가루로 만들었다. 파괴할 목표물이 없어지면 네이팜탄으로 시골 마을들을 불살랐다. 셀 수 없이 많은 무고한 남녀노소들이 미국의 무차별적이고 노골적인 '인종 청소' 작전으로 살해됐다. 오늘날 트럼프의 협박을 들은 북한 주민들은 차라리 허리띠를 더 졸라매는 한이 있더라도 하루빨리 핵무기와 대륙간탄도미사일 실전 배치에 성공하는 편이 낫겠다고 체념할지도 모른다. 북한 지배자들의 핵 개발이 분명 나쁜 일이지만, 북한과 미국을 기계적으로 똑같이 비판하는 태도는 한반도에서 군사적 긴장을 완화하는 데 아무런 쓸모가 없을 것이다.

한국 현대사에서 민주당과 같은 자유주의 정당은 중앙 권력에서 소외된 지역 엘리트나 중소 자본가를 기반으로 한 보수정당이었다. 평상시 이들은 기층 민중의 운동과 유기적인 관계를 맺는 경우가 결코 없었지만, 가끔씩 아래로부터의 저항운동을 이용해 왔다. 이런 데는 야만적인 반공주의와 좌파 마녀사냥으로 인해 기층 민중의 목소리를 대변할 진보 정당·조직이 없었다는 점도 한몫했다. 민주당은 대중운동의 힘을 빌려 집권 세력을 압박해 정치 협상을 자신들에게 유리하게 이끌려 했다. 그러나 이들은 자신들의 목적이 달성된 즉시 기층 민중운동의 요구와 거리를 두거나 나아가 배신하는 일이 흔했다. 4월 혁명과 6월 항쟁의 경험이 그랬다.

얼마 전 촛불 시위 덕분에 민주당이 집권했다. 과연 문재인 정권은 과거 자유주의 정권과 확연히 다른 길을 걸을까? 많은 사람들이 우익 정권 치하의 끔찍한 경험 때문에 현 정권의 '실책'들을 너그러이 보아 주려는 경향이 있다. 또 과거 민주화 운동 출신자들이 정권의 얼굴마담 구실을 하고 있다는 점도 사람들의 기대를 부추기는 요인이다. 그러나 민주당은 이미 10년의 집권 경험이 있다. 어버이연합 추선희가 "좌파 대기업" 운운한 사실이나, 박근혜의 국정원이 CJ 부회장 이미경을 "친노의 대모"라고 규정한 일은 시사적이다. 민주당 역시 일부 대자본과 끈끈한 네트워크를 지닐 정도로 '성숙한' 친자본주의 정당이라는 것이다. 이는 평범한 사람들의 기대와 달리, 사드 배치 강행이나 핵 발전소 추가 건설 승인 같은 공약 파기가 앞으로 계속될 가능성이 높음을 뜻한다. 역으로 이것은 아래로부터 운동이 지속돼야 할 이유이기도 하다. 개혁은 선한 의지를 가진 엘리트들이 대중에게 하사하는 선물이 아니다. 역사는 오직 아래로부터 대중행동만이 의미 있는 변화를 이끌어냈다는 점을 알려 준다. 그리고 역사는 한국의 노동자와 민중이 그럴 힘도 가지고 있음을 보여 준다. 고전적 마르크스주의의 역사관은 바로 이 점을 옹호하고자 한다.

저자들이 글을 쓴 시점이 각각 다르다 보니 부분적으로 내용이 중첩되기도 하고, 어떤 사건에 대한 서술과 강조점에서 미묘한 차이가 있을 수도 있다. 이 점에 대해 미리 양해를 구한다.

2018년 2월

지은이를 대표해, 한규한

한국 현대사 연표

1장 해방 — 새로운 사회는 가능했는가?

1945년	8월 15일	일본 항복, 조선 해방
	8월 17일	건국준비위원회 결성
	8월 말	건국준비위원회 전국 145개 지부로 확대
	9월 6일	조선인민공화국 선포
	9월 9일	38선 이남에 미군정 실시
	10월 10일	미군정 인민공화국 부정
	12월 27일	모스크바 삼상회의 조선에 대한 신탁통치가 포함된 결정문 발표
1946년	2월 8일	북조선임시인민위원회 창립
	2월 14일	미군정 자문기관으로 우익 중심 남조선대한민국대표민주의원 개원
	3월 5일	북한에서 토지개혁법 선포
	3월 20일	제1차 미소공동위원회 개최
	5월 6일	제1차 미소공동위원회 결렬
	7월	좌우합작위원회 수립
	9월	9월 총파업
	10월	10월 인민항쟁
	12월 12일	남조선 과도입법의원 개원
1947년	2월	북조선인민위원회 설립
	5월 21일	제2차 미소공동위원회 개최
	10월	제2차 미소공동위원회 결렬
1948년	4월 3일	제주 4.3항쟁
	5월 10일	남한 단독 총선거
	6월 21일	농지개혁법 제정
	7월 20일	이승만 초대 대통령 당선
	8월 15일	대한민국 정부 수립
	9월 9일	조선민주주의인민공화국 정부 수립

2장 한국전쟁 — 누구를 위한 전쟁인가?

1948년	12월	소련군 북한에서 철수
1949년	6월	미군 남한에서 철수
	8월	소련 핵무기 개발 성공
	10월 1일	중화인민공화국 선포
1950년	1월 12일	애치슨 선언
	6월 25일	한국전쟁 발발
	9월 15일	인천상륙작전 개시
	10월 19일	중국군 참전
1953년	7월 27일	정전협정 체결

3장 4·19에서 10·26까지 — 노동계급이 전진을 준비하다

1952년	7월 4일	부산 정치 파동
	8월 5일	제2대 대통령 선거, 이승만 당선
1954년	11월 17일	사사오입 개헌
1956년	5월 15일	제3대 대통령 선거, 이승만 당선
1958년	1월 13일	진보당 사건
1960년	3월 15일	3.15 부정선거
	4월 19일	4.19혁명
	4월 26일	이승만 하야
	6월 15일	윤보선 대통령 취임
1961년	5월 16일	5.16 군사 쿠데타
	5월 18일	장면 내각 총사퇴
	6월 10일	중앙정보부 설치
1962년	3월 24일	박정희, 대통령 권한대행 시작
1963년	5월 14일	민정당 창당
	7월 18일	민주당 재창당
	10월 15일	제5대 대통령 선거, 박정희 당선
1964년	3월 24일	한일회담 반대 투쟁 시작

	9월 11일	베트남 파병 시작(1966년 4월까지 총 네 차례 파병)
1965년	6월 22일	한일기본조약 조인, 국교 정상화
1967년	5월 3일	제6대 대통령 선거, 박정희 당선
	7월 8일	동백림 사건
1968년	8월 24일	통일혁명당 사건
1969년	9월 14일	3선개헌안 날치기 통과
1970년	11월 13일	전태일 열사 분신
1971년	7월 1일	제7대 대통령 선거, 박정희 당선
1972년	12월 23일	통일주체국민회의에서 제8대 대통령 선거, 박정희 당선
	12월 27일	유신헌법 공포
1974년	8월 15일	육영수 피격 사건
1978년	2월 21일	동일방직 '똥물' 사건
	7월 6일	통일주체국민회의에서 제9대 대통령 선거, 박정희 당선
1979년	8월 11일	YH무역 투쟁 중 김경숙 씨 사망
	10월 16일	부마항쟁 시작
	10월 26일	박정희 피격 사망
	12월 12일	12.12 군사 쿠데타

4장 5·18에서 1987년까지 — 노동계급의 역사적 전진

1980년	4월 16일	사북 탄광 노동자 투쟁
	5월 18일	광주 민중 항쟁
	8월 27일	통일주체국민회의에서 제11대 대통령 선거, 전두환 당선
1983년	12월 21,22일	유화 조치(학원 자율화, 공안 사건 관련자 사면·석방)
1985년	4월 16일	대우자동차 파업
1987년	1월 14일	박종철 고문 치사 사건
	6월 9일	연세대 학생 이한열 최루탄에 맞아 중퇴
	6월	6월 항쟁
	6월 29일	6.29 선언
	7월 9일	이한열 장례식
	7~9월	노동자 대투쟁

1장
해방 —
새로운 사회는 가능했는가?

해방은 도둑같이 뜻밖에 왔다

한규한

“해방은 도둑같이 뜻밖에 왔다”(함석헌), “참으로 거짓말같이 그 날은 오고 말았다”(홍윤숙), “대중적 반전 투쟁도 이루지 못한 채로 8월 15일 아닌 밤중에 찰시루떡 받는 격으로 해방을 맞이하였소”(박헌영). 이들의 진술은 ‘해방’의 모순적 성격을 보여 준다.

일본 제국주의의 물리적 힘은 조선 민중 혼자만의 투쟁으로는 물리치기 어려웠다. 일본이 식민지에 유럽 제국주의보다 훨씬 직접적인 통제를 가한 점(이것은 조선이 일본과 지리적으로 가깝다는 점도 한몫했다)과, 조선의 자본주의가 이제 막 발전하기 시작했다는 점은 저항의 힘을 제약했다.

가뜩이나 취약했던 (민족) 부르주아지는 일본의 지배 체제에 거의

출처: 격주간 〈다함께〉 47호(2005. 1. 5).

일본 패전 선언 다음 날인 8월 16일 마포형무소 앞 만세 장면.

무기력하게 흡수돼 있었다. 조선의 노동계급은 종종 영웅적인 희생으로 일본 제국주의에 저항했지만 1930년대 후반 이후로는 더욱 혹독한 탄압을 받았다.

중국에서는 장제스의* 후견을 받은 임시정부가 있었지만 대중적 기반이 없는 망명객 집단이라는 한계를 넘어서지 못한 채 쇠퇴해 명맥만 유지하고 있었다. 친북 좌파들이 주장하는 것과는 달리 김일성은 보천보의 소규모 전투 이후 일본의 토벌을 피해 연해주로 도주했고 해방까지 이렇다 할 움직임을 보여 주지 않았다.

---

* 중국의 우익 정당이었던 국민당의 지도자. 내전에서 패한 뒤 대만으로 건너가 '중화민국' 총통이 된다.

일본의 제2차세계대전 패배는 식민지 조선의 민중에게는 '가능성의 공간'을 열어 준 것이었지만, 제국주의 열강들의 생각은 달랐다. 크리스 하먼이 지적했듯이 당시 "대다수 좌파와 자유주의자들은 제2차세계대전을 민주주의 대 파시즘의 전쟁이라고 봤다." 그래서 에릭 홉스봄은 제2차세계대전을 "19세기였다면 '진보와 반동'이라고 불렀을 나라들 사이의 전쟁"이라고 정의하기도 했다. 당시 조선의 좌파들과 다수 민족주의자들도 마찬가지였다.

그러나 연합군 지배자들의 전쟁 동기는 "민주주의"가 아니었다. 예를 들어, 전쟁 전이나 전쟁 중에나 그들은 학살 위기에 처한 유대인을 구하기 위한 행동을 묵살했다. 그래서 히틀러의 선전 장관이었던 괴벨스는 1942년 12월 13일 자 일기에 다음과 같이 쓸 수 있었다. "나는 영국인들이나 미국인들이 마음 속으로는 우리가 유대인 쓰레기들을 말살하는 것을 기뻐하고 있다고 믿는다."

공황은 국가 간 경쟁을 격화시켰다. 각국의 지배자들은 경쟁 관계에 있는 다른 나라들의 희생을 통해 자신이 받는 압력을 덜려고 했다. "그들은 앞다투어 제 나라 통화의 가치를 낮추고 관세장벽은 높여서 상품을 더 많이 내다팔려고 애썼다." 이것은 곧 열강이 지배하는 블록화(영국, 미국, 프랑스, 일본, 독일, 그리고 소련) 경향을 강화했다.

제2차세계대전의 본질은 제국주의 국가 간의 충돌이었고, 전후 점령 정책은 그들 간의 '세력권' 재분할이었다. 스탈린은 1945년 여름 유고슬라비아 공산당 지도자들과 나눈 대화에서 다음과 같이 함축적으로 말했다. "이 전쟁은 과거와는 다르다. 누구든 어떤 영토를 점령하면 그 곳에 자신의 사회체제를 심는다. 누구든 자기의 군대가 미치는 곳까지 자신의 고유한 체제를 이식하고 있다." 그래서 한반도 분단에 대한 책임이 '미국에 더 많은가, 소련에 더 많은가' 또는 '분단 고착은 누가 먼저 시작했는가' 하는 논쟁은 '냉전 좌·우파'들을 제외하면 별로 설득력이 없다.

한반도의 운명은 이미 1943년경부터 제국주의 열강에 의해 결정되고 있었다. 예를 들어, 루스벨트는 1943년 테헤란 회담에서 한국을 완전 독립시키기보다는 40년 간의 신탁통치를 거치게 할 것을 소련에 제안했고 소련은 이를 찬성한 바 있다. 브루스 커밍스는 "1943년부터 [미국] 국무성의 계획관들은 한국이 소련 수중으로 들어가지 않을까 걱정했다. 그리고 1944년부터 한국에 대해 부분적인 혹은 완전한 점령을 계획하기 시작했다"고 썼다.

소련 역시 마찬가지였다. 1945년 6월의 "코리아에 대한 짧은 보고서"에는 "동방에서 소련의 안보를 확보하기 위한 가장 확실한 담보는 소련과 코리아 사이에 긴밀한 관계를 확립하는 것"이라고 쓰여 있다. 그리고 이 "긴밀한 관계"의 모델은, 한두 달 전에 소련이 동유럽 점령지에 세운 위성국이었다.

38선이 확정된 시기는 유럽 전선이 어느 정도 정리된 즈음으로 보인다. 미국은 노르망디 상륙 때까지 소련군이 독일군을 약화시킨 것처럼, 중일전쟁에서는 수적으로 우세한 중국의 장제스 군대가 미국이 일본 본토를 공격하기 전까지 일본군을 지치게 할 수 있을 것이라고 기대했다. 그러나 부패한 "국민당의 군사적 성과는 너무도 실망스러웠다. 1944년에 이르러서는 그들로부터 어떤 기대도 할 수 없는 지경이 되었다"(존 루이스 개디스).

차선책은 소련이 '소련-일본 중립조약'을* 파기하고 태평양 전쟁에 참전하도록 설득하는 것이었다. 스탈린은 참전을 약속했다. 미국은 이에 대한 대가로 1905년 일본이 러시아를 패전시키기 전까지 러시아 황제가 관할하던 동북아시아의 세력권을 회복시켜 주겠다고 얄타에서 약속했다.

그러나 미국이 핵폭탄 실험에 성공하자 상황이 변했다. 미국은 이제 스탈린의 지원 없이도 일본을 패퇴시킬 수 있다고 확신했다. 마르크스주의 사상가 리히트하임은 "일본 점령에서 한몫을 차지하려는 포츠담에서의 스탈린의 요구(일본 본토 공동 통치)는 미국을 당황하게 했으며 미국인들은 분명 스스로 일본의 항복을 받아 내는 것이 유리하다고 판단했다"고 썼다. 그래서 미국은 이미 항복 의사를 밝혀 온 일본에 핵폭탄을 투하했다. 일본 열도 전체를 소련과 나누기보다는 미국이 혼자서 점령하겠다는 뜻이었다.

한반도를 향한 소련의 진격은 매우 신속했다. 신용하는 "소련의 8월 8일 대일본전 참전은 공식적으로 얄타 회담과 포츠담 회담의 약속을 지킨 것이기는 하지만, 만주에서의 군사 작전과는 달리 한반

---

* 1941년 소련과 일본 사이에 체결된 조약. 체약국 간 상호 영토 보전과 불가침, 체약국 중 하나가 제3국과 전쟁 시 다른 일방은 중립을 준수한다는 내용.

도 북부에의 급속한 육군의 상륙과 점령 작전은 순전한 군사 작전이기 이전에 포츠담 회담에서 대일본전 참전의 대가로 밀약한 기득권 설정을 위한 정치 작전의 '속도' 경쟁의 군사적 표현이라고 보이는 것"이라고 썼다.

일본의 항복이 확실해지고 일본 본토를 공격할 필요가 없어졌을 때 트루먼은 소련군이 한반도 전체를 장악하는 것을 막기 위해 38선을 제안했다. 소련은 이 제안을 흔쾌히 받아들였다. 38선을 획정한 인물 중 하나인 미군 참모 딘 러스크는 "소련이 불응하면 위도를 하나 더 내려 분할선을 수정할 구상도 준비하고 있었는데 소련의 쾌락을 받고 상당히 놀랐다"고 말했다.

그러나 당시 소련은 이것을 거부할 처지가 아니었다. 소련은 동유럽 분할 협상을 둘러싸고 다른 열강들과 당장 충돌하길 원하지 않았다. 예를 들어, 소련은 처칠과 1944년 협정을 맺었다. 루마니아의 경우 90퍼센트는 소련이, 그리스의 경우 90퍼센트는 영국이, 불가리아의 경우 75퍼센트는 소련이, 헝가리와 유고슬라비아의 경우에는 50퍼센트를 소련이 차지하는 데 동의했다. 스탈린은 이탈리아에 있는 공산주의자들을 진정시키고 선동하지 말아 달라는 처칠의 요구에 동의했다. 한반도는 유럽에 비해 여전히 부차적이었다.

더 직접적으로는 소련이 일본 점령에서 자신의 지분을 미국에 요구하기 위해서 타협이 필요했다. 당시 스탈린은 일본 열도 전체를, 그것이 안 된다면 홋카이도만이라도 미국과 공동 점령하기를 원했다. 소련의 이런 모습에 대해 리히트하임은 그의 책 《유럽현대사》에서 다음과 같이 말했다. "아마도 레닌이 살아서 이것을 보았다면 그는 이 또한 제국주의라 비난했으리라." 그런 점에서 "조선은 8월 15일 '해방'된 것이 아니라, 분할 재점령 당했다고 봐야 한다"는 주장은 타당한 측면이 있다.

미국과 소련 제국주의는 조선 민중의 자생적 저항에 결코 우호적이지 않았다. 예를 들어, 9월 4일 미 점령군을 이끈 하지는 자신의 장교들에게 한국이 "미국의 적"이며 따라서 "항복의 조례와 규정의 적용을 받는다"고 지시했다.

소련 점령군이 취한 조치도 별로 다르지 않았다. 소련군은 '조선은 조선 인민의 것'이라는 그들의 입발림과 달리, 점령 초기에 북한 노동자들의 자주관리 운동을 분쇄했다.

그러나 분할 점령된 한반도에서 "두 강국 모두 상대방의 구상이 실패해야 이득을 얻었다"(리히트하임). 제2차세계대전으로 미국과 소련이 세계의 새로운 지배자로 등장했다.

1945년 8월 15일 이후로 사태는 바로 양대 강국 사이에 나타난 냉전이 중심이 됐다. 그리고 많은 경우에 냉전은 제국주의 지배라는 진정한 본질을 은폐하는 이데올로기 구실을 하게 됐다.

냉전기에 "적대하는 양 세력은 엄청난 위선과 엉터리 감정을 불러일으켰다. 소련의 명분은 자신이 사회주의를 촉진한다는 것이었고 미국은 자신이 민주주의를 수호한다고 말했다. 그리고 양측 모두 진지하게 그렇게 주장했다"(리히트하임).

미국 놈 믿지 말고, 소련 놈에 속지 말라

한규한

소련이 한반도에 막 진주했을 때 일화다. 민족주의 지도자 조만식이 소련군 사령관 치스차코프에게 "[당신들은] 점령군이냐, 해방군이냐"고 물었다. 그러자 치스차코프는 "난 잘 모른다. 내 뒤에 오는 정치위원에게 물어 보라" 하고 대답했다.

스탈린주의자와 좌파 민중주의자, 그리고 일부 자유주의자는 정도 차이는 있지만, 소련군을 일종의 해방군으로 묘사한다. 그러나 당시 스탈린의 심복이었던 몰로토프는 "외무 장관으로서 나의 임무는 내 조국의 영토를 확장하는 것이었다"고 말했다. 그리고 한 소련 보안경찰이 훗날 회고하듯이 "세계 공산주의 혁명에 대한 선전은 세계 지배에 대한 우리의 갈망을 은폐하기 위한 이데올로기적 장막"에

출처: 격주간 〈다함께〉 48호(2005. 1. 19).

지나지 않았다.

"이데올로기적 장막"을 걷어 내면, 북한에 진주한 소련군의 성격은 남한을 점령한 미군과 다르지 않았다. 미국과 소련은 모두 조선인의 자생적인 자치기구를 허용하지 않았다. 물론 이것은 배제와 포섭의 과정이었다. 미국은 한민당으로 대표되는 친일·친미·반공주의자들을 하위 파트너로 삼았다. 이것은 당시 남한 민중의 정서와 정면으로 배치되는 것이었다. 당시 여론조사에서는 압도적인 사람들이 장차 건설될 국가에서 친일파가 배제돼야 한다고 답했다. 또한 80퍼센트에 가까운 사람들이 새로운 국가가 사회주의나 공산주의 형태여야 한다고 생각했다. 소련 역시 민족주의 세력이 강력했던 평양의 건국준비위원회(이하 건준)를 인정하지 않았다. 대신 그들은 건준을 평남인민정치위원회로 재편했고, 여기에 '공산주의자'를 끼워넣어 좌·우 세력을 동수로 조정했다.

조선공산당이 주도한 서울의 조선인민공화국은 대중조직을 상당수 포괄하고 있었지만, 소련과 미국에게서 모두 버림받았다. 1945년 10월 10일 미군정은 조선인민공화국을 "고관대직을 참칭하는 … 흥행적 가치조차 의심할 만한 괴뢰극을 하는 배우 … 그 연극을 조종하는 사기꾼"이라고 비난하면서 해체를 경고했다. 한 달 전까지만 해도 "인민공화국 만세"를 외쳤던 김일성 역시 11월 15일 조선공산당 북조선분국 제2차 확대집행위원회에서는 말을 바꿨다. "한마디로 말하여 인민공화국은 소수 특권계급을 위한 반인민적인 부르죠아 정권이라고밖에 인정할 수 없습니다." 김일성의 비난은 완전히 불공정했다. 박헌영이 주도한 조선공산당과 조선인민공화국의 잘못은 오히려 스탈린의 지침을 너무도 충실히 따른 데 있었다. 그들은 스탈린의 지침에 따라 미군정과 가망 없는 협력을 추진했고, 자본가들에게 양보하기 위해 노동자들의 자주관리 운동이 급진화하는 것을 억제하는 데 힘을 기울였기 때문이다.

조선인민공화국이 졸지에 '반인민적 부르주아 정권'이 된 것은 소련의 이해관계 때문이었다. 이것은 소련 총영사관의 도서실장 샤브시나가 "인민공화국은 조선혁명의 토대가 북한에 놓여 있다는 사실을 간과했다"고 비판한 데서 함축적으로 드러난다. 이른바 '민주기지론'이* 그것이다.

친북 좌파는 대체로 분단의 원인을 남한과 미군정으로 돌리지만, 사실 '민주기지론' 역시 분단 정책이었다. 소련은 일찌감치 이것을 암시하기도 했다. 1945년 8월 26일 치스차코프는 성명을 발표하면서 다음과 같이 말했다. "신정권이 각 도에 성립한 후 통일된 정부를 세운다. 단 신정부의 소재지는 경성(서울)에 한하지 않는다."

아이작 도이처는 '민주기지론' 같은 정책을 '일지역사회주의'로 규정했는데, 이것은 한반도에서 두 가지를 뜻했다. 하나는 서방과 협상하기 위해 소련의 체제를 남한으로 확대하지 않는다는 것, 그리고 다른 하나는 소련이 확보한 북한 지역에 신속하게 자신의 체제를 심

* 전 한반도를 '사회주의'화 하기 위해 북한에 먼저 공산주의 기지를 건설해야 한다는 주장.

어 놓는다는 것이었다.

이런 의미에서 조선공산당의 '북조선분국' 설치와 '5도 행정10국'은, 친북 좌파들의 주장과 달리 단순한 행정 편의에 따른 것이 아니다. 5도 행정10국은 소련군이 소집했을 뿐 아니라 명령 계통상으로도 '소련 민정부'의 지시를 받았다. 강정구 교수는 "소련은 남한의 점령군과는 달리, 직접적인 통치 행정을 구사하지 않았다"며 소련의 상대적 진보성을 얘기한다. 그러나 소련 민정부는 소련군 제25군 소속 군사회의의 산하기구로서 사실상 군정과 다르지 않았다. 더욱이 지방 인민위원회는 민정부를 거치지 않고 25군 직속의 위수사령부 명령을 따라야 했다.

미국과 소련은 모두 점령지 지배를 위해, 종전과 함께 와해된 폭압적 국가기구를 재건하고 강화했다. 1945년 10월 12일 "북조선 주둔 소련 25군 사령관의 성명서"에서는 "반일당과 민주주의 단체들은 자기의 강령과 규약을 가지고 와서 반드시 지방자치기관과 군경무사령관에 등록해야 하며, 동시에 자기의 지도기관의 인원 명부를 제출할 것"과 "북조선 지역 내에 있는 모든 무장대를 해산시킬 것. 모든 무기, 탄약, 군용물자들을 군경무사령관에게 바칠 것"을 명령하고 있다. 이것은 미군정의 "정당은 오라" 성명과 9월 27일의 '법령 제5호'와 거의 똑같은 조치였다. 미·소 양 점령군은 이를 통해 강력한 사회통제를 기도했고, 자생적으로 발전한 각종 무장조직들을 금지해 권력을 자신에게 집중했다.

이에 따라 남한에서는 좌파계열 무장조직인 조선국군준비대가 강제로 해산당했다. 당시 조선국군준비대는 "인민에 의한 인민의 무장"을 표방하던 단체였는데, 예비군 10만 명, 상비군 1만 5000명을 보유한 최대 무장조직이었다. 해방 당시 총독부의 조선인 경찰관 수는 8000명 정도였는데, 해방 직후 이들 중 대부분이 도주해 출근율이 20퍼센트도 안 됐다. 미군정은 이들에게 복귀할 것을 명령했고, 경찰력은 3개월 만에 1만 5000명으로 급격히 증강됐다. 북한에서도 비슷한 일이 벌어졌다. 심지어 공산당이 주도하는 적위대까지 해산당했다. 무장력은 보안대로 집중됐고, 김일성을 중심으로 한 권력의 핵심부는 이런 경찰 기구를 통해 지방까지 권력을 장악해 나갔다.

또한, 남북한 모두는 일찌감치 독자적인 정규군을 양성하기 시작했다. 북한에서는 1946년 군대 간부 교육기관의 효시인 평양학원이 만들어졌다. 이것은 "남한군 창설인자 및 장교 육성의 중추 역할을 할" 남한의 군사영어학교의 개설시기와 일치한다. 즉, 남과 북 모두에서 미군과 소련군은 자신에게 유리한 분단 정권을 창조해 갔던 것이다.

노동자들은 일본인 자본가들이 남기고 간 공장과 작업장을 자신들의 공동 관리로 접수하는 것을 당연하게 생각했다. 그러나 남과 북의 점령군은 모두 노동자들의 급진적 요구도 탄압했다. 미 군정청은 다음과 같이 말했다. "노동자의 생각은 모든 일본인 재산을 자신들이 획득하지 않으면 안 된다는 것이었다. 군정청은 이런 생각을 고치게 하는 수단을 사용했다." 그래서 그들은 사실상 파업권을 부정하는 법령19호를 발효했고, 자주관리 운동을 탄압했다. 이것은 북한에서도 마찬가지였다. 스탈린은 "현지 주민들로 하여금 평화적 노동을 계속하고, 산업 및 상업 기업 그리고 공영 및 기타 기업의 정상적인 작업을 보장하며, 소련군 당국의 요구와 명령을 이행"하게 만들라고 지시했다. 그래서 노동자들의 자주관리 운동은 "좌경적 오류" 또는 "조합주의"로 비난받고 억압받았다.

남과 북에서 모두 점령 당국의 식량공출에 저항하는 농민 폭동이 일어났다. 북한에서는 소련군의 군표가, 남한에서는 미군정이 일본 총독부의 화폐 남발을 방조해 폭발적인 물가인상을 부추겼다. 노동자들의 실질임금은 종전보다 하락했다. 북한은 소련군 주둔 비용의 상당 부분을 부담해야 했는데, 이는 북조선인민위원회 세출액의 거의 9퍼센트에 달했다. 이 밖에도 소련은 북한에 있는 주요 공업 설비들을 대일본전 배상금 명목으로 반출해 갔다. 북한 산업에 대한 국유화 조치는 소련의 반출이 마무리될 때까지 미뤄졌다. "국유화된 인민의 재산을 훔쳐가는 꼴이 되기 때문이었다."

역사가 노만 나이마크는 "동독의 여성들은 서유럽에는 대부분 알려지지 않았던 경험, 즉 오랜 기간에 걸친 폭력의 만연과 강간의 현실을 경험했다"고 말한다. 그리고 이것은 북한에서도 마찬가지였다.

사정이 이렇기 때문에 남한에서 미군정에 대한 민중 저항이 정당한 것처럼, 소련군에 대한 북한 민중의 저항도 정당하다. 신의주와 함흥에서 일어난 학생 시위는 점령군의 이런 만행에 대한 분노의 표현이었다. 물론 이들 시위에서 종종 지주와 우익들이 지도부 구실을 하곤 했다. 그래서 서독에 진주해 있던 미군 장군 클레이의 다음과 같은 진술은 시사적이다. "(동독 사람들에게) 우리는 천사처럼 보이기 시작했다. 왜냐하면 우리가 천사였기 때문이 아니라 동구에서 진행되는 상황 때문에 그랬다." 소련 점령에 대한 반대를 종종 우익들이 주도할 수 있었던 것은, 소련군의 점령 정책과 그로부터 독립적이지 못했던 스탈린주의자들에게 있다.

당시 조선의 민중들에게 널리 퍼졌던 유행어는 진정한 좌파적 대안이 무엇이어야 했는지 알려 준다. "미국 놈 믿지 말고, 소련 놈에 속지 말라."

신탁통치 —
미국이나 소련의 감독은 필요 없다

한규한

1945년 12월 미국·영국·소련이 모스크바에서 회담한 결과는* 조선인들에게는 날벼락과 같은 소식이었다. 즉각 독립이 당연하다고 생각한 조선인들에게 외국의 간섭을 최소 5년 동안 더 받아야 한다는 것은 충격과 분노로 다가왔다. 박명림**의 지적처럼 "모든 것을 만들 수 있는 계기로서의 해방의 순간은" 조선인들에게 "너무 빨리 종식되

출처: 격주간 <다함께> 49호(2005. 2. 19).

* 모스크바 삼상회의에서 조선 문제에 관해 내린 결정은 조선에서 임시정부를 구성하되 5년간 열강들이 신탁통치를 한다는 것이다. 이 문제를 협의하기 위해 미소공동위원회를 설치하기로 했다.

** 한국 정치와 동아시아 국제 관계를 전공한 교수. 저서로는 《한국전쟁의 발발과 기원》 등이 있다.

신탁통치 반대 집회.

었던 것이다."

신탁통치안은 식민지에 대한 미국의 전통적인 정책이었다. 브루스 커밍스에 따르면 이것의 "진수는 전후의 미국 안전 보장에 부응하고,

식민지들을 미국의 통상 및 후견으로 개방하고, 공산주의 및 반식민지 혁명을 억제하기 위한 것이었다." 그리고 "신탁통치는 세계경제에 중요할지도 모르는 한국의 자원을 어느 한 나라가 독점하는 것을 방지할 것"이었다.[1]

소련은 신탁통치보다는 조선의 즉각 독립을 요구하는 것이 자신에게 우호적인 정부를 수립하는 데 유리하다고 생각했지만, 모스크바 삼상회의에서는 미국과 타협했다. 이런 타협에 대해 윌리엄 스툭은* "(당시 회담에서) 미·소 양국이 동유럽·일본·중국 문제와 핵 문제와 같은 핵심 쟁점에 치우쳐 있어서 한국 문제와 같은 주변적인 문제로 모험하려고 하지 않았기 때문"이라고 설명한다.

소련에게 극동에서 더 중요한 안건은 일본 문제였고, 소련은 미국의 양보를 얻어 일본 점령에 참여를 보장받았다. 그리고 소련이 미국의 한반도 신탁통치안을 수용한 것은 그 보답으로 취한 유화 제스처였다.

모스크바 삼상회의에서 조선에 대한 결정문은 문제 해결이라기보다는 분할 점령의 현상 유지에 지나지 않았다. 그렇기 때문에 이 결정에 대해 많은 학자들이 "아무것도 결정되지 않은" 회담이라고 적는다.

그런데도 스탈린주의자나 민족주의적 민중주의자, 그리고 일부 자유주의자는 모스크바 결정이 "미·소 두 강대국이 한반도를 분

---

* 조지아대학교 역사학 교수로, 한국전쟁과 한미 관계를 연구한 학자.

할 점령하고 있는 상황에서 통일 독립 국가를 수립할 수 있는 현실적 방안"이라고 강변한다. 예를 들어 박세길은 그의 책 《다시 쓰는 한국현대사》에서 모스크바 결정이 "임시정부를 통하여 조선 민중의 주권 행사를 제도적으로 뒷받침하고 있다"고 주장한다. 그러나 이런 주장은 손바닥으로 하늘을 가리려는 것과 마찬가지다. 무엇보다 미국과 소련의 합의가 없으면 조선에서 임시정부를 구성할 수가 없었다. 최종 결정권자는 미국과 소련으로 명시돼 있었다. 비록 조선인과 협의하고 중국과 영국의 심사에 부친다는 언급이 있지만, 신탁협정문안의 작성이나 결정 등 최종 결정권은 미국과 소련에 있었다.

다음으로, 분할 점령 상태가 미국과 소련의 협상에 의해 해소될 수 있다고 믿는 것은 '몽상적 현실론'이다. 먼저, 미국과 소련은 삼상회의의 결정과 무관하게, 혹은 그 이전부터 점령지에 자신의 체제를 강화시키고 있었다. 애초 분할 점령의 목적 자체가 조선의 통일된 독립 국가 수립이 아니라 자국에 우호적인 체제를 심는 것이었다. 그렇기 때문에 미·소 간의 협상에 의존하는 전략은 애초부터 가능하지 않았다.

소련은 '통일된 임시정부 수립'에 대한 모스크바 삼상회의에서의 결정이 있자마자 1946년 1월 2일 북한에 토지개혁을 위한 토지조사사업을 지령했다. 그리고 2월 8일에 북조선임시인민위원회를 만들었다. 조선민주청년동맹과 여성동맹의 2월 9일 자 전단에서는 "인민의 정권 북조선인민위원회 성립 만세!", "북조선인민위원회는 우리의 정부"라고 축하하고 있다. 이미 분단된 정권은 만들어지고 있었다.

남한의 사정도 마찬가지였다. 커밍스가 "단독 정부 수립 과정이 남한에서 먼저 시작됐다"고 주장할 수 있었을 만큼, 이 과정은 누가 먼저랄 것도 없이 남과 북에서 거의 동시에 이뤄졌다. 미군정은 남한 경제를 '자유시장주의'에 맞게 개편하려 했다. 게다가 랭던의 보고서에서도 알 수 있듯이 미국은 여차하면 신탁통치안을 버리고 남한만의 단독 정부를 수립할 구상도 가지고 있었다. 남한 정권의 맹아로 볼 수 있는 대한민국대표민주의원도 만들어졌다. 민주의원이 한 일이라곤 "삼일절을 국경일로 만든 것과 차량통행을 좌에서 우로 바꾼 것 정도"(강준만)이지만, 이승만은 자신을 "새 정부의 지도자"로 자처하며 막대한 정치자금을 끌어모았다. 게다가 미소공동위원회(이하 미소공위)가 열려 임시정부 수립을 논의할 시점인 1946년 3월이면 이미 냉전이 본격화되고 있었다. 정부 수립을 둘러싸고 미·소 간의 타협의 여지는 거의 없었다.

또 박세길은 당시 반탁 운동에 대해 다음과 같이 말한다. "극단적인 날조 행위와 함께 이승만, 김성수 등 일단의 친일파들은 미군정의 보호와 지원 아래, 있지도 않은 신탁통치를 반대한다는 허울을 쓰고 실질적으로는 모스크바 협정에 반대하는 시위를 조작했다."

물론 당시 〈동아일보〉, 〈조선일보〉 등 우익 계열의 신문이 모스크바 삼상회의에 대해 "소련은 신탁통치, 미국은 즉시 독립 주장" 운운하며 악의적인 왜곡 보도를 한 것은 사실이다. 미군정도 신탁통치에 대한 대중적 분노가 자신에게 향할 것이 두려워 이런 왜곡을 방조했다.

그렇지만 반탁 운동에 참여한 민중이 왜곡 보도에 부화뇌동한 것처럼 묘사하는 평가는 매우 일면적이다. 여운형을 존경한 미군정 관리 리처드 로빈슨이 "어떤 해명도 온 나라를 휩쓸고 있는 저항의 천둥소리를 잠재울 수 없었다"고 말했듯이, 신탁통치에 대한 남한 민중의 반발은 자생적이고 즉각적이었다. 김규식 계열의 강원용 목사는 다음과 같이 증언하고 있다. "반탁 운동은 누가 계획하고 주도해서 일어난 게 절대 아닙니다. 좌도 없고 우도 없고 완전히 자연발생적이었습니다." 공산당원이었던 고준석의 증언도 대체로 비슷하다. "서울의 거리에는 '신탁통치 반대', '탁치반대' 등의 슬로건을 내건 군중의 데모가 자연발생적으로 벌어졌고, 그 참가 인원은 점점 더 불어났다. 군중의 얼굴은 분노로 불타오르고 있었다."

오히려 가장 큰 문제는 좌파의 오류였다. 모스크바 결정이 알려졌을 때 공산당은 혼란과 마비에 빠져 있었다. "소련의 스탈린 동지가 지도한 삼상회의 결정이 조선 민중의 이익에 반할 리가 없다"는 것이었다. 당시 최대 일간지였던 공산당 기관지 〈해방일보〉는 삼상회의 결과를 아예 보도조차 하지 않았다.

12월 30일에야 좌파는 "태도 결정을 늦게 하면 봉기한 민중으로부터 고립된다"는 위기의식으로 부랴부랴 별도로 반파쇼공동투쟁위원회를 조직해 신탁통치 철폐 요구 성명서를 발표했다. 그러나 구체적인 행동 지침을 마련하지 못했기 때문에 초기 반탁 정국의 주도권을 우익이 가져갈 수 있었다.

설령 당시 우익 언론이 왜곡을 자행했다 해도 좌파가 분명한 반탁 입장을 가지고 있고 미국과 소련 점령군 양쪽에 독립적이었더라면 왜곡 보도 자체가 커다란 파급력을 가지지는 않았을 것이다. 게다가 당시 언론은 좌익 계열이 우세했다. 예를 들어, 해방 초기 좌익 계열 신문은 하루 발행 부수를 기준으로 22만 300부였지만, 우익 계열 신문은 14만 4000부에 그쳤다. 1945년 10월 23일에 작성된 미군정의 보고서에서도 "대부분의 신문 경향은 분명히 좌로 기울어" 있는 것으로 나타났다. 더욱더 중요한 것은 고준석의 말대로 "이 시점에서 한국 민중의 감정은 미국인이든 소련인이든 간에 한국의 독립을 간섭하지 말라는 생각이 압도적이었다"는 점이다.

재앙적으로 공산당은 1월 3일 모스크바 삼상회의 지지로 입장을 바꿨다. 이것은 우익들이 반탁 논리를 반소·반공 운동으로 전환시키는 데에 결정적 힘을 줬다. 그리고 좌파는 대중 정서로부터 고립됐다. 서중석의 지적처럼 반탁 운동의 논리였던 반소·반공은 "갖가지 방법으로 좌파를 공격하는 여의봉 같은 무기"가 될 수 있었다.

우익들의 반탁 운동은 자주독립을 뜻한 것이 아니다. 이들은 민중의 반탁 정서를 자신의 세력을 확장하고 분단 정권을 수립하는 데 이용했다. 친일파의 집결지인 한민당은 반탁 운동을 반소·반공 운동으로 전환해 기적적으로 회생했다. 이들의 반탁은 위선 그 자체다.

애초에 이들은 미국의 후견을 지지했기 때문이다. 미군정의 베닝호프는 1945년 10월 10일 서신에 다음과 같이 썼다. "그들 중 많은 사람들은 그들의 나라가 후견 기간을 거쳐야 한다는 것을 인식하고 있으며, 자신들은 소련의 지도를 받는 것보다 미국의 후견을 바란다고 진술한 바 있다."

박명림이 적절하게 지적하듯이 "이승만의 반탁은 그가 식민 시기 동안의 독립운동 시에 탁치와 유사한 위임통치를 주장해 왔다는 점에 비추어 본다면 탁치 자체에 대한 반대라기보다는 소련의 한국 문제 개입에 대한 반대, 즉 반소·반공 관점에서의 반대였다. … 이승만의 반탁이 반공과 연결된 것이었다면 김구의 반탁은 임정의 헤게모니 장악과 직결된 것이었다. 즉, 그것은 임정 추대 운동이었다. … 당시의 자료들이 말하는 바를 따를 때 김구는 임정 법통을 인정받았다면 탁치 결사 반대를 거둬들였을 것이다."

미소공위가 진행되는 동안 미국과 소련은 각각 자신의 반대파를 본격적으로 탄압했다. 북한에서 조만식은 연금당했고, 남한에서도 미군정은 좌파를 마녀사냥했다.

남한에서 공산당은 1차 미소공위가 결렬되고 나서야 뒤늦은 "정당방위의 역공세"로 나서 미군정에 저항했다. 그러나 그마저도 "미소공위의 재개"를 요구하는 것을 뛰어넘지 못했다. 좌파는 1947년 2차 미소공위가 무산될 때까지도 여전히 미·소 간의 협상에 의존하는 전략을 버리지 못했다. 그리고 분단이 최종 확정되고 나서야 단독 정부 수립에 반대하는 격렬한 저항을 벌였지만, 제주도 4·3 사건을 거치며 완전히 붕괴했다.

모스크바 삼상회의로 표현되는 국제 질서의 규정력에 저항하는 것은 불가능하다는 비관론은 사실 그림의 한쪽 면만 강조한 것이다. 다른 그림과 가능성도 동시에 존재했다. 뒤에서 이 문제를 다루도록 하겠다.

해방 공간에서 좌파의 전략

한규한

경제학자 슘페터가 제2차세계대전 종전 즈음에 "자본주의 사회의 몰락이 매우 많이 진행됐다는 것을 의심하기 어렵"다고 표현한 것은 전혀 과장이 아니었다.

미국에서 1946년은 파업으로 인한 노동 손실일이 1억 1600만 노동일로 역사상 파업 물결이 가장 집중적이었던 해로 기록됐다. 이탈리아 노동자들은 봉기와 공장점거로 파시스트를 패배시켰다. 1944년 노동자 100만 명이 총파업을 일으켰고, 레지스탕스 전사 15만 명 이상이 추축국 사단 14개를 저지했다. <이코노미스트>가 인정했듯이 "노동자들이 실질적인 전쟁의 최전선에 있었다." 프랑스 파리 시민들은 독일 7군단을 저지하기 위해 봉기했고, 마르세유 노동자위원회는

출처: 격주간 <다함께> 50호(2005. 3. 2).

공장을 접수해 운영했다.

'해방'을 맞은 조선의 상황은 이런 국제적 분위기의 일부였다. 일본의 잔혹한 지배기구는 패전과 함께 급속히 붕괴했다. 조선총독부가 여전히 있었지만, 출근율이 10퍼센트 정도에 지나지 않아 그 기능은 거의 마비됐다.

공업 부문 재산의 90퍼센트를 차지하고 있던 일본인 자본가들이 사라지자 노동자 운동이 폭발적으로 성장할 수 있는 공간이 생겼다. 민중은 정치세력의 개입 없이 자생적으로 조직했다. 브루스 커밍스가 지적하듯이 "서울의 지도층이 11월과 12월이 돼서야 중앙기구들을 설치했을 때, 모든 절차는 추인의 형식이었다. 마르크스주의적 용어를 인용한다면 지도자들이 대중보다 뒤떨어졌던 것이다."

해방은 단순히 일본의 지배에서 벗어나는 것 이상이어야 했다. 예를 들어 다음과 같은 군산 종연조선 노동자들의 성명서에서 이런 의식을 볼 수 있다.

> 해방은 누구를 위한 해방 … 이냐? 노동자에게서 직장을 빼앗고 빵을 주지 못하는 독립이라면 무슨 기쁨이 있고 무슨 의의가 있으랴. … 노동자 대중에게 완전한 해방을 가져오는 그 날을 위하여 끝까지 싸우기를 여기에 맹서한다.

노동자들이 대규모로 집단화·조직화한 공장에서는 자주관리 운동이 강력하게 벌어졌다. 뿐만 아니라 운수업·상업·어장·극장·학교 등에서도 그랬다. 한 기록을 보면, 1945년 11월 4일 16개의 산별노조에 728개의 공장관리위원회가 구성돼 있었다. 자주관리 운동은 일본인 사업장뿐 아니라 화신백화점 등 조선인 자본가의 사업장으로도 확대됐다. 이는 자주관리 운동이 자본주의를 뛰어넘을 잠재력이 있었다는 것을 보여 준다.

그러나 옛 질서를 복구하려는 미군정만이 아니라 당시 스탈린주의 좌파도 노동자들의 아래로부터의 운동을 차단했다. 조선공산당은 1945년 9월 20일 발표한 "현정세와 우리의 임무"(8월 테제)에서 "조선과 같은 데에 있어서는 평화적으로 혁명의 성공이 가능"하며 "조선은 부르조아 민주주의 혁명의 계단을 걸어가고 있"다고 주장했다. 따라서 노동자들이 자신의 급진적 요구를 전면에 내세워서는 안 된다는 것이다.

물론 영등포 지구 사회주의자와 같은 일부 사회주의자들이, 조선공산당과 전국노동조합평의회(이하 전평) 지도부 주류의 미군정에 대한 기회주의적 태도와 '평화적 혁명론'에 대해 비판하기도 했다. 그러나 그들도 근본에서 스탈린주의 단계혁명론을 공유하고 있었기 때문에 노동자들의 급진적 운동에 대한 혁명적 전략을 제출할 수 없었다.

공산당은 노동자들이 "민족통일전선 결성사업에 참여하여 진보적 민주주의 국가를 수립하고 인민공화국을 내세우는 사업에 가장 중요한 역할을 놓지 않으면 안 된다"고 말했다. 그렇지만 '민족통일전선에서의 노동자 중심성'은 말뿐이고 현실에서는 실현되지 못했다. 예를 들어, 1945년 11월 24일 열린 제1회 인민공화국 확대집행위원회의 위원 50명 가운데 노동자 대표는 없었다.

E H 카가 "인민전선 강령은 통증을 가라앉히는 진통제"라고 말했듯이, 스탈린의 인민전선 전략은 아래로부터의 급진화를 차단했다. 왜냐하면 서방 승전국들과 함께 전후 식민지 재분할에 참여하기 위해서는 서방 지배계급과의 신뢰가 더 중요했기 때문이다. 이 때문에 독일에서 생산과 분배를 통제하던 노동자들의 반파시스트위원회는 해체됐고 심지어 공산당의 강령은 기독교민주당의 강령보다 온건해졌다. 그리스 레지스탕스가 거의 권력을 잡았다가 스탈린의 압력으로 영국 지배자들과 나치 잔당에 권력을 넘겨준 것은 최악의 비극이었다. 그 후 좌파는 가혹한 탄압을 받았고, 장기간에 걸친 독재 정권이 들어설 길이 열렸다.

물론 당시 남한 스탈린주의자들의 노선이 언제나 '타협적'이었던 것은 아니다. 그들은 1947년 후반을 지나면서 극적으로 좌선회했다. 특히 1948년 단독 선거 보이콧을 위한 일련의 무장 행동에서 그랬다.

이런 좌선회는 사람들이 해방 초기보다 급진화했기 때문은 아니다. 오히려 민중은 해방 초기보다 수동적이었다. 이런 수동화는 대체로 두 가지 이유 때문인 것으로 보인다.

첫째로, 1946년 9월 총파업과 10월 봉기의 패배가 있다. 1차 미소공위가 결렬되자 미군정은 대대적으로 좌익을 탄압했다. 9월 총파업은 공산당의 '정당방위의 역공세'로 출발했다. 300만 명이 참가한 10월 봉기는 9월 총파업 과정에서 벌어진 경찰과 김두한 같은 우익 정치 깡패의 노동자 학살에 대한 자생적 항의로 불붙었다.

여기에는 심각한 식량 위기와 같은 경제적 조건들이 배경이 되기도 했다. 예를 들어 〈영남일보〉는 이런 상황을 빗대 "해방의 선물은 기근"이라는 사설을 싣기도 했고 청송에서 200여 명이 굶어 죽은 대량 아사 사건을 보도하기도 했다.

조선공산당은 9월과 10월의 '공세' 속에서도 미군정과 전면적인 충돌은 회피했다. 공산당의 목적은 결렬된 미소공위를 재개하기 위해 미군정에 압력을 넣는 것이었다. 미군은 탱크까지 동원해 봉기를 진압했다. 그리고 1000명의 시위대와 200여 명의 경찰이 사망했지만, 미군은 단 한 명도 피해를 입지 않았다.

수동화의 둘째 이유는, 이때쯤이면 어느 누구의 눈에나 분단은 돌이킬 수 없는 사실로 비쳤기 때문이다. 이미 남과 북에는 사실상의 정부가 들어서 있었다. 박세길은 《다시 쓰는 한국현대사》에서 "2·7 구국투쟁[1948년의 단독 선거 저지투쟁]은 남한 민중의 단결 의식과 투쟁 의지가 … 간단없이 성장해 왔음을 보여주는 일대 쾌거"라고 했다. 그러나 현실은 그렇게 단순하지 않았다.

물론 남한 단독 정부 수립을 위한 1948년 5월의 선거는 민주주의와 거리가 멀었다. 1948년 한국여론협회의 조사를 보면 조사자의 91퍼센트가 유권자 등록이 강제적이었다고 응답했다. 투표장에는 무장 경찰과 우익 테러단이 진을 치고 공포 분위기를 조성했다. 그러나 과장이 섞여 있다고 하더라도 전국 투표율은 90퍼센트가 넘었다. 그리고 이승만도 한민당도 아닌 무소속 후보들에 대한 지지율이

40퍼센트로 가장 높았다.

이를 종합해 보면 박명림이 지적하듯이, 사람들은 “1945년이었다면 이 선거에 참여하지 않았을 것이다. 그때는 더 나은 가능성이 열려 있었기 때문이었다. 그러나 1948년엔 일부는 체념 … 일부는 더 장기적인 모색을 위해 참여”했다. 좌파의 좌선회는 때를 놓친 것이었다.

단독 선거 반대 운동에 대한 스탈린주의자들의 전술도 사람들을 수동화시키는 데 한몫했다. 그들은 남한 단독 정부 수립에 반대한다면 마땅히 북한 정권을 지지해야 한다는 식으로 접근했다. 예를 들어, ‘유엔 한위 반대 남조선총파업위원회’가 미군정의 하지 중장에게 보낸 요구는 “북조선 인민위원회 식으로 정권을 인민에게 이양하라”는 것이었다. 이것은 통일을 바라지만 미·소 양국에 모두 독립적이고자 하는 광범한 사람들에게는 선뜻 받아들이기 어려운 슬로건이었다.

당시 남한 좌파의 좌선회는 미소공위가 최종 결렬됐기 때문이었다. 그리고 소련과 북한은 단독 선거 저지 투쟁의 격렬함이 남한의 정통성 없음을 보여 주는 것이라고 대외적으로 선전하는 데 이용했지만 정작 자신들 역시 통일 정부를 위한 진지한 협상을 진행하지는 않았다.

사태의 전개는 패배가 필연적이지는 않았다는 것을 보여 준다. 물론 조선 민중의 힘만으로는 제국주의 질서를 극복하는 게 어려웠을지도 모른다. 그러나 국제적인 맥락에서 보면 다른 대안이 가능했음을 알 수 있다.

홉스봄은 "세계혁명의 시대에 서반구 밖 세계에서 혁명, 내전, 외국의 점령에 대한 저항과 그러한 점령으로부터의 해방 … 을 겪어 보지 않은 국가는 열 손가락 안에 들 정도였다"고 했다. 또한 크리스 하먼이 지적하듯이, "1944~1945년에 영국과 미국의 국내 분위기는 지배계급이 대대적인 탄압을 하기 쉽지 않은 상황이었다. 영국이 그리스에서 벌인 군사행동은 영국과 미국에 모두 심각한 정치적 폭풍을 몰고 왔다." 군대에서도 마찬가지였다. 이것은 "이집트 주둔 영국군 부대들에서 일어난 항명 사건들에서 드러난다. 무엇보다 혁명운동이 일어났을 경우 그것이 한 나라에서만 국한됐을 가능성은 희박하다. 처칠은 그리스 혁명에 영향을 받아 이탈리아에서도 그런 움직임이 일어날까 봐 무척 우려했다."

중간파와 김구의 길이 대안이었을까

한규한

해방 공간에서는 미국과 소련 양쪽에 독립적이어야 한다는 열망이 강력했다. 그리고 당시 사람들의 압도 다수가 대안 체제로 사회주의를 선호했음은 비교적 널리 알려진 사실이다. 그러나 그와 동시에 사람들은 좌파와 우파가 힘을 합쳐야 한다고 생각하기도 했다. 한국여론협회의 조사 결과를 보면 조사 대상 7709명 중 50퍼센트가 좌우합작을 지지한 것으로 나타났다. 이것은 대체로 분단만은 피해야 한다는 열망의 결과다.

또한 격변의 시기에도 개혁주의 의식이 쉽게 사라지지 않는다는 것을 보여 주는 것이기도 하다. 당시 중간파는 이런 이데올로기 지형을 반영한 것으로 볼 수 있다. 이런 모순 때문에 중간파는 이데올로기

출처: 격주간 〈다함께〉 51호(2005. 3. 16).

적으로 동질적이지 않았다. 다만 미국과 소련 양쪽에 독립적이어야 한다는 생각과 민족 통합을 위해서 좌파와 우파가 타협해야 한다는 생각 정도로 모아질 수 있을 것이다.

예를 들어, 중도 우파로 분류되는 김규식은 1947년 신년사에서 일부 세력이 "친미반소 또는 친소반미에 의한 독점 정권을 망상하고 있는데, 이 두 노선은 자주적 입장을 망각한 것이고, 민족적 통일 단결을 파괴하는 것"이라고 말했다. 안재홍이 '중앙당'을 세우며 내세운 논리도 비슷했다.

문제는 미·소 양쪽을 지지하지 않는다는 것이 그들에게 저항하겠다는 것을 뜻하진 않았다는 점이다. 중도 좌파인 여운형은 이것을 '평화적 투쟁'으로 표현한 바 있다. 즉, "조선 문제에 관한 미·소의 일치를 촉진"하고, 이를 위해 좌파와 우파가 연합해야 한다는 것이다. 그래서 "조선에서는 계급투쟁을 해서는 안 된다"고 말한다.

여운형은 당시 영국의 애틀리 노동당 정부를 대안으로 생각했던 것으로 보이는데, 여운형의 인민당은 영국 노동당과 달리 노동계급에 뿌리를 내리고 있지는 못했다. 그리고 당시 영국 노동당이 집권할 수 있었던 것은 제2차세계대전 직후 노동자들의 급진화 때문이었다는 점도 잊은 듯하다. 안재홍도 마찬가지였다. 그는 "조선에서는 혁명이 필요 없다"고 했는데, 그 이유는 일제 강점기 자본가·지주는 노동자·빈농과 똑같이 수탈당했기 때문에 "계급대립이 없다"는 것이다.

중간파의 생각은 현실에서 벌어진 두 가지 차원의 양극화 때문에 실현될 수 없었다. 먼저, 이들은 서로 다른 이해관계가 있던 제국주의 열강들의 협상에 의존했다. 중간파는 다른 정치 세력과 마찬가지로 모스크바 삼상회의가 시작되기 전에는 신탁통치에 반대했다. 그러나 삼상회의 결과를 수용해야 한다는 쪽으로 곧 입장을 바꾼다.

이른바 '현실론'인데, 일단은 어쩔 수 없지만 받아들이고, 미·소의 협상 속에서 통일임시정부가 수립되면 그 후에 신탁통치를 거부할 수 있다는 논리였다. 그러나 정작 미국과 소련은 서로 타협할 생각이 없었다. 따라서 미·소 점령군에 저항하지 않고 그들의 협상을 촉구한다는 생각은 공상이었다.

둘째, 중간파의 계급협조 노선은 첨예하게 양극화하던 계급투쟁의 현실을 무시했다. 이 점은 해방된 지 며칠 만에 드러난 문제였다. 패망한 일본이 안전판으로 내세운 여운형의 건준은 초계급적 민족 통합체를 표방했다. 그리고 민중에게 "경거망동하지 말 것"을 요구하며, 급진적 분출을 완충하려 했다.

그러나 우파는 건준이 지나치게 좌익적이라며 참여하지 않았고, 송진우 등 건준에 참여한 우파도 미군이 진주할 것이라는 소식을 듣고는 재빨리 탈퇴해 버렸다. 한민당 등의 지주 세력은 토지개혁에 극렬하게 반대하며 조그마한 개혁도 용납하지 않으려 했다. 우익은 좌우합작위원회의 '합작 7원칙'이 제시한, 민중의 바람에 비해 온건한 토지개혁 조치조차도 받아들이려 하지 않았다.

미소공위 국면에서 미국은 취약한 지배 기반을 넓히고 공산당을 고립시키기 위해 중간파를 중심으로 한 좌우합작을 지원했다. 그리고 미국은 이를 통해 단독 정부를 뜻하는 과도 입법 기구를 설치하려 했다. 미국의 중간파 지원 정책은 결과적으로 실패했다. 중간파는 좌파와 우파 양쪽에서 공격받았다. 소련과 북한은 남한의 좌우합작에 대해 매우 적대적이었고, 미국의 과도 입법 기구 수립에 맞서기 위해 인민위원회로의 정권 이양을 내걸 것을 공산당에 지시했다. 게다가 1946년 9월 총파업과 10월 인민봉기는 중간파가 움직일 수 있는 여지가 매우 협소함을 보여 줬다.

중간파는 이런 두 가지 차원의 양극화 때문에 꾸준히 세력을 잃어갔다. 특히 2차 미소공위가 결렬되고 분단이 최종적으로 확정될 때에는 거의 의미 없는 세력으로 전락했다. 동시에 이것은 미국의 지배 기반이 취약하다는 점을 보여 준 것이기도 했다. 극우파는 대중적으로 인기가 없었고 종종 미국의 통제를 벗어나기도 했다. 그래서 중간파를 이용해 지배 기반의 외연을 확장하려 했지만 이조차도 실패했다. 1948년 들어 미국의 위기의식은 극에 달했다.

이들 중간파와 달리 김구는 철저한 극우파 정치인이었다. 다만 이승만과의 권력투쟁에서 밀려난 이후 북한과 뒤늦게 협상을 추진했다는 점에서만 중간파로 분류된다. 그가 전투적인 항일투사였다는 것은 사실이다. 그러나 그는 좌파의 국제주의를 사대주의라고 비난하며 어떤 연대도 거부해 왔지만 1920년대 이승만이 미국에 조선을 위임통치해 달라고 청원한 사건에 대해서는 비판하지 않았다.

해방 이후 귀국한 그가 처음 한 일은 이승만·한민당 세력과 연대해 우파 블럭을 형성하는 것이었다. 그렇기 때문에 친일파 청산 문제도 머뭇거리며 다음과 같이 말했다.

> 우선 통일하고 불량분자를 배제하는 것과 배제해 놓고 통일하는 것의 두 가지가 있을 것이나 결과에 있어서는 전후가 동일할 것입니다.[2]

그리고 친일 자본가인 <조선일보> 사주 방응모를 자신의 한국독립당 재정부장에 앉혔다.

그가 친일파 처단을 본격적으로 외친 것은 1945년이 아니라 1948년 이승만·한민당 세력과 결별한 이후였다.

또한 그는 (자신이 주도하는) '대한민국 임시정부'가 정권을 획득하는 것에 반탁 운동을 이용하려 했다. 예를 들어 '신탁관리 배격 각 정당 대표자대회'의 첫째 요구는 반탁이 아니라 "연합국에 임시정부 즉시 승인을 요구함"이었다.

그가 반탁 운동을 제국주의 점령에 반대하는 운동으로 급진화시킨 것은 더더욱 아니었다. 김구의 '임시정부'는 1945년 12월 30일 포고문을 발표해 "미 군정청 산하의 모든 한인 직원들은 임정의 지휘를 받을 것"을 요구했다. 미군정에 대한 이런 쿠데타 시도는 하나의 해프닝으로 끝났는데, 미군정의 하지가 김구를 자기 사무실로 불러들여 야단을 치자 김구는 국민들에게 "신탁통치에 반대할 뿐 군정에 반대하는 것은 아니"라고 뒤로 물러섰다.

그는 이승만의 단독 정부 수립에 일관되게 반대하지도 않았다. 2차 미소공위가 결렬되자 미국은 한반도 문제를 유엔에 이관함으로써 사실상 단독 정부 수립의 길로 나아갔는데도, 김구는 이를 열렬히 환영했다. 그가 "38선을 베고 죽겠다"며 '남북협상'을 통한 통일 운동에 나선 것은 이승만과 미군정으로부터 버림받은 후였다.

그의 극우파적인 본질은 노동자·민중 운동과의 관계에서 분명해진다. 그는 항일운동 시기 동안에도 대중운동에 의지한 적이 없었다. 이승만조차 김구를 테러리스트라고 비난했을 정도로 테러야말로 그의 주된 무기였다. 해방 후 그의 테러는 1946년 김일성을 살해하려는 시도로 나타나기도 했지만, 주로 좌파 활동가들과 노동조합 활동가들에게 집중됐다. 그가 비호했던 우익 테러 조직은 전평의 9월 파업과 대구의 10월 인민항쟁에서 그 잔혹성을 널리 떨치기도 했다.

한편, 김구에게는 좌익적 액세서리가 하나 있었는데, 독립노농당 등의 아나키스트가 그것이다. 해방 공간에서 이들의 행동은 하나의 희극적 비극이라 할 만하다. 이들은 올바르게도 미군과 소련군을 해방군이 아니라 일본을 대신한 점령군으로 생각했다. 그러나 실천에서는 김구의 '임시정부'를 무비판적으로 추종했다. 그들은 김구의 '임시정부'가 "전 민족의 자율적 기관"이라며 김구의 노선을 칭송했다. 게다가 이들은 아래로부터 급진화하는 대중운동에도 적대적이었다. 예를 들어, 한국노동자자치연맹은 말로는 "노동자들의 자주관리"를 내세웠지만, 동시에 "[개인의] 공장 소유권"을 인정하는 이율배반을 보였다. 심지어 이들 중 일부는 우익 깡패 집단으로 구성된 대한노총과 통합해 전평을 분쇄하는 데 몰두하게 된다.

북한 '인민민주주의 개혁'의 본질

한규한

많은 좌파는 북한의 토지개혁과 주요 생산 시설 국유화를 표방하는 인민민주주의 개혁이 소련의 간섭과는 무관하고 북한 민중의 요구에 부합하는 진보적 성격을 갖고 있다고 주장한다. 그러나 그 변화는 농민들의 투쟁 수준에 따라 결정되지 않았다. 오히려 이것은 국제 정세의 변화, 즉 소련의 이해관계라는 측면이 더 크게 작용한 결과였다.

해방되자마자 북한에서도 농민들이 급속하게 조직됐다. 공산주의자들은 가혹한 소작제와 세금에 시달린 농민들의 오랜 바람이 무엇인지 잘 알고 있었다. 해방 직후 공산주의자와 농민의 자생적 토지개혁 요구는 매우 급진적이었다. 예를 들어, 함경도에서는 "토지문제에

출처: 격주간 〈다함께〉 52호(2005. 3. 30).

있어서 친일파, 민족반역자"뿐만 아니라 "기타 인민민주주의 수립에 협력할 수 있는 지주 등을 가리지 않고" 모든 토착 지주에게서 토지를 몰수하고 소작료를 폐지할 것 등을 요구했다.

그러나 1945년 9월 20일 스탈린이 조선에 '부르주아 민주주의 권력의 수립'을 지시한 후 급진적 토지개혁 요구는 후퇴하기 시작했다. 9월 25일 공산당 평안남도당 확대위원회에서 채택된 "정치노선에 관하야"에서는 과거의 '오류'를 비판하면서 "대지주의 토지의 제한 몰수란 것을 취소"했다.

소련은 농민의 토지개혁 요구를 통제했는데, 당시 소련은 전후 세력권 분할을 둘러싸고 미국과 협상하는 것이 더 중요했기 때문이다.

1945년 11월 들어서는 이런 기조가 바뀐다. 소련 군정 민정관 로마넨코는 11월 30일 북한 지역에서 대지주의 토지를 몰수할 것을 내용으로 하는 토지개혁안을 본국에 제출했다. 이것은 모스크바 삼상회의 결과를 염두에 둔 것인데, 신탁통치안이 제대로 진행되지 않을 경우 자신이 통제하고 있는 지역에서라도 친소적인 정권의 기반을 닦아야 한다는 점을 의식한 것이다. 이는 랭던이 추진했던 남한만의 단독 정부 수립안과 맥을 같이한다.

이 점은 1945년 12월 25일 소련군 최고사령부 대장 시킨이 소련 외무인민위원부 부위원장 로좁스키에게 보고한 "조회 — 북조선에서의 정치정세에 대한 보고"에도 반영돼 있다. 여기서 그는 "한국에서 (소련) 군대 철수 후에도 국가 이익을 보장해 줄 항구적인 경제적·정치적 지위가 형성되어 있지 않다"고 불안감을 나타내며, "대지주의 토지 지배가 현존하고 있음은 인민민주주의 투쟁의 발전에 장애가 된다"고 말하고 있다.

또 소련 공산당 중앙위원회 정보국이 1946년 1월 1일 자로 발간한 《공보》에 수록된 "일본 항복 후 조선의 상황"에서는 이미 "한국에는 두 점령 지역에 사실상 두 개의 제도가 정해졌"다며 변화될 상황을 암시했다.

1946년 3월에 실시된 토지개혁은 이런 맥락에서 이뤄졌다. 북한에서는 5정보* 이상의 면적을 기준으로 무상몰수 무상분배의 토지개혁이 시행됐다. 북한 전역에서 몰수한 토지 면적은 총 100만 8178정보로 북한 토지 면적의 약 55.4퍼센트에 해당했다.

그러나 많은 관찰자들이 지적하듯이, 북한의 토지개혁은 '계급투쟁 없는', '평화로운 혁명'이었다. 이럴 수 있었던 데는 몇 가지 이유가 있다. 우선 애초 북한이 남한보다 지주의 세력이 약했다. 몰수한 토지를 분석한 결과는 북한에 대지주보다는 영세지주가 압도적으로 많았음을 보여 준다.

또 소련군의 존재는 지주를 기반으로 하는 정치적 반대파를 물리적으로 억누르는 효과를 냈다. 게다가 몰수 대상 지주들은 토지뿐 아니라, 주택 및 건축물 등 부와 사회적 영향력을 동원할 거의 모든 수단도 잃었다. 이들은 자신의 근거지에서 뿌리 뽑힌 채 다른 지역으로 강제 이주돼야 할 처지였다. 지주들은 농촌에서 지배력을 철저하

---

* 1정보는 3000평. 약 9917.4㎡.

게 상실했고, 국가의 통치 기구들이 이를 대신했다. 이런 상황에서 지주들은 북한에 남아 끝까지 저항하기보다는 월남이라는 대안을 택했다. 소련과 북한 정부는 이들의 남하를 의도적으로 조장했다. 박명림은 이런 태도를 '반혁명 수출전략'이라고 묘사하기도 했다.

농민들의 토지개혁 청원 운동이 있기는 했지만, 이것은 자생적이라기보다는 공산당 지도부가 조직한 것이었다. 상당수 농민들이 토지개혁을 지지했지만 개혁의 주체는 소련군과 북조선공산당이었다.

북한의 토지개혁이 1949년에 시행된 남한의 농지개혁보다 본질적으로 우월했는지도 논란거리다. 북한의 토지개혁 결과 대지주의 물적 기반이 붕괴한 것은 사실이다. 그러나 남한 역시 유상몰수 유상분배라는 방식을 통해 기생적 지주층을 소멸시키고 있었다. 이런 과정을 거쳐 남과 북에서 지주가 소유했던 부는 국가의 통제로 넘어왔다. 국가는 이런 부를 산업자본에 투자해 자본축적의 속도를 높이고자 했다. 이 점에서 토지개혁은 진보적 성격이 있다. 반자본주의적 맥락이 아니라 바로 급속한 자본축적을 가능하게 만들 토대 중 하나가 됐다는 점에서 그렇다.

또한 북한의 농민들은 수확량의 25퍼센트를 현물세로 부담해야 했다. 현물세는 실제 수확량을 기준으로 하는 것이 아니라 수확 예상량을 기준으로 한 '평뜨기' 방식이었기 때문에 징수량을 과다하게 책정할 수 있었다. 여기에 각종 잡세를 포함하면 적어도 수확량의 30퍼센트 정도를 세금으로 납부해야 했다. 이것은 남한 농민들의 세 부담과 별 차이가 없는 수준이었다. 게다가 북한에서는 자작 농지에 대한 상한제가 적용되지 않았는데, 따라서 3정보를 상한선으로 하는 남한의 농지개혁보다 오히려 부농이 존재할 수 있는 가능성이 더 컸다.

북한에서 주요 산업 국유화는 토지개혁보다 늦은 1946년 8월에 시행됐다. 당시 공업 부문 자산의 90퍼센트를 일본인이 차지하고 있었고, 특히 주요 기간산업은 거의 일본인 소유였다. 일본의 패전과 더불어 이들은 본국으로 돌아갔기 때문에 산업의 국유화는 토지개혁보다 훨씬 쉬운 일이었다.

그런데도 이 조치는 토지개혁보다 늦게 실시됐다. 소련은 북한에 있던 주요 산업 시설들을 '적의 재산'으로 규정했고, 대일본 전쟁의 배상물로 여겼다. 주요 산업 설비들을 자국으로 반출하고 재가동된 공장의 생산물들을 가져가야 했기 때문에 주요 산업 시설을 임시인민위원회로 이양하는 것과 국유화를 늦춘 것이다.

사실 당시 북한의 국유화 조치 자체가 급진적인 것도 아니었다. 심지어는 김구의 한국독립당 강령도 토지 국유화와 주요 산업 시설 국유화를 말했다. 당시 좌익과 우익을 막론하고 급속한 자본축적을 위해 상당 부분의 국유화가 필요하다는 생각은 상식으로 통하고 있었다.

국유화 과정은 노동자 통제력을 제거하는 방향으로 진행됐다. 노동자들의 자주적 행동은 체계적으로 부정됐다. 김일성은 노동자들의 자주관리를 억압한 것에 그치지 않고 계속해서 노동자들이 "동맹파업 비슷한 것을 조직"해 "임금 향상을 강요"한다고 비난했다.

전평은 직업동맹(이하 직맹)으로 재편됐다. 직맹은 노동자들의 자주적 조직과는 거리가 멀었다. 직맹의 강령은 "로동규율과 국가법률의 준수, 실천에 모범이 되어 … 건국증산운동을 계획적으로 수행할 것을 임무로 한다"고 정했다.

그러나 북한 노동자들은 일제 치하에서 강력한 노동운동의 전통을 가지고 있었기 때문에, 농민 등 다른 부문에 비해 통제가 쉬운 편이 아니었다. 실제로 북한 전평을 서울의 중앙과 분리하는 것이나 국가기구로 재편하는 것은 다른 대중조직들보다 늦어졌다.

북한 정권과 노동자들의 적대는 폭발하지는 않았지만 잠재해 있었다. 예를 들어, 북조선노동당 2차 당대회에서 당 선전부장 박창옥은 직맹 간부들이 단체계약을 체결할 때 잘못을 범하고 있다며 "일부 락후한 로동자들의 꼬리를 따라서 … 운영 측에 대하여 쓸데없는 간섭과 과중한 요구를 하고" 있다고 비난하기도 했다.

노동규율에 대한 저항도 있었다. 예를 들어 황해제철소의 경우, 1949년 8월 공장에 들어간 노동자는 700명인데, 주택이나 식사 조건 미비로 불과 2~3일 안에 400명이 공장을 떠났다. 이런 현상은 노동자들이 자신의 이익을 방어할 수 있는 조직이 없는 상황에서 흔히 취하는 저항의 일종이다.

과거 일제 강점기 때 노동조합 활동가들은 당의 지도적 지위에서 체계적으로 배제됐다. 이들을 대신해 많은 생산 실적을 올린 '모범 노동자'가 그 자리를 메웠다. 게다가 이미 북로당 2차 당대회의 대표들은 소위 카드르(관료)에 해당하는 층이 50퍼센트를 넘어섰다.

북한 인민민주주의 개혁의 성격은 김두봉이 "건국사상총동원운동과 그 대상"에서 진술한 것에서 역설적으로 드러난다. "북조선 인민은 가혹한 유혈적 투쟁이 없이 붉은 군대의 방조로 말미암아" 해방됐고, "불과 1년 동안에" 여러 민주개혁이 거대한 "성과를 달성"했기 때문에 이런 성과의 의의를 인식하지 않고 있다는 것이다.

북한의 노동자들이 이런 '성과'를 인정하지 않은 것은 당연하다. 그들의 자주적 행동은 철저히 분쇄됐고, 그 자리를 메운 것은 국가 주도로 자본축적을 강제하는 당 관료들이었기 때문이다.

한편, 인민민주주의의 '부르주아적 성격'에 대해 강조하던 김일성은 인민위원회 정권 형태에 대해 "낡은 부르죠아 사회의 소위 의회민주주의 정권 형태가 아니라"며 "인민민주주의는 곧 프롤레타리아 독재 형태"라고 말을 바꾸었다. 김일성의 말 한마디에 북한은 졸지에 '사회주의 사회'가 된 것이다.

인민민주주의의 '프롤레타리아 독재로의 전환'은 사실 프롤레타리아에 '대한' 독재가 강화된 것을 뜻했다. 크리스 하먼이 지적하듯이, "냉전 체제의 격화된 경쟁이라는 새로운 조건에서 축적을 위한 자원을 획득하"는 것이 필요했다. 이 때문에 한국전쟁 이후 북한 정권은 농민에게 분배한 토지를 다시 빼앗았고(강제집산화), 노동자들에 대한 처벌과 강제를 강화했다.

해방 정국의 좌우합작과 민족통일전선

한규한

서론

1945년 8월 15일 일본 제국주의가 패전하면서 그동안 억눌려 있던 조선인들은 폭발적으로 전진했다. 그들은 다시는 강대국의 노예가 되지 않으리라 다짐했고, 자유로운 독립 국가 건설을 염원했다. 노동자들은 공장을 접수해 스스로 관리하려 했고, 농민들은 가혹한 소작제에서 벗어나고자 했다. 조선인 자본가와 대지주들은 일제에 협력한 과거 때문에 한동안 몸을 사릴 수밖에 없었다. 억압의 최선봉에 섰던 친일 경찰들은 목숨을 부지하려면 몸을 숨겨야 했다.

조선인들은 미국과 소련의 분할 점령 정책을 반기지 않았다. 사람

출처: 《마르크스21》 8호(2010년 겨울).

들은 미국과 소련이 남과 북에서 각자 꼭두각시 정권을 세워 결국 내전을 일으키지나 않을까 걱정했다. 이런 상황에 부응할 수 있는 운동의 전략은 무엇이었을까? 트로츠키의 연속혁명 전략이 하나의 해법이 될 수 있었다. 독립된 민족국가 수립, 지주제 철폐, 친일 잔재 해소, 미국과 소련의 제국주의적 간섭 반대 등 당시 즉각적으로 제기됐던 과제들은 전형적인 '부르주아적·민주주의적' 과제들이었다. 그런데 누가 이 과제들을 수행할 것인가?

조선인 '민족 자본가'는 그 구실을 할 수 없었다. 우선, 그들이 그나마 자본을 모을 수 있던 이유는 일본 제국주의 구조에 깊숙이 편입됐기 때문이었다. 그들에게 친일은 사업을 확장할 수 있는 길이었다. 그래서 그들은 새로운 민족 독립 국가를 건설하는 데 기층 민중을 동원할 정통성이 전혀 없었다. 대표적인 '민족 자본가' 김성수 가문을 연구한 카터 에커트의 결론은 다음과 같다.

> 김씨가家가 내선일체 운동에* 참여한 것은 식민지기 부르주아 민족주의의 종언을 장식했다. 김연수로 대표되는 자본가계급이 1919년~1920년대 초에 보유하고 있었던 정치적 지도력의 신임장은 내선일체기에 크게 퇴색했고, 다른 계급들에 대해 진정한 헤게모니를 확립할 가망은 거의 없어졌다.[3]

---

* 내선일체內鮮一體. 일본과 조선은 한 몸이라는 사상. 1937년 일본이 중국을 침공하자 당시 조선 총독 미나미 지로는 조선을 전쟁에 동원하는 강압 정책으로 내선일체를 내걸었다.

친일 잔재를 사회·경제적으로 청산하려 해도 오히려 이 '민족 자본가'들과 지주들에 맞서는 투쟁이 필요했다. 게다가 이 '민족 자본가'와 지주 등은 한반도에서 일본이 물러나자 곧 미국 제국주의에 빌붙어 살아남으려 했으므로, 반제국주의 민족 독립 과제에서도 동맹 대상이 될 수 없었다.

역설적으로 식민지 시절 형성된 경제구조도 자본가를 비롯한 여타 계급에 비해 노동계급의 힘을 더욱 두드러지게 만들었다. 식민지 시절 대규모 자본 투자를 통해 거대한 공장을 지을 수 있는 능력은 일본 제국주의에만 있었다. 제국의 자본에 비해 토착 자본은 주변적이고 영세한 분야에 집중할 수밖에 없었다. 결국 일제는 집중된 노동계급을 상당 규모로 창출해 놓은 반면 조선인 자본가들은 주변적이고 영세한 세력으로 억제됐다. 그래서 일제가 패망하자 사회 전체의 부 가운데 압도적인 부분을 자연스럽게 노동자들이 통제하고 운영할 기회가 생겼다. 물론 일제의 패망으로 자본과 원자재를 조달할 수 없었던 조선 경제는 급격히 위축됐고, 이에 따라 노동자들의 수도 상당히 줄면서 실업자가 급증했다. 또 특히 북한과 달리 중공업 지대가 희소했던 남한에서는 남과 북의 분단이 노동계급의 힘을 감소시키는 요인이 된 게 사실이다. 남한의 노동자는 북한의 노동자와 연대할 수 있는 전략·전술을 많이 고려해야 했을 것이다. 그럼에도 전평 등 조직된 노동운동의 주력은 남한 쪽에 있던 듯하다. 조합원 500인 이상을 대표하는 대의원 가운데 79퍼센트가 38선 이남에 있었고, 이들이 대표하는 조합원은 약 13만 7000명이었다. 당시 전체

인구에서 노동계급이 차지하는 비중은 대략 10퍼센트 남짓했지만, 정치적 파급력은 그 이상이었다. 노동자들의 9월 총파업이 실업자와 농민 반란의 방아쇠가 됐던 사실이나, 여러 지역에서 발생한 미군정에 대한 저항에 조직 노동자들이 핵심적 구실을 했던 사례들을 보면 알 수 있다.

따라서 당시 산적한 과제들을 일관되게 수행할 수 있는 세력은 노동자계급일 수밖에 없었다. 이는 혁명이 단지 부르주아 민주주의적 과제를 해결하는 데서 멈추는 것이 아니라, 노동자가 농민의 지지를 얻으며 권력을 장악하는 데까지 나아가야 한다는 것을 뜻했다.

그러나 당시 조선공산당을 비롯한 좌파들은 거의 다 이런 전망을 받아들이지 않았다. 그들은 당시 상황을 부르주아 민주주의 혁명 단계로 규정하고 거기서 멈춰야 한다고 주장했다. 또 이 과제를 수행하는 데서 서로 적대적일지라도 다양한 계급과 계층이 연합해야 한다고 주장했다.

당시 한반도 좌파들은 이 인민전선 전략을* 좌우합작론이나 민족통일전선론이라고 불렀다. 오늘날에도 해방 당시 좌우합작론을 옹호하는 주장이 광범하다. 서중석 교수가 대표적이다. 그는 여운형이

---

* 1935년 코민테른 7차 대회에서 채택된 전략으로 파시즘에 맞서 지배계급의 일부와도 연합하라는 지침. 그러나 실제로는 독일에게 군사적 압박을 받고 있던 소련의 안보·외교상 필요 때문에 제기됐다. 스탈린은 독일에 맞서 서방 지배자들의 지원을 원했고, 이를 위해 서방 지배자들의 심기를 거스르지 않도록 급진화하는 서방의 노동자 운동을 진정시키고자 했다.

중심이 됐던 좌우합작론을 매우 높이 평가한다. 당시의 좌우합작론과 오늘날 이 전략을 대안으로 여기는 논리에는 서로 연관된 세 가지 특징이 있다.

첫째, '최소강령주의'다. 민족 통일 국가를 건설하려면 다양한 계급을, 심지어 우익까지도 포괄해야 하므로 강령 수준이 매우 낮을 수밖에 없고, 또 그래야 마땅하다는 것이다.

둘째, '선先 민족국가 건설, 후後 계급투쟁'론이다. 가장 중요한 과제는 민족 국가 건설이므로 일단 국가부터 건설한 뒤에 체제 경쟁이나 계급투쟁을 해야 한다는 것이다. 계급 간, 좌우익 간 투쟁은 민족을 분열시키는 행위이므로 자제해야 한다는 것이다.

셋째, 협상을 통한 국가 건설론인 평화혁명론이다. 이는 계급 간 평화, 좌우익 간 정치 협상으로 국가를 건설한다는 것일 뿐 아니라, 당시 한반도를 분할 점령하고 있던 두 열강 간의 협상에 의존한다는 것이기도 하다. 여운형의 건준이나 조선공산당의 조선인민공화국(이하 인공)은 모두 미국의 신임을 얻어 정권을 인수하기를 기대했다. 또 미국과 소련이 정권 인수를 지원하고 보장해 주리라 믿었다. 스탈린의 인민전선 정책 때문이었다.

당시 좌익들의 좌우합작 노선은 결국 실패했다. 우익과 우익을 비호한 미군정의 존재가 실패의 주된 요인이었음은 분명하다. 그러나 당시 조선공산당을 비롯한 좌익들의 노선 자체에도 커다란 약점이 있었다. 계급투쟁을 고무하고 계급투쟁에 의존하지 않고도 우익이나 미군정과의 협상으로 민족 국가를 건설하겠다는 좌우합작 전략 자체가 약점이었다.

해방 직후 준혁명적 상황에 이를 정도로 고양된 분위기는 겨우 3년도 안 돼 최악의 반동기로 접어들었다. 제주도 4·3항쟁의 비극을 보면 알 수 있다. 또한 해방 직후 좌익에게 유리하던 세력 균형이 급격하게 오른쪽으로 기울었다. 왜 이런 일들이 벌어졌을까? 계급 협조 노선을 바탕으로 한 당시 좌익의 자기 제한적 전략을 빼놓고 이를 설명할 수는 없다. 이 글은 이 문제를 다뤄보고자 한다.

'8월 테제'

해방 후 좌우합작 운동이라 하면 보통 좁게는 1946~1947년 미군정과 여운형 등이 주도한 합작 운동을 가리킨다. 분단을 극복하고 민족 국가를 건설하는 데 좌우합작이 유일한 길이었다는 생각은 지금도 광범하다. 서로 매우 다른 정치적 경향에 속하는 서중석·한호석·장석준[각각 중도 좌파 민족주의, 정설 주체주의, 평등파 PD]은 특히 여운형의 활동을 높이 평가한다. 현대 한국 사회의 중도 좌파는 대부분 여운형의 '중도 좌파' 노선에 우호적인 듯하다. 특히 해방 정국 당시에는 분단만이라도 막아야 하고, 그러려면 우파와 좌파가 단결해야 한다는 정서가 상당히 컸기 때문이다(물론 이는 좌파가 부추긴 측면이 크다).

그런데 여운형과 그의 좌우합작 운동을 높이 평가하는 논지를 따르면 필연적으로 비난의 화살을 좌우합작을 거부한 조선공산당과 남조선노동당(이하 남로당)으로 돌리기 마련이다. 우파야 그렇다 치더라도, 당시 매우 강력한 세력이었던 조선공산당과 남로당이 '좌경·극좌·계급투쟁 노선'을 고집해서 좌우합작이 실패했다는 것이다.

그러나 조선공산당과 남로당의 노선을 그렇게 평가하면 곤란하다. 사실 계급 연합 전략이라는 점에서 보면 조선공산당과 남로당이 추구한 민족통일전선도 좌우합작의 일종이기 때문이다. 과연 조선공산당과 남로당의 노선이 좌경적이고 계급투쟁에 충실해서 문제였던 것일까? 또 여운형식 좌우합작이 정말로 대안이었을까?

먼저, 조선공산당의 좌경·계급투쟁 노선 고집이 문제였다는 주장부터 검토해 보자. 그러려면 먼저 당면 혁명에 대한 조선공산당의 견해를 살펴봐야 한다. 앞에서 지적했듯이, 조선공산당을 비롯한 거의 모든 좌파들의 혁명론은 단계론이었다. '장안파' 공산당이 "프롤레타리아 혁명 단계"를 주장하기도 했지만[4] 곧 철회했고, 오히려 더 나아가 "민족 부르조아의 반동성을 강조해서는 안 된다"며[5] 한민당·국민당 등 우익 정당과 함께 연합을 추진하고 중경 임시정부 추대운동을 벌였다.[6]

1945년 8월 20일 박헌영의 '재건파' 공산당은 이른바 '8월 테제'를 발표해 부르주아 혁명론을 정식화했다. 이 테제를 요약하면, 조선은 "진보적 민주주의 국가"인 소련과 미국이 해방시켜 줬고, 프롤레타리아 혁명 단계가 아니므로 대지주와 고리대금업자와 반동적 민족 부르주아지를 뺀 모든 인민이 참여하는 민족통일전선 정부를 구성해

야 한다는 것이다.[7]

그런데 서중석은 이 8월 테제가 조선공산당과 남로당의 '극좌적' 태도를 표명한 것이고 따라서 이후 민족통일전선을 구축하는 데 어려움을 줬다고 평가한다. 또한 이 테제가 코민테른 3기 노선에* 입각한 '12월 테제'의 연장이거나 심지어 더 나아간 것이라고도 한다. 예를 들어, 토지 국유화 주장은 "12월 테제에서도 한걸음 더 나아간 것"이고, "부르주아 민주주의 혁명의 단계에 해당하는 것이 아니라, 사회주의 사회에서나 가능"하다는 것이다.[8] 조선공산당은 "지주와 부르주아들은 모두 다 일제의 살인강도적 침략적 전쟁을 지지했고, 근로인민의 진보적 의사를 무시하고 '잔인무도한 군사적 제국주의적 탄압'을 행하였다고 비사실적으로 평가"했고, "'특히 사회개량주의자의 영향 밑에 있는 일반 인민대중을 우리 편으로 전취함에 있어서 그들의 개량주의적 본질을 구체적으로 비판 폭로할 것'이라고 선언"했는데, 이는 "1928년의 코민테른 제6회 대회의 결의 및 12월 테제의 '계급 대 계급'노선"의 연장이라는 것이다.[9]

조선공산당이 8월 테제에서 다음과 같이 토지 국유화를 제기한 것은 사실이다. "일본 제국주의자와 민족적 반역자와 대지주의 토지를 … 몰수하여 이것을 토지 없는 또는 적게 가진 농민에게 분배할

---

* 이른바 코민테른 3기 노선은 1928년 코민테른 6차 대회에서 채택된 노선이다. 이 노선에 따르면 자본주의가 파국적 위기에 빠져 혁명이 임박했고, 공산당의 가장 큰 적은 사회민주당 등 개혁주의 세력으로, 이들은 '사회파시스트'다. 이는 당시 나치가 부상하는 상황에서 사회민주당과 노동자 공동전선을 펼칠 필요성을 부정하는 초좌파 노선이었다.

것이요, … 조선인 중소지주의 토지에 대하여서는 자기 경작 토지 이외의 것은 몰수 … 조선의 전 토지는 국유화한다."[10] 그러나 역사학자 김무용도 지적하듯이, 토지 정책의 최고 강령으로 토지 국유화를 주장하는 것은 부르주아 민주주의 혁명의 단계를 넘어서는 것이 아니다.[11] 게다가 8월 테제는 토지 국유화를 즉각 실행할 수 있는 것으로 제시하지도 않았다. 이 테제는 "소작료를 [지주] 3할 대 [소작농] 7할 별로 인하하고 이것을 화폐 지대로 정할 것"을[12] 당면 임무로 제시했을 뿐이다. 미군정이 소작료를 (수확량의 3분의 1 이하로 제한한) 3·1제로 인하한 것과 비교해도 그리 급진적이라 할 수 없다. 당시의 인플레를 고려한다면 조선공산당의 소작료 화폐 지불 요구가 농민에게 좀더 유리했으리라는 점은 분명하지만 말이다.

조선공산당의 단계론적 접근은 1945년 11월 25일 조선공산당 이론가 박문규가 전국인민위원회 대표자대회 확대집행위원회에서 농업문제를 두고 발표한 글에서도 드러난다.

> 토지 농업문제의 근본적 해결은 어떻게 하면 가능할 것인가. 그것은 오직 전 토지를 국유화하고 이것을 농민[에게] … 재분배함으로써만 가능할 것이다. … 그러나 여기에서 강조하여 둘 것은 이런 토지 농업 문제의 근본적 해결은 오직 전 민중이 이것을 지지하고 또한 이것을 실행할 수 있는 실력을 가질 때에만 가능하다는 것이다. … 우리의 건국 사업에는 … 지주도 참가할 수 있고 자본가도 참가할 수 있다. 이런 견지에서 우리 중앙인민위원회에서는 … '비몰수 토지(민족반역자가 아닌 조선인 토지)의 소

작료는 3·7제로 함'이라고 규정하였던 것이다.[13]

서중석은 이 글이 "여운형 노선에 가깝다"며[14] 8월 테제의 입장과 많이 다른 것처럼 평가하지만, 지주에 대한 온정적 표현을 빼면 8월 테제와 내용상 다르지 않다.

8월 테제가 식민지 시절 민족 자본가와 지주를 부정적으로 평가한 것은 사실이다. 그러나 8월 테제는 그와 동시에, 향후 건설될 국가 권력의 성격을 다음과 같이 명백하게 계급 연합 정권으로 규정했다. "대지주, 고리대금업자, 반동적 민족부르조아지"를 제외한 "모든 진보적 요소가 정견과 신교와 계급과 단체 여하를 막론하고 모두 참가하여야 하나니, 즉 민족통일전선을 결성하여야 한다."[15] 코민테른 3기 시절 조선 공산주의자들이 주장한 '노농독재론'이나 '소비에트 국가론'과 비교하면 오히려 우경화했다고 볼 수 있다. 이는 8월 테제가 중국의 국공합작을 긍정적으로 평가하는 데서도 분명히 드러난다.

보라! 중국혁명의 발전을. … 당면에 있어서 '단일 민족전선 정부', '민주주의적 연합정부', 공산당과 국민당의 민주주의적 연합정권을 조직하면서 있지 않은가? … 조선의 객관적 정세는 우리로 하여금 무조건하고 부르조아민주주의 혁명의 제 과업의 수행을 강경히 요구하고 있는 것이요 조선에서는 프롤레타리아 혁명의 단계는 아직 오지 않고 있다는 것을 힘있게 주장한다.[16]

서중석은 이 주장을 "8월 테제의 취지와 논리적 모순" 관계라고 본다.[17] 그러나 8월 테제는 코민테른 3기 노선이 아니라, 트로츠키가 코민테른 해산 대회라고 말한 7차 대회(1935년)의* 연장이라고 보는 것이 정확하다.

사실, 당시 조선공산당의 노선은 1935년 이후 전 세계 모든 공산당이 채택한 노선이었다. 패전국 일본도 마찬가지였는데, 일본 공산당 지도자 노사카 산조는 "일본 공산당은 현재 진행 중인 우리나라의 부르주아 민주주의 혁명을 평화적이고도 민주적인 방법으로 완성함을 당면한 기본 목표로 한다"고 발표했다.[18] 그래서 심지어 천황제조차 용인하는 데까지 나아갔다. 존 다우어는 다음과 같이 적었다.

> 5월 중순의 이 사건들은 이데올로기 면에서 보면 말도 안 되는 것이었다. 민중의 저항은 대체로 천황에게 바치는 호소문의 형태로 귀결되었기 때문이다. 5월 19일에 승인된 결의문에서는 천황을 '군주', '최고 권력자'와 동일시했으며, 국민의 의사에 따라 적절한 조치를 취해 주기를 공손히 부탁하는 모습을 취하고 있었다. 천황이 그렇게 해 주기만 한다면 … 타락한 정치가, 관료, 자본가 및 지주를 배제할 수 있을 것이다. 자칭 좌파라는 사람들이 다른 사람도 아닌 천황의 절대적 권위에 호소하는 구태의연한 모

---

* 1935년 코민테른 7차 대회에서는 이른바 인민전선 노선을 채택했다. 스탈린은 그 전의 3기 노선에서 180도 방향을 바꿔, 파시즘에 대항하는 계급 연합을 주창했다.

습을 보인 것은 민주적 인민 정부의 수립을 내건 스스로의 투쟁에 오점을 남기는 것이었다. … [공산당이] 격렬한 대립의 시대에 선택한 왕당파적 노선이야말로 희대의 농담거리라 할 만했다.[19]

"희대의 농담거리"라는 조롱은 아주 적절한데, 왜냐하면 패전 직전까지만 해도 일본 공산당은 천황제를 타도해야 부르주아 민주주의 혁명이 가능하다고 주장했기 때문이다.[20]

당시 전 세계 공산당들이 따른 스탈린의 노선은 미국·서유럽과의 관계를 고려한 것이었다. 전후 세력권 조정 협상 과정이 끝나지 않았고, 냉전이 아직 시작되지 않았다. 따라서 각국 공산당은 이 '협력' 관계를 해칠 혁명적 주장과 실천을 해서는 안 됐다. 혁명에 의하지 않고도 사회주의가 가능하다는 뜻에서 스탈린은 "오늘날 사회주의는 심지어 영국 왕정 하에서도 가능하다"고까지 했다.[21]

조선공산당은 이를 '스탈린-루스벨트의 국제혁명 노선'이라고 불렀다. 국제적 수준의 '좌우합작'인 셈이다. 이 노선 덕분에 "조선과 같은 데에 있어서는 평화적으로 혁명의 성공이 가능하다"는 것이다.[22] 마찬가지로 이 '국제혁명 노선'은 혁명의 성격을 근본적으로 규제한다. 자본주의 국가인 미국과의 협력 관계를 고려한다면 프롤레타리아 혁명을 주장해서는 안 된다.

이 노선에 따라 조선공산당은 자신이 조선의 "해방자"라고 규정한 미군정에 협력하는 노선을 채택하게 된다. 이는 같은 시기 베트남 트로츠키주의자들의 태도와 선명하게 대비된다. 베트남 트로츠키주의자들은 베트남을 분할 점령하려는 영국군의 진주를 앞두고 주민들에게 무장 저항을 호소했다. 이 호소는 영국을 믿지 않고 독립을 상실할까 우려한 다른 민족주의 그룹에 강한 공명을 일으켰다. 영국군 진주에 맞서 사이공에서 민중 봉기가 일어났다. 그러나 스탈린주의자들은 영국군을 환영했고, 총파업을 주도한 트로츠키주의자들과 봉기에 가담한 민족주의자들을 체포하고 곧 처형해 버렸다.[23] 호찌민이 남베트남에서 제국주의의 교두보를 허용한 결과, 베트남인들은 프랑스와 미국을 상대로 기나긴 독립전쟁을 벌여야 했다. 마찬가지로 한반도는 연합국을 환영한 대가로 분단과 한국전쟁을 겪어야 했다.

서중석은 "8월 테제로 확립된 조선공산당의 기본 노선은 상당 기간 잠복되었고, 1946년 1월까지는 한민당, 국민당과 대좌하여 협동전선을 형성하여 보려고 시도할 만큼, 민족통일전선에 노력을 기울였"다는 단서를 달기는 한다. "8월 테제의 부르주아 민주주의 혁명 노선은 1946년 2월 민전[민주주의민족전선]을 결성할 때 … 모습이 드러나기 시작했다."[24] 그래서 서중석도 지적하듯이 한동안 조선공산당은 우익들과 합작하는 데 노력을 기울였다. 김남식은 조선공산당의 8월 테제가 "하층 통일전선의 필요성만을 지적"했다고[25] 하지만, 실제 해방 직후 조선공산당의 실천은 상당 기간 '상층 통일전선을 위한 정치 협상'에 매달렸다고 볼 수 있다. 이 과정을 건준과 인공의 활동을 통해 살펴보고자 한다.

미군을 환영하는 건국준비위원회 인천 제물포 지부 회원들.

건국준비위원회와 조선인민공화국

해방이 되자 조선에서는 독립 국가를 수립하고자 하는 염원이 분출했다. 여운형이 주도한 건준은 그 반영이었다. 그러나 김하영의 평가처럼 "민족 국가가 없는 상태에서 건준을 건설한 것은 진보임에 틀림없었으나, 건준은 부르주아적 한계를 노정하고 있었다."[26] 건준은 민족 대단결을 위한 좌우 연립을 표방했다. 그러다 보니 건준의 강령은 추상적이고 막연했다. "우리는 완전한 독립 국가의 건설을 기함,

우리는 전 민족의 정치적 경제적 사회적 기본 요구를 실현할 수 있는 민주주의적 정권의 수립을 기함, 우리는 일시적 과도기에 있어서 국내 질서를 자주적으로 유지하며 대중 생활의 확보를 기함."[27]

건준의 추상적 강령은 서로 상반된 계급 이해관계를 뛰어넘어야 한다는 민족 단결 사상의 반영이기도 했다. 건준에는 착취 계급의 일부도 참가했고, 그래서 종종 서로 다른 이해관계가 충돌하는 모순을 피할 수 없었다. 예를 들어 전라남도 보성군을 보면,

이곳에 서민호라는 자가 있는데 동인同人은 악덕 지주 고리대금업자로 유명하다. 그러나 극도의 배일排日사상이 있었던 것만은 장점이다. 8월 15일 이후 건준의 위원장이 되어 일인과의 투쟁에는 상당히 맹렬하였다. 그러나 치안대를 자기의 부하로 조직하여 이것으로 농민을 상당히 박해하였다. 그는 노농협의회를 해산시키려 하였고 부인회 석상에서 나의 명령에 복종하지 않는 년은 엄중히 처벌하겠다고 폭언한 사실도 있다.[28]

이런 모순은 다른 지역에서도 나타난다. 지주들은 농민들의 소작료 납부 거부 같이 토지개혁 요구에 비하면 비교적 사소한 요구도 못 견뎌 했다. 예를 들어, 전라남도 담양군에서는 "농민조합의 '소작료 불납동맹' 결성을 계기로 건준에서 지주 출신의 보수 인사들이 이탈했다."[29]

건준은 아래로부터 계급투쟁을 고무하지 않았다. 비록 건준은 일제 강점기 관공서와 일본인 소유 작업장 접수 등을 호소하며 대중의

정서에 어느 정도 부응하기도 했지만, 당시 대중의 폭발적인 전진이 일정선을 넘지 못하도록 진정시키는 브레이크 구실도 했다. 예를 들어, 건준 부위원장 안재홍은 민중에게 "경거망동하지 말라"며 다음과 같이 경고했다.

> 조선민족 3000만 대중에게 고합니다. … 여러분이 너무 흥분한 탓으로 … 까딱하면 민족백년의 대계를 그르치는 수도 있습니다. 그런고로 자기의 할 일만을 힘써 하여야 합니다. 쓸데없이 거리에 나와 몰려다니지 말 것입니다. … 여러분 지금에 있어 시위운동은 아무 의미도 없고 도리어 대국을 그르치는 단서가 될 뿐입니다. 그러므로 즉시 시위운동을 금지합니다. 그리고 조선 일본 두 민족을 이간 붙이거나 감정이 서로 나빠질 운동을 절대로 금지합니다. … 여러분 조선 안에 지금도 백만대군이 남아 있으니 여러분은 현실을 똑바로 보아야 합니다. 조선건국준비위원회의 포고에 따라서 절대로 안정하게 행동하면서 곱게 이 시국을 넘어 나아가야 됩니다.

30년 넘게 일본 제국주의와 토착 지배계급의 착취와 멸시로 고통을 겪은 민중에 대한 포고로는 전혀 적절치 않았다.* 민족 단결을 강

---

* 안재홍이 "백만대군" 운운하며 위협한 것은 심한 과장이다. 당시 일본 육군의 주력이던 관동군은 이미 만주에서 붕괴한 상태였다. 또 일본인들의 증언을 보면, 조선 주둔군의 경우 부대별로 60~80퍼센트가 조선인이었고, 이들은 소련군과 전투가 임박하자 대부분 탈영해버렸다. 모리타 요시오 외, 《한반도에서 쫓겨가는 일본인(상)》, JKI출판국, 1995, pp 15~19.

조하다 보니, 건준은 심지어 과거 친일파 인사들조차 일부 건준에 참여하도록 허용했다. 우파인 안재홍은 말할 것도 없고 좌파인 여운형도 "친일파는 극소수만 가려내어 처단해야 한다는 입장"이었다. 여운형이 친일파인 "장덕수까지 건준에 끌어들이려 한 것은 지나친 행위로 비판받을 수 있을 것이다."[30]

그런데 건준의 좌우 연립은 금세 붕괴했다. 결정적 요인은 미국이 서울에 진주하리라는 소식이었다. 서중석도 지적하듯이, "미군의 서울 진주설은 남한에서 좌우익을 갈라놓는 데 하나의 분수령이 될 만한 역할을 했다."[31] 우파들은 미군이 남한에 진주할 것이라는 사실을 알고는 건준을 이탈하기 시작했다.

이런 이탈이 뜻하는 바는 명백했다. 우파와 자본가·지주가 자기 기득권을 지키는 데서 좌우합작에 기댈 필요가 없어졌다는 것이다. 좌우합작이나 민족 대단결은 초장부터 신기루였던 셈이다. 우파들은 한민당으로 집결했고, 건준에 맞서 중경 임시정부 추대를 내세웠다. 우파들이 이탈하면서 건준은 좌익, 특히 공산당의 외피처럼 돼버렸다. 1945년 9월 공산당은 건준의 뒤를 잇는 인공을 선포했다.

여운형 같은 중도 좌파는 더는 인공에 힘을 싣지 않았다. 이 기구가 명실상부한 민족통일전선이 아니라고 보았기 때문이다. 대신에 그는 1945년 11월 인민당을 결성해 좌우합작을 추진했다.

여기서 주목해 볼 것은 세력 균형의 추가 오른쪽으로 이동하고 있었다는 점이다. 여운형이 사실상 인공을 이탈해 인민당을 창당한 것은 미군정과 우파를 달래고자 우경화한 것으로 볼 수 있다. 그 뒤 여운형은 이승만과 김구, 심지어 한민당 같은 우파 세력과 공산당의 인공 사이를 중재하려 노력했다. 브루스 커밍스가 보기에 인민당 창당은 "인공의 온건한 구성원들을 제외시킴으로써 반대파들이 이를 극단주의적 조직으로 표현하기 용이하게 만들어 결국 자체를 약화시킨 결과를 가져왔다."[32]

공산당이 선포한 인공 강령은 가짓수가 늘었지만, 그렇다고 건준의 강령보다 특별히 급진적이지는 않았다. 조선공산당도 이 점을 적극 부각시키려 했다.

> 조선에선 좌익 분자가 일본 제국주의에 맹렬히 투쟁하였으므로 인공에 약간의 좌익 분자가 있는 것은 피치 못할 정당한 일이다. … 인공이 좌익이 아니라는 것은 그 정강을 보면 잘 알 것이다. 우리는 언제든가 민족적 범죄자인 친일 분자만을 제하고는 누구든지 환영한다.[33]

그러나 이렇게 강령 수준을 낮췄다고 해서 우파와 자본가·지주, 특히 미군정이 인공을 어여삐 여긴 것 같지는 않다. '한민당 준비위'의 첫째 사업은 '인공 타도'였다.[34]

많은 논자들이 지적하듯이 인공 선포는 졸속이었다. 조선공산당은 미군에 인정받고자 미군이 서울에 진주하기 전에 정부를 선포하려고 서두른 면이 있다. 조선공산당은 자신이 "진보적 민주주의 국가"라고 착각한 미국이 인공을 승인하리라고 기대했다. 그러나 이런 기대가 환상이었음이 드러나는 데는 채 며칠도 걸리지 않았다. 군정 장관 아놀드는 인공을 모욕적 언사로 비난하며 그 존재조차 인정하지 않았다.

자칭 조선 인공이든가 조선 공화국 내각은 권위와 세력과 실재가 전연 없는 것이다. 만일 이런 고관대직을 참칭하는 자들이 흥행적 가치조차 의심할 만한 괴뢰극을 하는 배우라면 즉시 그 극을 폐막하여야 마땅할 것이다. … 만일 이런 괴뢰극의 막후에 그 연극을 조종하는 사기한이 있어 어리석게도 조선 정부의 정당한 행정 사무의 일부분일지라도 단행할 수 있다고 생각한다면 그들은 마땅히 맹연각성하여 현실을 파악하여야 할 것이다.[35]

조선공산당의 구애에도 미군정은 조선에 진주하자마자 지역인민위원회를 무력으로 분쇄하기 시작했다. 전국 곳곳에서 좌익과 노동자·농민 운동 활동가들이 살해됐다. 그래도 조선공산당은 미군정이 인공을 승인하리라는 기대를 버리지 않았다. 인공 국무총리 허헌은 전국인민위원회 대표자회의 개회사에서 다음과 같이 말했다.

군정은 … 조선 독립을 촉진하기 위하여, 다시 말하면 조선을 위하여 조선에 나와 있는 것이다. 제군은 모든 오해를 풀고 조선 독립을 위하여 군정에 협력하기를 바란다. … 아직 행정권의 양수讓受를 보지 못하였으나 우리들이 군정과 협력하여 간다면 미구未久에 반드시 행정권의 양수를 성

취할 날이 오리라고 확신하는 바이다.[36]

미군정에 대한 조선공산당·인공의 이런 협조 노선은 '진보적 민주주의'론뿐 아니라 평화혁명론의 반영이기도 한데, 심지어 다음과 같은 황당한 착각으로 나아가기도 했다.

인공 정부가 설령 정부로서의 기능을 하더라도 군정·군정부와 하등 대립되지 않는다는 것을 논증하고자 한다. 세계혁명사를 돌이켜보면 … 이중정부가 존재하는 것을 항상 볼 수 있다. 멀리 1871년 3월 파리 콤뮨 정부와 베르사이유 정부가 그러했고, 1917년 3월부터 11월까지 러시아의 사베트 정부와 케렌스키 임시정부 … 사례도 있다. … 조선에도 군정부와 인민정부가 동시에 병립하는 것은 조금도 괴이할 것이 없다. … 이 두 정부의 병립을 모순이나 대립으로 보는 것은 속된 견해에 의한 환상이거나 고의적인 악선전일 뿐이다.[37]

평화혁명론의 효과로 조선공산당의 방침은 우경화했다. 그들은 인공의 외연을 넓히려고 처음에는 이승만, 다음에는 김구와 합작을 모색했다. 당시 "조선공산당의 민족통일전선론은 인민 정부 수립이 목표로 되면서 이른바 상층 통전[통일전선]의 이름으로 정치 협상을 벌여 우파 지도자를 영입하고 인민정부의 대표성을 확보하는 수단으로 기능했다."[38]

이미 조선공산당은 인공에 우익 인사들을 대거 끌어들이려 한 바 있다. 인공 주석에 이승만을 필두로, 김구(내무부장), 김규식(외교부장) 등 우파 인사들을 내정했고, 심지어 8월 테제에서 '반동적 민족자본가'로 지목한 김성수(교육부장)까지 인공 내각에 내정했다.[39] 이는 "단결과 연립정권의 수립을 위해, 그 후에 있었던 우파의 어떤 제창보다도 더 사상적 선을 넘어선 것이었다."[40]

물론 이승만과 우파는 인공 참가를 거부했다. 박헌영은 이승만과의 회담에서 친일파만 배제하면 이승만이 그 나름으로 추진하는 '민족통일전선'인 독립촉성중앙협의회(이하 독촉)에 함께하겠다고도 했다. "우리도 지금 그들을 처단하자는 것이 아니다. 오직 독립촉성중앙협의회라는 성스러운 건국 기관에서 친일파만 제외하면 얼마든지 손을 잡겠다."[41] 그러나 이승만은 미군정을 등에 업고 인공 해체를 종용했다. 그리고 인공 대신 자신을 중심으로 하는 '독촉'에 참가하라고 요구했다. 전 민족이 자신을 중심으로 뭉쳐야 하며, 좌익은 들러리나 서라는 요구였다. 공산당은 이승만의 '독촉'에 참가했지만, 이승만이 선출한 전형위원들은 대부분 한민당 인사들이었다.

인공은 이승만의 주석 취임 거부로 망신을 당한 반면, 이승만은 이익을 얻었다. 서중석이 지적하듯이, 이승만이 인공 주석으로 추대됐다는 것 자체가 "그에게 커다란 정치적 후광이 될 수 있었다."[42] 좌우익을 망라한 전 민족의 지도자로 추대됐으니 말이다. 이승만은 "급격한 분자가 선두에 나서서 농민이 추수를 못하게 하고 공장에서 동맹파업을 일으키는 일도 있다. … 국체를 회복하여 국토를 찾자는 일점에 대동단결치 않으면 안 될 것"이라며[43] 공산주의자들을 훈계했다. 이는 민족 단결이라는 사상이 좌익의 전유물이 아닐 뿐 아니라 좌익에게 오히려 독이 될 수 있음을 분명히 보여준다.

이승만 영입에 실패하자 조선공산당은 파트너 대상자를 김구로 바꿨다. 인공을 대표해 김구를 만난 허헌은 "김선생의 각별한 지도를 청"했지만,[44] 결과는 마찬가지였다.

김규식 등 임시정부 계열 인사들도 인공 참가를 거부했다. 그 뒤로도 조선공산당은 계속 교섭을 타진했지만, 돌아온 것은 "'인공은 우리 안중에 없다, 인공은 말만 들어도 구역이 난다'는 등의 폭언"이었다.[45] 김구가 공산주의자들을 "장개석이 연안정부를 누르듯 다룰 것"이라는[46] 미군정의 예측이 맞았던 셈이다.

민족통일전선과 노동자·농민 운동

조선공산당의 민족통일전선 운동은 노동자·농민 운동에도 직접 영향을 끼쳤다. 당시 전평과 전국농민조합총연맹(이하 전농) 지도부는 공산당이 통제했다. 전평 결성대회에서 발표된 '일반 정세와 운동 방침'은 반파쇼 반민주주의 민족통일전선을 형성하려면 몇 가지 장애물을 걷어내야 한다고 말했다.

> 1) 도시에서 자본가와 노동자의 대립이요, 2) 농촌에서 농민과 지주의 대립이다. 이 두 모순을 잘 조정하는 것이 통일전선의 기초를 쌓는 것이다. … 우리 노동자도 민족통일전선에 최대의 이익을 집중시켜야 한다. 정당한 노력에 정당한 임금을 요구하고 정당한 자본에 정당한 이윤을 보장하여야 한다. … 조선 민족 사회를 구성한 별개 자본계급이 진보적 민주주의 강령을 완전히 승인하고서 당면의 공통된 최대 목표를 향하야 협력하면 민족통일전선은 승리되는 것이다.[47]

민족통일전선을 위해 계급 간 갈등을 "잘 조정"해야 하며, 민족 자본가가 있는 사업장에서는 투쟁을 자제해야 한다는 말이다. 이에 따라 노동자 자주관리 운동은 양심적 민족 자본가와의 공동 관리로 바뀌었다. 또 '산업 건설 협력 방침'에 따라 민족 자본가와 함께 생산에 적극 임하라고 했다. 그래야 "소시민·중간층 등의 국민의 대다수의 공감을 불러일으키고, 민족 자본의 양심적 부분과의 협동전선을 성취함으로써 민족통일전선에 있어서의 노동자계급의 영도권을 보장하여 그들의 반동진영으로의 이행을 방지"할[48] 수 있다는 것이다.

이 논리를 따르면, "노동자계급의 영도권"은 단호한 독자적 투쟁이 아니라 열심히 노동하는 데서 나온다. 민족 자본가와 불화를 일으키면 그들은 반동으로 넘어갈 수 있으니 그들에게 맞서지 말아야 한다.

전평은 계급 협력의 상징으로 '민족 자본가'와 함께 '조선산업건설협의회' 발족에 참여하기도 하며 다음과 같이 썼다. "전 민족의 희생적 정신에 의한 협조 노력으로서만 통과할 수 있는 대수난기이다. 우리는 모든 것을 요구할 때가 아니요 모든 것을 제공할 때이며, 권리를 주장할 때가 아니요 국가 민족의 공리공복을 북돋을 때이다."[49]

사실, 몇 안 되는 양심적 민족 자본가와 개별 작업장 수준에서 협력하라는 지침은 상대적으로 부차적인 문제일지 모른다. 그러나 더 중요한 문제는 이런 계급 협력 이데올로기, 전 민족적 이해관계를 해치지 말아야 한다는 민족주의 논리가 선진 노동자들의 의식을 마비시키고, 결국 전체 노동계급의 행동과 의식을 꽁꽁 옥죄 놓는다는 점이다.

이런 타협의 논리는 노동자들의 잠재력을 불신하는 것으로도 이어진다. "일본 제국주의가 타도되었다 할지라도 정권은 전국적으로는 어떤 계급의 손에도 가지 않고 있다. 이것은 조선 내에 있는 어떤 계급, 어떤 세력도 독자적으로 정권을 장악할 만한 역량을 아직은 가지지 못했다는 것을 의미한다."[50] 따라서 여러 계급·계층·당파가 모두 협력해야 한다는 것이다.

그렇다면 정권을 장악할 능력도 없는 '노동계급의 영도'를 '소시민·중간층'이 따라야 할 이유는 어디에 있는 것일까? 미군정과 국가기구와 결탁한 우익들이 훨씬 더 그럴듯해 보이지 않을까? 노동계급이 단호한 투쟁으로 힘을 보여 줘야 '소시민·중간층'을 자기편으로 만들 수 있다는 점을 스탈린주의 공산당은 결코 이해하지 못했다.

마찬가지로 '민족 자본가'가 힘없는 노동계급과 협력해야 할 이유는 또 무엇일까? 안타깝게도 조선공산당의 생각과 달리 조선인 자본가들은 거의 다 미군정과 우익의 '영도'를 받아들였다. 그들이 주요 작업장을 통제하고, 원자재와 물자와 돈을 갖고 있고, 노동자들과의 분쟁을 해결할 궁극의 폭력 수단을 쥐고 있었기 때문이다.

트로츠키는 스페인 혁명의 경험에서 다음과 같은 지적을 했는데, 이를 조선공산당의 민족통일전선 노선에도 적용할 수 있다.

> 정치적으로 매우 놀라운 것은 스페인 인민전선은 실제로 힘의 사변형조차 없었다는 사실이다. 자본가계급의 자리에는 그 그림자뿐이었다. 스페인 자본가계급은 스탈린주의자, 사회주의자, 무정부주의자를 매개로 인민전선에 참여하라고 귀찮게 조르지 않고도 노동자계급을 자신에게 종속시켰다. 온갖 정치적 색조를 띤 착취자들의 압도 다수는 공공연하게 프랑코 진영으로 넘어갔다. '연속혁명' 이론 없이도 스페인 자본가계급은 그 출발점이 어떻든 혁명적 대중운동이 토지와 생산수단의 사적 소유에 적대적으로 향하고, 따라서 민주주의적 조치로 이 운동에 전혀 대처할 수 없다는 것을 처음부터 알고 있었다.[51]

조선공산당은 스페인의 자본가계급보다도 실체가 없는 민족 자본가라는 "그림자"와 연합하고자 노동자들의 의식을 마비시킨 셈이다. 조선공산당은 노동자들의 공장 통제 운동과 파업을 억누르며 '민족단결'을 도모했지만, 그 결과는 앞서 보았듯이 결국 자기 무덤을 파는 것이었다. 전평이 산업 건설 노선을 따라 쟁의부를 폐지하고, 파업을 억제했는데도 우익의 테러 공격과 자본가들의 공격은 멈추지 않았다. 미군정이 노동자들의 자주관리 운동을 분쇄해 나갔지만, 전평과 공산당은 대미 협조 노선 때문에 이를 적극 방어하지도 못했다. 우익은 더더욱 기세가 등등해졌고, 반면 노동자들은 수세에 몰리기 시작했다.

전농의 농민운동 방침도 민족통일전선 노선을 따랐다. 전농은 결성대회에서 농민조합의 조직 원칙을 제시했는데, 그중 하나는 다음과 같다. "오늘의 민족 해방 단계에 있어서는 반역자가 아닌 한 자본가와 심지어 일부 지주까지도 우리와 일정한 정치적 협동을 할 수 있는 것이다."[52] 해방 직후 분출했던 농민들의 토지 접수 시도는 제지됐다. 심지어 공산당은 1945년 11월 13일 임시 조직 요강을 발표해, "일제 및 비친일적 대지주에 대한 소작료 불납 투쟁을 극좌적 오류로 규정"했다.[53] 결국 당면 투쟁 지침은 소작료 3·7제 운동으로 하향 통일됐다.

그런데 지주와의 타협 추세는 1946년 3월 북한에서 토지개혁이 실시되면서 바뀌게 된다. 박헌영은 이제 부르주아 민주주의 혁명론 대신 인민민주주의라는 용어를 쓰기 시작했다.[54] 어쨌든 민주주의 혁명을 벗어나진 않았다. 그래서 박헌영이 인민민주주의론을 제기했다고 해서 계급 연합 노선이 근본적으로 전환한 것이 아니었다. 특히 전평은 민족 자본가와 협력 노선을 계속 이어갔다. 모스크바 삼상회의 결정에 따라 세워질 정부도 여전히 "한 계급이나 한 당파나 한 인물의 전제가 되어서는 아니"되는[55] 계급 연합 정부라는 것이다.

전농은 북한식 토지개혁안을 주장하기 시작했고, 강령을 '무상몰수와 무상분배에 의한 소작제 폐지'로 수정했다. 그렇다고 해서 전농이 계급투쟁적 방식을 사용한 것은 아니다. 전농은 "남한의 주·객관적 조건은 북조선과 달라 토지개혁을 바로 실시할 수는 없다"고 했고, 따라서 "이를 실현해 줄 수 있는 통일 임시정부 수립 운동에 농민의 총역량을 집결할 것을 주장"했다.[56] 즉, 모스크바 삼상회의 결정에 따라 미국과 소련의 협상으로 통일 임시정부가 수립될 때까지 기다리라는 것과 마찬가지다. 농민이 할 일은 모스크바 삼상회의 결정 지지 캠페인인 셈이다. 그러나 트로츠키의 말대로,

> 강령은 양심을 편하게 만들기 위해서가 아니라 혁명적 행동을 지도하기 위해서 필요하다. 죽은 문자에 불과하다면 강령이 무슨 필요가 있겠는가? 예를 들어 벨기에 노동자당은 모든 '국유화' 조치들을 담고 있는 드 만의 휘황찬란한 계획을 채택했다. 그러나 당 강령의 실현을 위해 손가락 하나 까딱하지 않았는데 이 강령이 무슨 의미가 있겠는가?[57]

전농도 조선공산당의 방침에 따라 미군정과의 협력을 유지하고자 했다. 미국과의 협력 방침이 존재하는 한 전농이 계급투쟁적 방식을 사용할 수도 없었다. 심지어 "전농은 1946년 들어 미군정의 하곡수집 정책이 발표되자, 군정 방침에 적극적으로 협력한다는 전

제 아래 농민의 신곡 출회시까지 자가 소비량을 확보하고 그 잔여량을 공출하[라는] … 방침을 내놓았다."[58] 즉각적인 토지 접수는커녕 농민의 원성의 대상이던 미군정의 공출제 부활을 사실상 지지한 것이다.

신탁통치

공산당의 좌우합작을 통한 민족통일전선 결성 시도는 우익의 참가 거부로 지리멸렬해졌다. 여기에 모스크바 삼상회의 결정 소식은 결정적으로 좌우 대립을 격화시켰다. 모스크바 삼상회의 이후 처음에는 좌우합작이 촉진되는 듯했다. 우익은 물론 좌익도 모스크바 삼상회의 결정 사항인 신탁통치에 반대했기 때문이다. 공산당은 반탁을 민족통일전선 결성의 기회로 삼고자 했다. 인공 중앙인민위원회는 김구에게 "양 정부[중경 임시정부와 인공] 동시 해산"을 통한 "양 정부의 통일이 민족 통일의 유일 최선의 방법"이라며 통합을 제안했다.[59] 물론 김구의 중경 임시정부는 이 제안을 접수조차 하지 않았다. 그러다가 조선공산당은 신탁 찬성으로 입장을 180도 바꿔 버렸다. 덕분에 우익의 반소·반공 캠페인은 훨씬 힘을 얻게 됐다. 조선공산당은 얼마 전까지 '민족의 영웅'으로 떠받들던 이승만과 김구를 파시스트로 규정하고 비난하기 시작했다.

그렇다고 조선공산당이 우익과의 합작을 완전히 포기한 것은 아니었다. 조선공산당은 심지어 한민당과 함께 '4당 코뮤니케'를* 발표해 "통일전선 문제를 풀어가기로" 했다.[60] 그러나 바로 다음 날 한민당은 이 합의에 참가했던 한민당 측 인사들을 규탄하고 승인을 거부해 버렸다.

우익의 '민족통일전선' 거부와 더불어, 북한에서 벌어진 사태도 좌우합작의 동력을 현저히 떨어뜨렸다. 북한에서는 신탁통치에 반대하던 조만식을 소련이 연금해 버리는 등 우익과의 연립은 사실상 껍데기만 남게 됐다. 조선공산당은 우익과의 '상층 통일전선'이 더는 무망하다고 보고 민주주의민족전선(이하 민전)을 결성했다.

그러나 조선공산당이 우익을 격렬히 비난하고 민전을 결성했다고 해서 계급 협조 노선을 포기한 것은 결코 아니었다. 대신 조선공산당은 민주주의와 반민주주의를 구분하는 기준으로 '모스크바 삼상회의 결정'(이하 삼상 결정) 지지 여부를 제시했다. 따라서 민전에는 "민주주의 국제노선"(삼상 결정)의 "원칙을 인정하고 준수하고자 하는 자는 누구든 참가할 수 있다. 우익에의 문호를 폐쇄하는 것이 아니라, 오히려 우익을 열렬히 환영할 것"이라고[61] 했다. 조선공산당은 여전히 민족통일전선론에 매달려 노동자 투쟁을 억제하고 민족 자본가와의 협력을 강조했다.

그러나 '반탁=반동, 찬탁=진보'라는 조선공산당의 공식은 설득력

---

* 한민당, 국민당, 조선공산당, 조선인민당이 모스크바 삼상회의 결정을 지지하되 신탁통치 문제는 장래 수립될 정부가 해결케 한다는 것에 합의한 것.

이 전혀 없었다. 미국과 소련 두 제국주의 열강에 의존하는 것이 어떻게 진보가 될 수 있었겠는가? 특히 공산당이 소련의 지령을 받아 하루아침에 찬탁으로 입장을 바꾸자 대중은 공산당이 소련에 전혀 독립적이지 못하다고 생각하게 됐다. 게다가 미국과 소련은 삼상 결정에 따라 세워질 통일 임시정부가 자신들에게 비우호적이게 되는 것을 조금도 허용하지 않으려 했다. 우익은 미국의 지원을 통해, 좌익은 소련의 후원을 얻어 각각 자신에게 유리한 정부를 만들려 했다. 당연히 많은 사람들의 눈에 당시 좌우 대립이 미국과 소련 두 열강의 입김에 놀아나는 행위로 치부될 수밖에 없었다.

이 때문에 계급과 정견의 차이를 넘어서 민족 앞에 단결하라는 정서가 자라났다. 이런 '민족 단결' 정서는 여운형 같은 중도 좌파가 1946년 이후 좌우합작 운동을 추진하는 배경이 됐다. 좌익의 잘못된 정책으로 좌우 모두에 대한 양비론과 냉소도 커졌다. 당연히 이는 노동계급 운동에 유리하게 작용하지 않았다. 노동계급의 행동과 의식을 위축시키는 효과를 내기 때문이다.

민족 통일 국가 수립이라는 과제를 수행하는 데서도 좌우합작, 민족 단결이라는 방식은 효과적일 수 없었다. 당시 통일 민족 국가를 건설하는 데 최대의 방해 세력은 미국과 소련 제국주의였기 때문이다. 남한에서 미국은 우익과 자본가, 친일 관료들을 육성해 이들을 지배 파트너로 삼고자 했으므로 이들에 맞선 투쟁을 통일 민족 국가 건설과 분리해서는 안 됐다. 자본가, 지주, 친일 관료에 맞선 투쟁을 효과적으로 하려면 당연히 노동자·농민의 계급적 요구를 고무해야 했다. 그러나 좌우합작, 민족 단결 사상은 노동자·농민의 투쟁을 억제하는 구실을 하게 된다. 여기서 이득을 얻는 세력은 우익과 미군정뿐이었다.

앞에서 살펴봤듯이 공산당은 이런 계급 협조 사상을 부추겼다. 결국 조선공산당의 입장은 급진화하던 노동계급과 빈농의 염원을 만족시키지도 못했고, 두 제국주의 열강 간 경쟁이 분단 고착화로 이어질지도 모른다는 민중의 두려움을 해소할 전망도 보여 주지 못했다.

신전술

1946년 5월 1차 미소공위가 아무런 성과도 없이 끝난 뒤 미국과 소련은 각각 자신의 점령 지역에서 지배 체제를 한층 강화하기 시작했다. 이런 배경에서 조선공산당의 박헌영은 1946년 7월 들어 이른바 '신전술'을 주창했다. 그동안 추진한 미군정과의 협조 노선을 파기하고, 탄압에 적극적으로 반격하겠다는 취지였다. 이는 스탈린의 대한반도 정책 변화의 반영이기도 했다. 사실, 신전술은 1946년 7월 초 모스크바에서 열린 스탈린·김일성·박헌영의 비밀 회담 결과였다.[62] 스탈린은 김일성에게 "북한의 소비에트화 정책을 조기 실현시키도록 투쟁하라"고 지시했다.[63] 이에 따라 북한에서 공산당과 신민당의 합당이 추진됐다. 아울러 스탈린은 남한에서 좌우합작을 배격하고,

공산당·인민당·신민당 3당 합당을 추진하고, 반미 선전을 강화하라고 지시한 듯하다. 이에 따라 남한에서 조선공산당은 미국을 제국주의로 규정하고, 미군정과 여운형이 주도하던 좌우합작 운동을 보이콧했다.

그러나 공산당이 '반격'을 결정할 즈음 상황은 이미 불리해졌다. 지역에서 인민위원회는 탄압으로 상당 부분 분쇄됐다. 노동자들의 공장 자주관리 운동도 유명무실해졌다. 미군정의 탄압뿐 아니라, 조선공산당의 계급 연합 노선, 미군정과 협조 노선도 이에 한몫했다.

공산당 지지 대중에게 이와 같은 공산당의 입장 변화는 당혹스러웠을 것이다. 공산당은 신전술 채택 직전인 1946년 7월 4일 미국 독립기념일에 "우리 민족에게는 직접 원조자로서 해방자로서 유달리 인연 깊게 오랫동안 우리의 역사에 빛날 것"이라고 미군정에 감사 메시지를 보낸 바 있다. 그런데 그 뒤 한 달도 안 돼 미국을 침략 국가라고 비난하고 반미 운동을 벌이라고 요구했다.[64]

공산당 노선 변화의 결과는 1946년 9월 총파업과 10월 인민항쟁이었다. 많은 논자들은 이 항쟁에서 공산당이 취한 노선을 '좌경 모험주의'라고 평가한다. 그러나 공산당이 저질렀을 법한 '적색 테러'를 논외로 하면 항쟁 와중에 공산당이 취한 입장은 기본적으로 혁명과 개혁주의 사이를 왔다갔다 하는 중간주의였다. 반미를 표방하면서도 미군정을 전면 부정하지도 못했고, 정권을 인민위원회로 넘기라고 요구하면서도 실제로 정권을 장악하고자 하는 전략은 없었다. 박헌영은 다음과 같이 말했다.

미군정에 대하여는 여전히 우호적 관계를 변함없이 계속하여야 함과 동시에 또한 미군정의 옳지 못한 정책에 대하야는 우리는 그 시정을 위하여 싸우지 않으면 안 된다고 하였다. … 이런 내용의 신전술이 무엇이 옳지 않을 것이며 어째서 그것이 반미적 반군정적이겠느냐? … 폭동이란 주권 획득을 목적하고 객관적 정세가 혁명적 위기로 드러가고 주관적 요소가 선두에 서서 이것을 의식적으로 조직 지도하는 것이어늘 이번의 남조선의 인민적 무장 반격을 가지고 폭동이라고 보는 것은 옳지 않은 것이다.[65]

이는 우익과 중도좌파의 공산당 비판을 의식한 변명이기도 하지만, 공산당 노선의 모순과 딜레마를 반영한 것이기도 했다. 1차 미소공위가 파산하자 공산당은 이를 재개하는 데 모든 힘을 기울였다. 사실 공산당의 신전술은 미소공위를 재개하라는 압력 수단이었다. 그러다 보니 미소공위와 모스크바 삼상회의 결정의 협상 대상인 미군정을 근본적으로 부정할 수가 없었다. 신전술 시기에 좌파적 언사가 있었음에도 공산당의 노선은 초지일관 삼상 결정과 미소 합의에 따른 통일 국가 건설이었다. 국가 권력을 장악하는 데서 계급투쟁에 의존할 이유도 여전히 없었다. "우리나라의 완전 자주 독립과 전 민족이 다 잘사는 민주주의 건설의 길은 오직 삼상 결정뿐"이기 때문이었다.[66]

항쟁에 참가한 대중은 한쪽 손만 가지고 싸운 꼴이었다. 공산당의 미군정에 대한 어정쩡한 입장은 가장 강력한 탄압 주체인 미군정과 충돌하지 말라는 지령으로 모순을 드러냈다.[67] 이 때문에 미군은 아무런 피해도 입지 않고 일방적으로 항쟁 참가자들을 학살할 수 있었다.

어쨌든 남로당의 염원대로 이듬해 5월 2차 미소공위가 열렸다. 좌익은 환호했지만, 사실 미국과 소련이 다시 만난 이유는 이혼 서류에 도장을 찍기 위해서였다.

미군정과 여운형의 좌우합작

1946년 봄에 미군정은 좌우합작을 추진하기 시작했다. 이는 1차 미소공위가 결렬된 뒤 본격화했다. 미군정은 '중간파'를 활용해 남한에 과도정부를 설립하고자 했다. 이는 1946년 2월 이북에 북조선임시인민위원회가 수립돼 정권 기구로 발전해 가는 것에 대응하는 성격도 있었다.[68] 아울러 향후 미소공위에서 소련에 대항할 카드로 활용할 수도 있었다. 소련이 절대 거부하는 이승만과 김구를 일단 뒤에 두고, 김규식과 여운형을 내세워 발언력을 높이겠다는 뜻이었다.

미군정의 좌우합작 공작은 중국의 사태 변화와도 관련 있는 듯하다. 1946년 1월 미국의 마셜은 중국 국민당과 중국 공산당 간 충돌을 중재하려고 했다. 강만길은 한반도의 좌우합작 운동도 이와 같은 정책의 일환이라고 봤다.[69] 당시 미 국무부 차관이던 딘 애치슨은 마셜의 목적이 "쌍방의 화해를 통한 내전의 방지와 국민당 정부를 도와 가능한 한 넓은 지역에 그들의 권위를 확보케 하는 두 가지 임

무를 띠고 있었다"고 했다.[70]

서중석을 비롯한 많은 논자들이 지적하듯이, 기본적으로 미국의 좌우합작 정책은 우익을 강화하고 좌익을 분열시키겠다는 취지였다. 이승만이나 김구처럼 인기 없거나 극단적인 우익에만 의존해서는 남한에서 안정적인 통치 체제가 구축되기 힘들다는 판단이었다. 조선공산당은 철저히 배제됐다. 외피를 좀더 온건한 모습으로 포장했더라도 미군정이 추진한 좌우합작의 본질은 우익 지배이기 때문이다. 따라서 미군정은 조선공산당을 더욱 강하게 탄압했다. 온건 좌파를 공산당의 영향력에서 떼어 놓기 위해서였다.

여운형은 미군정의 좌우합작 공작을 기회로 보고 침체에 빠진 민족통일전선을 활성화하고자 했다. 처음에는 조선공산당도 여운형의 좌우합작 운동에 반대하지 않았다. 다만 신탁통치에 대한 태도를 합작의 핵심 조건으로 제시했다. 또 민전의 이강국은 1946년 1월 초에 작성한 '4당 코뮤니케'가 좌우합작을 추진하는 묘안이라고 주장했다. 모스크바 삼상회의 결정 지지 문제와 신탁통치 찬반 문제를 분리 대응하자는 것이었다. 신탁통치 찬반 여부는 삼상 결정에 따라 통일 임시정부 수립 뒤에 결정해도 좋다는 뜻이었다. 공산당으로서는 일종의 '유연한' 접근이었다.

그러나 공산당은 '신전술'을 채택하며 곧 이를 파기한다. 공산당은 북한식 토지개혁을 실시하고 정권을 인민위원회로 넘기라는 조건을 내걸었고, 삼상 결정 지지 문제도 '엄격히' 했다. 예를 들어, 남로당 부위원장 이기석은 "삼상 결정의 골자가 신탁 조항인데 이를 부인하

면서 삼상 결정을 지지한다 함은 말이 안 된다"고 했다.[71]

이에 따라 좌우합작 찬반을 둘러싸고 온건 좌파와 공산당이 분열했다. 특히 좌우합작 찬반 문제에 공산당이 패권적으로 추진한 3당 합당이 맞물리면서 범좌파 진영의 내분이 격심해졌다. 물론 우익 진영 안에서도 좌우합작을 둘러싸고 분열이 일어나기는 했지만, 찻잔 속 태풍에 지나지 않았다.

여운형이 추진한 좌우합작 운동의 배경에 좌파와 우파가 단결해야 한다는 대중의 염원이 존재한 것은 사실이다. 점점 가시화하고 있던 분단만은 막아야 한다는 절박함이었다. 여운형의 좌우합작 운동을 높이 평가하는 논자들도 이에 동의한다. 예를 들어, 서중석은 조선공산당이 좌우합작에 적극 나섰어야 한다고 본다.

> 문제는 좌우합작 운동과 미군정 사이의 모순과 갈등을 직시하면서, 거시적인 안목으로 민족의 지상 과제를 풀어가야 한다는 데 있었다고 봐야 하지 않을까. 좌우합작안이 미소공동위원회를 성공의 길로 이끌 수 있고, 또 그것의 성공을 통해서 민족 문제를 해결하고자 한다면, … 미국의 좌우합작 지원은 능동적으로 활용할 수 있는 중요한 계기요 기회였다.[72]

장석준도 비슷하게 평가한다.

> 좌우합작이 애당초 성사될 수 없는 비현실적 방안이었다고 말하는 것은 잘못이다. 오스트리아와 핀란드에서는 가능했던 일이 유독 한반도에서만

불가능했으리라는 법은 없다. 여운형과 김규식은 현실과 배치되는 이상주의를 주장했던 게 아니라 그 당시 한국인들의 역량으로는 따라가기 쉽지 않았던 수준 높은 현실주의를 제시했을 뿐이다.[73]

한호석은 "좌우합작 운동은 정반대의 방향에서 추진되는 군정청의 좌우합작 공작과 여운형의 지역 통일전선 운동이 매우 절묘하게 결합된 그야말로 위기와 기회가 변증법적으로 통일된 정치 운동"이라고 본다.[74] 나아가 그는 조선공산당뿐 아니라 상당수 중도 좌파도 반대했던 '좌우합작 7원칙'을 중심으로 단결했어야 한다고 본다.

좌우합작 7원칙에서 진보적 사회 정치 세력이 받아들일 수 없었던 것은, 군정청이 벌인 좌우합작공작의 핵심 사항이었던 과도 입법 기구를 내오는 원칙이 들어있는 것이었다. 과도 입법 기구[는] … 미국이 요구하는 대로 정세가 남조선 단독 선거로 밀려갈 수 있는 위험한 함정이었다. … 그러나 만일 진보적 사회 정치 세력, 중도적 사회 정치 세력, 근로 대중의 삼대 역량이 좌우합작 7원칙에 동의하고 통이 큰 지역 통일전선을 완성하였다면, 그 전선의 강한 투쟁력으로 미국이 파놓은 과도 입법 기구라는 함정은 얼마든지 비켜갈 수 있었을 것이다. 실제로, 좌우합작위원회가 내놓은 세부사항을 살펴보면, … 함정을 비켜갈 수 있는 예방 조치들이 마련되어 있었음을 알 수 있다. 이를테면, 좌우합작위원회는 과도 입법 기구의 성원을 90명으로 정하면서 그 가운데서 45명은 민선(간접 선거)으로 선출하고, 나머지 45명은 좌우합작위원회에서 추천하여 임명하는 방안을 내놓았다.

또한 '친일파, 민족 반역자, 일제 시대의 악질 관리 및 모리배'는 과도 입법 기구 성원에서 배제하고, 현재 진행되는 '국가 독립 운동'에 헌신·분투하는 '독립운동자'를 추천 대상으로 하는 방안도 내놓았으며, 과도 입법 기구는 전국 총선거를 통하여 구성될 정식 입법 기구로 이른 시일 안에 대체되어야 한다는 것도 분명하게 밝혔다.

만일 좌우합작 7원칙을 공동의 정치 강령으로 하여 통이 큰 지역 통일전선을 세우고, 그 원칙을 이루기 위하여 힘껏 싸웠더라면 제국주의 미국의 좌우합작 공작은 깨져나가고 좌우합작 운동은 지역 통일전선 운동으로 전환·발전될 수 있었을 것이다. 그렇게 되었다면 한(조선)민족의 운명은 완전히 달라졌을 것이다.[75]

서중석·장석준·한호석의 평가에는 한결같이 당시 모스크바 삼상회의 결정을 따라 통일 임시정부를 수립하는 것이 유일하게 현실적인 대안이었고, 이는 모종의 좌우연립 정권을 통할 수밖에 없다는 생각이 깔려 있다.

그러나 고전 마르크스주의의 국제주의적 관점에서 보면 "이런 '현실론'은 전혀 현실적이지도 못한데, 왜냐하면 이미 국제 정세는 미소 냉전의 전조를 띠고 있었기 때문이다. 양대 제국주의 열강의 협상에 의존해 통일 정부를 수립하려는 것은 마치 지진으로 틈새가 갈라지고 있는 양쪽 땅에 발을 하나씩 걸치고 살아남기를 바라는 것이나 마찬가지였다."[76]

만약 남한에서 좌우합작이 성사됐더라도 그것은 미군정이 용인할 만큼 온건한 좌우파 연립이거나 아예 우익 중심의 합작일 가능성이 높았고, 이런 합작을 소련이 받아들였을 리도 없다. 소련과 북한은 당시 좌우합작 운동에 반대했다. 앞에서 말했듯이, 소련은 1차 미소 공위 결렬 이후 좌우합작을 저지하라는 지령을 내렸고,[77] 북한의 공식 역사서는 좌우합작 운동에 대해 "미제의 강점자들[이] … 새로운 모략을 꾸며 … 민주 역량을 분열시키고, … 식민지 예속화 정책을 엄폐하는 병풍으로 삼고, … 남조선 단독 정부까지 수립하려는 것이었다"고 서술하고 있다.[78]

장석준을 비롯한 여러 논자들은 좌우연립에 기반한 오스트리아식 중립화 통일 방안을 대안으로 제시하기도 한다. 그러나 최장집이 지적하듯이, "전후 1955년 오스트리아에서 중립화된 통일 민족국가의 수립이 가능했던 것은, 보통 잘못 알고 있듯이 국내의 4개 정파가 이데올로기의 대립을 지양하고 민족적 대의를 추구했기 때문이라기보다 미소 냉전의 전개 과정에서의 지정학적 이점이 크게 작용했기 때문이다. 중앙 유럽에서 지정학적 요충을 차지했던 체코와 오스트리아 가운데 소련에 전략적으로 더 중요한 체코가 확고하게 소비에트 진영으로 흡수·편입되지 못했더라면 오스트리아가 대안이 될 수밖에 없었기 때문에 결코 중립화된 독립이 허용되지 않았을 것이다."[79]

리히트하임이 분석하듯이, "1945년 러시아는 핀란드의 병합을 위협하고, 서구를 배제시킨 채 오스트리아를 장악하고자 … 요구할 수 있었다. 사실상 이 모든 문제들은 1943~45년 스탈린과 몰로토프에 의해 제기되었던 것이지만, 그것은 동유럽의 완전한 지배라고 하는 소련의 기본 요구가 충족될 경우에는 포기되어 버릴 협상 조건이었을 뿐이다."[80]

부차적인 쟁점이기는 하지만, 미군정이 추진한 "과도 입법 기구라는 함정"은 한호석의 생각보다는 교묘한 것이었다. 반면, 한호석이 예로 든 "함정을 비켜갈 수 있다는 예방 조치"는 너무 빈약하다. 최선으로 좌우합작위원회 추천 의원의 50퍼센트 이상을 중도 좌파와 극좌파 등 범좌파 진영이 차지하더라도, 지역 유지들이 뽑는 민선 의원을 좌파 진영이 차지할 가능성은 거의 없었다. 실제 민선 의원 선거 결과 이승만·김구 계열과 한민당 세력이 대거 당선했다. 친일파와 민족 반역자 규정 등은 우익들이 얼마든지 피해나갈 수 있었고, "'현재 진행되는 국가 독립운동'에 헌신 분투하는 자"에 극우 세력이 해당하지 못할 이유도 없었다.

한호석은 당시 중도 우파까지 포괄하는 통일전선이 필요했다고 본다. 그러나 중도파는 단일하고 독립적인 정치 세력이 아니었다. 특히 중도 우파는 미군정과 극우파의 영향에서 결코 자유롭지 않았다. 이들은 미군정의 지원과 우익의 협조 없이는 활동할 수 없었다. 중도 우파와의 상설적·전략적 연합은 노동자·농민 운동을 마비시킬 위험이 컸다. 중도 우파는 운동의 의제를 극우파가 동의할 수 있는 수준으로 낮추려 끊임없이 애썼다. 예를 들어, 좌우합작위원회 대표인 김규식은 합작 7원칙 가운데 친일파 처리 문제에서도 극우와 타협하느라 "죄상이 현저하지 않고 건국 사업에 공헌이 유한 자에 한하여는 무방하다"고 했다.[81] 친일파들이 이리저리 빠져나갈 구멍을 만들어 준 셈이다. 또 미군정은 중도 우파 세력에게 합작의 조건을 완화해 우익 세력을 더 광범하게 끌어들일 것을 종용했다.[82] 토지개혁안은 미군정의 압력을 받아 후퇴에 후퇴를 거듭했다.

중도 우파와 상설적·전략적으로 연합하려는 시도는 민중운동의 요구 수준을 현격히 낮추거나, 중도 우파의 뒤를 좇다가 결국 미군정과 극우파에 끌려다니는 결과를 낳을 공산이 컸다. 이 점에서 당시 남로당이 과도 입법 기구에 불참한 것은 옳았다. 그러나 여전히 우익을 합작 대상으로 여겼다는 점에서는 올바르지 않았다.

결론

1947년 10월 미소공위가 최종 파산하자, 남로당은 막다른 골목으로 내몰렸다. 남로당은 미소공위가 파산하는 마지막 순간까지 "공동위원회를 수호하자! 죽엄으로써 수호하자!"고 했지만,[83] 버스는 이미 떠나간 뒤였다. 좌우합작을 통한 민족 단결 이데올로기, 계급 연합 논리, 평화혁명론 등은 결국 반동 세력의 결집과 분단을 막는 데 아무런 효과가 없었다. 이런 상황에서 중도 우파까지 포괄하는 통일전선체를 꾸렸어야 한다는 주장은 갈수록 태산이요 점입가경인 셈이다.

당시 좌파들은 좌우합작과 민족통일전선을 내세워 계급적 운동의 수위를 낮추고자 했다. 건준과 인공의 강령은 비교적 온건했다. 그러나 강령을 온건화했어도 우익과 자본가와 지주의 호의를 이끌어 내지는 못했다.

또 당시 좌파들은 민족 국가 건설(권력 장악)과 계급투쟁을 분리해 사고했다. 그들에게 국가 건설은 좌우 협력을 통해, 특히 미국과 소련의 협상에 따라 건설될 것이었기 때문이었다. 전형적인 위로부터 국가 건설 논리였다. 이런 식의 '선先 민족 국가 건설, 후後 체제 경쟁' 논리는 계급투쟁을 마비시키는 구실을 했다. 민족의 대의 앞에 계급투쟁을 내세우는 것이 분열 행위라는 논리로는 우익의 '덮어놓고 뭉치자'는 논리를 효과적으로 반박하기도 어려웠다.

계급투쟁을 억제하는 노선은 결국 우익과 미군정에 유리하게 작용했다. 좌익이 계급투쟁을 억제하는 틈을 타 우익은 세력을 재결집할 수 있었고, 좌익의 최소 저항 노선에 따라 미군정은 지역 인민위원회를 분쇄하고 노동자·농민 운동을 파괴할 수 있었다.

스탈린주의와 개혁주의 좌파가 주창한 '부르주아 민주주의 혁명 단계론'과 좌우합작론은 어찌보면 자신의 역사적 임무를 철저히 완수한 셈인지도 모르겠다. 북한에서 부르주아 민주주의 혁명론(나중에는 인민민주주의 혁명론)은 노동자들의 독립적 진출을 억제했다. 대신 국가권력은 노동자들이 아니라 공산당 관료가 장악했다. 그리고 이를 바탕으로 노동자를 착취하는 국가자본주의 체제를 성립시켰다. 남한에서 부르주아 민주주의 혁명론은 노동계급의 힘을 한번 제대로 써보지도 못한 채 운동이 몰살하게 함으로써 이후 부르주아 체제가 확립되고 자본주의가 발전하는 길을 열었다. 그러나 그 대가로 8·15 광복 직후 자라났던 노동자·민중 해방의 싹이 잘려 나갔다는 점을 기억해야 한다.

2장
한국전쟁 —
누구를 위한 전쟁인가?

한국전쟁 — 누구를 위한 전쟁인가

한규한

1950년 6월 북한군의 전면적인 남하로 한국전쟁이 '시작'됐다. 그러나 이 전면전은 당시의 어느 누구에게도 놀라운 일이 아니었다. 이미 1949년 들어 38선상에서는 크고 작은 무력 충돌이 빈번했다. 사실, '누가 먼저 침공했는가' 하는 물음은 전쟁의 재앙에 대한 책임을 누구에게 씌울 것인가 하는 사후적 물음일 뿐이다.

진실을 말하자면, 김일성과 이승만 모두 통일 전쟁을 꿈꾸고 있었고, 진심으로 상대방을 타도하려 했다. 김일성은 1948년부터 '민주기지론'에서 벗어나 국토의 완전한 통일을 추구하는 '국토완정론'을 주장하면서 '혁명의 확산'을 선동했다. 1949년 9월에는 '아성공격'으로 불리운 전면 봉기를 남한 내 빨치산에게 지시했다. 이 지침은 남

출처: 격주간 〈다함께〉 54호(2005. 4. 27).

한 민중이 얼마나 '통일'을 바라고 있는지 스탈린에게 과시한 효과는 있었겠지만, 남한에 남아 있는 마지막 자생적 좌파를 절멸케 했다.

많은 좌파 학자들은 8·15 직후 민중의 자생적 사회변혁 운동과 1950년 6월의 전쟁을 동일한 연속선 상에서 파악하고 있다. 그러나 스탈린과 김일성에게 전자는 전쟁 시작 전이나 후나 주요 변수인 적이 결코 없었다. 북한 정권의 무력 통일 방침은 남한 민중운동의 독자적 발전과는 궤적을 달리하고 있었다. 소련 공산당 내부 비밀 자료를 봐도 다음과 같이 쓰여 있다.

> 1948년 두 분단국가의 수립 이후 김일성[은] … 당시 존재했던 남한에서의 민주적 운동의 광범한 발전을 통한 평화통일 … 가능성에 대한 연구에 주의를 기울이지 않고 군사적 수단에 의하여 나라를 통일하려고 굳게 결심하고 있었다.

이승만도 이에 지지 않았다. 그의 북진통일론은 말뿐으로 그친 위협이 아니었다. 한국전쟁 전 최악의 전투로 기록될 1949년 8월의 전투에서 남한군은 점령하고 있던 북측 고지를 빼앗겼다. 그러자 이승만은 즉각적인 반격으로 철원을 공격하려 했다. 이 공격은 미국의 무마로 저지됐다. 하지만 이승만은 미국의 이 조치에 강한 불만을 드러냈다. 주한미군사고문단 로버츠 장군의 진술에 따르면 당시 38선 충돌의 많은 경우가 "매번 남한의 소부대가 38도선 북쪽을 돌출적으로 침범한 탓에 일어났다."

남과 북 모두 상대방의 침공을 내심 원했다. 그래야 그것을 빌미로 '합법적' 통일 전쟁을 수행할 수 있고, 승리를 가능케 할 자신의 주인들(미국과 소련)의 지원을 이끌어 낼 수 있기 때문이었다. 커밍스가 말했듯이, "1950년에 양측의 논리는 누가 멍청하게 먼저 움직일지 지켜보는 것이었다."

북한이 먼저 지옥문을 열었다. 북한은 처음에 급속히 진격했다. 그러나 초기의 부분적 작전 실패와 미군의 공중 공격 때문에 진격 속도가 계획보다 늦춰졌다.

북한의 남한 점령을 모종의 해방전쟁으로 보는 사람들이 있다. 물론 남한 민중의 적지 않은 수가 북한의 점령에 수동적 지지를 보낸 것이 사실이다. 특히 빈농층에서 그랬다. 그런 점에서 한국전쟁 초기에 '반봉건·민족해방전쟁'의 성격을 일부 지닌 것도 사실이다.

그러나 이것은 두 가지 점에서 빛이 바래거나 부차적 의미만 가진다. 첫째 문제는 북한 정권에 대한 남한 민중의 태도와 북한이 남한 점령을 통해 이식하려 했던 개혁의 내용이다. 북한은 점령지에서 자신의 체제를 그대로 복사해 내려 했다.

상당수 남한 민중이 북한 인민군에 호의적인 태도를 보였다는 증언들이 많다. 그러나 이것은 북한 정권 자체를 적극적으로 지지해서라기보다는 이승만에 대한 반감이 컸기 때문이었다. 이승만은 전쟁 직전 5월 총선거에서 참패해 정권의 존립 자체를 걱정할 만큼 민중에게 외면당하고 있었다.

그러나 인민군 진주에 대한 남한 민중의 더 주된 반응은 방관이나 공포감이었다. 노동계급이 주인이라고 말하는 북한이 서울을 점령했는데도 서울의 노동계급은 대거 수도를 떠나거나 직장을 이탈했다. 예를 들어, 노동자들이 밀집한 영등포지구에 대한 전평의 보고를 보면 "고려방직, 제일방직, 경성방직을 포함한 섬유산업 종사 노동자는 서울 점령 전에는 1만 1722명이었으나 8월 9일 현재 3282명밖에 출근하지 않고 있었"다. 이런 현상은 북한 인민군이 계속 남진하면서 더욱 확대됐다.

마이클 월저는 "베트남과는 대조적으로 남한에서 반란은 없었"다고 지적했다. 와다 하루키도 "남로당원을 중심으로 한 움직임이 일어나지 않은 것은 확실하다"고 말했다. '해방전쟁'에 대한 남한 민중의 수동성을 무엇보다 분명히 확인해 주는 것은 김일성 자신의 발언이다. 김일성은 "우리가 낙동강 계선까지 나아갔으나 남조선에서는 폭동 하나 일어나지 않았"고, "만일 부산에서 노동자들이 몇천 명 일어나서 시위만 하였더라도 문제는 달라졌을 것"이라고 말했다.

북한은 점령지에서 인민위원회를 '재건'했다. 많은 지역에서 간부들은 지방 토착 좌익과 북한에서 파견된 요원들의 혼합으로 이뤄졌으나 실권은 대부분 후자에게 있었다. 북한이 남한에서 맨 먼저 시행한 정책은 토지개혁이 아니라 의용군 동원이었다. 의용군 동원은 반강제적이었다. 인민군 전선지구 경비사령부 후방사령관 리형종이 서울에서 내린 "명령 제1호"는 각 부대에서 필요한 일부 물품을 "자체에서 책임지고 해결하라"는 것이었다. 즉, 민중에게서 물품을 징발하라는 뜻이다. 이것은 해방군의 모습이라기보다는 전형적인 점령군의 모습이다.

'해방전쟁론자'들이 가장 중요하게 여긴 토지개혁의 성과도 의심스럽다. 북한은 5~20정보의 면적을 기준으로 "무상몰수 무상분여의 원리에 의거"해 남한 점령지에서 토지개혁을 실시했다. 그러나 김동춘이 말하듯이, "몰수한 토지는 얼마 되지 않았는데, 그 이유는 이승만 정부가 이미 농지개혁을 추진하면서 토지를 분산시켜 놓아서 농민들이 5정보까지 경작할 수 있게 되었기 때문이다." 몰수된 토지의 압도 다수도 지주가 아니라 자작농 소유였거나 일부 소작을 준 자영농의 것이었다. 이 점은 남한의 농지개혁으로 이미 지주계급이 급속히 소멸하고 있었음을 반영한다. 게다가 높은 현물세는 토지개혁의 부분적 성과마저 상쇄하는 요인이 됐다.

전쟁 직전 남한의 농지개혁은 "남한 농민이 전쟁 발발 후 북한을 적극적으로 환영하는 행동을 하지 않았을 뿐더러, 북한 점령 하에 실시한 농지개혁 작업이 예상했던 만큼 남한 농민들을 이승만 정부로부터 완전히 이탈시키지 못한 배경이 되었다." 이 때문에 북한 농림성 남반부 토지개혁지도위원회 보고서에서도 "농촌에서 토지개혁에 대한 분위기가 전혀 조성되고 있지 않았다"고 시인해야 했다. 그래서 북한이 시도한 남한 토지개혁에 대해 박명림은 "공식통계에서만의 혁명"이라고 말하고 있다.

또 다른 '해방전쟁'을 주장했던 이승만 정부 역시 '자유'나 '민주주의'와는 거리가 멀었다. 한국전쟁 동안 남한 정부가 저지른 좌파 활동가와 민간인 학살은 이미 새로운 이야기가 아니다. 이승만은 국군이 북진하고 있다며 서울 시민을 속인 채 몰래 서울을 탈출했지만, 정작 남겨진 시민들을 '부역자' 취급했다. 그는 전쟁 발발 나흘 뒤쯤 "긴급명령 1호"를 발표했는데, 이것은 사실상 '생존 목적의 소극적 부역'까지 처단하는 내용이었다.

남한군은 전쟁 초기 형편없이 붕괴했지만, 수개월 만에 전쟁 전 수준으로 회복됐다. 김일성·마오쩌둥·스탈린의 예상과 달리 미국이 신속하게 개입했기 때문이다. 남한군과 미군이 반격에 나서 38선을 돌파해 북진했을 때 북한의 상황도 북한군 남진 때 남한의 상황과 비슷했다. 북한 민중의 일부는 남한군과 미군을 열렬히 환영했지만 대다수 주민들의 분위기는 그렇지 않았다. 남한군이 나남과 청진으로 진격했을 때 일반 주민들은 거의 없었다. 그들은 거의 모두 북쪽으로 피난을 가 버렸다. 북한 민중에게 남한군과 미군은 공포의 대상이었다.

예를 들어, 유엔군 점령하의 평양을 방문한 남한 국회의원 이선교는 남한군과 우익에 대한 평양 시민들의 '환멸과 비애'를 말한 바 있다. "국군이 들어가서 공장 기타 창고에서 약탈을 하며 거기에 편승해 가지고 평양에 있던 악질도배들이 국군하고 같이 돌아다니면서 … 그 시가에 혼란이라는 것이 한정이 없"었다. 이승만은 전쟁을 기회로 독재 정권의 기반을 마련하기 위해 이른바 '부산 정치 파동'을* 일으키기도 했다.

---

* 총선에서 패배하고 집권당이 분열해 대통령 간선제로는 정권 연장이 어려워지자 1952년 5월 이승만은 비상계엄을 선포하고 직선제 개헌에 반대하는 국회의원 50여 명을 폭력으로 연행했다.

지금까지 봤듯이 북한의 남한 점령이든 그 반대든 한국전쟁은 평범한 민중에게는 재앙일 뿐이었다. 남한 내 빨치산을 토벌했던 제5사단장 백선엽이 일반 농민들을 보고 다음과 같이 말한 것은 한국전쟁 기간 중 민중의 반응을 설명해 줄 수 있을 것이다. "험한 세파를 겪은 이들이 얻은 지혜는 강한 자의 편에 서는 것이었다."

한국전쟁이 민족해방전쟁이라고 규정하는 데 뒤따르는 둘째 문제는 더 근본적이다. 그것은 소련과 미국을 중심으로 한 냉전 체제라는 당시 환경이다.

김일성은 스탈린에게 전쟁 승인과 지원을 애원했다. 소련의 한반도 정책 책임자 시티코프의 다음과 같은 말은 한국전쟁의 범위를 함축하고 있다. "김일성은 독자적으로 공격을 감행할 수는 없다고 말했다. 왜냐하면 자신은 공산주의자이고, 자제력을 갖춘 사람이며, 스탈린 동지의 명령은 자신에게는 법이기 때문이었다."

다음은 국제적 차원에서 한국전쟁의 성격을 다뤄 보겠다.

남의 땅에서 힘을 겨룬 두 강대국

한규한

한국전쟁은 한편으로 김일성과 이승만의 전쟁이기도 했지만, 다른 한편으로는 제국주의 열강들 간의 국제전이었다. 그리고 한국전쟁 전체 기간을 놓고 봤을 때 후자가 더 주된 측면이었다. 윌리엄 스툭이 지적하듯이 "한국의 궁극적인 운명은 외부세력에 의해 결정되었"고 "그들에게 한국은 복잡한 국제 장기판에서 하나의 말에 불과했다."

김일성의 남한 공격 염원은 매우 컸지만 소련의 허락 없이는 불가능했다. 스탈린은 김일성의 집요한 요청에도 불구하고 1949년 말까지도 전쟁을 승인하지 않았다. 그는 북한이 38선상에서 감행한 소규모 충돌에도 신경질적으로 반응했다. 그에게는 제국주의 세력 간에 지켜야 할 약속이 있었다.

출처: 격주간 〈다함께〉 55호(2005. 5. 11).

그러나 스탈린은 1950년 초에 들어서 태도를 바꾼다. 전쟁을 승인한 것이다. 이런 변화는 그가 한반도 민중에게 관심 있어서가 아니라 제국주의 간 세력 균형이 변화했기 때문이다.

스탈린의 전쟁 결정 배경을 둘러싸고 많은 논쟁이 있다. 그러나 가장 중요한 요인은 마오쩌둥이 중국 내전에서 승리한 것이다. 이것은 동북아시아의 세력 균형을 바꿔놓은 동시에 동북아시아의 질서를 불안정하게 만든 사건이었다. 이로 인해 동북아시아에서 얄타 체제가 깨졌다.

1950년 1월 22일 스탈린은 마오쩌둥과 한 회담에서 새로운 중·소 조약 체결이 얄타협정 위반 아니냐는 마오쩌둥의 질문에 다음과 같이 말했다.

> 그렇소. 위배됩니다. 그러나 그게 어떻단 말이오? … 그리고 우리는 미국과 투쟁하지 않으면 안 됩니다. 그러나 우리는 이미 그렇게 하기로 하지 않았습니까?

이미 미국은 트루먼 독트린을 계기로 소련을 배제한 채 일본과 일방적인 강화조약에 나서려고 마음먹었다. 미국은 대소련 봉쇄 전략의 일부로 일본을 재무장시켰다. 이런 과정이 다시 소련·중국·북한 블록을 긴장하게 만들었던 것이다.

냉전기 미국 외교관 에버럴 해리먼은 “일본 점령에 참여해 줄 것을 노리고 한반도의 남부를 양보했던 소련은 일본이 모두 미국의 세력권 아래 놓이자, 이에 대항하여 한반도 전체를 자기의 세력권 아래 놓이게 하려고 한국전쟁의 도발을 지원했다"고 말했다. 이것은 냉전 초기 미국의 봉쇄 정책을 만든 조지 케넌도 말하는 바다.

1950년 1월에 발표된 미 국무 장관 애치슨의 선언도 스탈린의 전쟁 결정 의지를 굳히게 만든 계기였다. 애치슨 선언은 한반도를 미국 방위선 밖에 놓는 것으로 해석할 수 있었다. 애치슨 선언이 북한의 공격을 유도할 의도가 있었는지는 별개로 하더라도 소련과 북한이 전쟁을 낙관하게 만든 것은 사실이다. 이미 중국에서 장제스가 패배할 때 미국이 손을 뗐었다는 사실이 소련과 북한을 더욱 고무했다.

그러나 소련과 북한의 낙관적 전망과 달리 미국은 남한에서 쉽게 손을 뗄 수 없었다. 남한은 장제스의 중국과 다르게 미국의 직접 후원 아래 정권이 세워졌다. 트루먼이 1949년 6월에 말했듯이 "한반도는 … 공산주의 통치와 서로 맞붙어 경쟁을 벌이고 있는 하나의 시험장"이었다. 미국에게 한반도는 자신의 봉쇄 정책을 실험할 첫 무대였다.

스탈린이 중국과 미국을 이간질해 중국이 미국 쪽으로 붙지 못하게 하고, 한편으로 미·중 양쪽 세력을 모두 약화시키기 위해 한국전쟁을 일으켰다고 보는 의견도 있다. 그러나 이것은 결과론적인 해석에 가까울 뿐 실증된 바는 없다. 오히려 존 루이스 개디스가 지적하듯이 한국전쟁에서 "가장 앞을 내다보지 못한 지도자는 스탈린이었다."

한국전쟁은 스탈린의 애초 의도와 달리 동아시아에 미국의 군사적 개입을 끌어들였다. 그뿐 아니라 소련이 중국군에 군사적 원조를 충분히 하지 않아 마오쩌둥은 환멸을 느꼈다.

중·소 간 갈등의 기원은 오히려 중국이 한국전쟁에 참전한 후에 벌어진 사태에서 싹텄다고 할 수 있다. 스탈린은 김일성의 전쟁을 승인하고 지원했지만 한편으로 자신이 개입했다는 사실은 철저히 은폐하려 했다. 예를 들어, 당시 연대급까지 배치된 소련의 군사고문단은 전쟁 계획을 세부적으로 결정했지만 북한군과 함께 38선 아래로 진출하는 것은 회피했다. 또 중국군의 참전을 엄호하기 위해 전투기 사단과 전투 조종사를 참전시켰지만 그들의 작전 반경은 39도선 이북으로 제한됐다. 소련군이 전쟁포로가 되면 곤란하기 때문이었다.

소련군을 대신해 미군을 상대한 것은 중국군이었다. 중국은 소련의 참전 압력을 받아들일 수밖에 없었다. 마오쩌둥은 대만과 티베트의 '해방' 문제와 내전 동안 피폐해진 중국의 내부 사정 때문에 소련의 지원이 절실했다. 또한 마오쩌둥은 자신이 아시아의 티토가* 아니라는 사실을 스탈린에게 입증해야 했다. 그래서 마오쩌둥은 내전 승리가 임박하자 '대소련 일변도 정책'을 발표한 바 있다.

와다 하루키 같은 학자들은 중국군의 참전으로 전쟁의 본질이 '중·미 전쟁'으로 바뀌었다고 말하지만, 어디까지나 스탈린이 설정한 범위 안에서만 그럴 수 있었다. 스탈린은 중국군의 세부적인 작전까지 통제했다. 전쟁의 시작과 휴전협정에 이르기까지 최종 결정권자는 스탈린이었다. 김일성은 전쟁 초기 몇 개월 간은 전쟁의 주연인

---

* 유고슬라비아 공산당 지도자이자 초대 대통령으로 1948년에 스탈린과 결별하고 중립 노선을 표방했다.

듯했지만 곧 엑스트라로 전락했다. 남한군 작전권이 미군으로 넘어간 것과 꼭 마찬가지로 북한군의 작전권은 중국군으로 넘어갔다. 김일성은 작전 통제권에 어떤 영향력도 행사할 수가 없었다.

이승만 역시 자율성을 누리지는 못했다. 1950년 10월 연합군이 38선을 넘었을 때 북한에 대한 점령 통치를 담당한 것은 유엔군이었지 한국 정부가 아니었다. 물론 이승만은 휴전 협상이 시작되자 대대적인 '휴전 반대 운동'을 일으키고, 일방적인 포로 석방으로 미국에 저항하기도 했지만 미국은 이른바 '에버레디 계획'을 통해 이승만이 미국의 통제선을 넘으려 할 경우 제거하려고 했다.

소련과 미국 모두 전황이 불리해졌을 때 각각의 꼭두각시 정부를 버릴 것을 검토했다. 소련은 압록강까지 유엔군이 진격하고 중국이 참전을 주저하자 미련 없이 북한을 포기하려 했다. 1950년 12월 28일 자로 적혀 있는 한 극비문서를 보면, 중국군이 참전하고 다시 38선이 돌파되자 미국은 한국군의 소개疏開를 심각하게 고려했다. 박명림이 전하는 이 문서에서 미국은 소개된 한국군이 "특히 필리핀이나 인도차이나 지역에서 사용될 수 있"다고 말하고 있다.

1951년 중국군의 5차 공세가 실패로 끝나면서 전쟁은 지금의 휴전선과 비슷한 곳에서 지루한 소모전 형태를 띠게 됐다. 이후 2년간 더 진행된 전쟁은 어떻게 전쟁을 끝낼 것인지를 둘러싼 전투였다. 김일성은 중국군의 5차 공세 실패 이후 휴전을 원했다. 그러나 스탈린의 생각은 달랐다. 루마니아 노동당 정치국원 보드너라슈의 메모를 보면, 스탈린은 "미국이 앞으로 2년 내지 3년 동안 아시아 지역에 묶여 있게 될 것이므로 이 기회를 잘 활용해 동구 공산국가들의 군사력을 증강시켜야 한다"고 말했다. 그래서 저우언라이와 한 회담에서 스탈린은 "북한이 잃는 것은 인명뿐"이라며 전쟁의 지속을 주장했다.

미국도 마찬가지였다. 예를 들어, 덜레스는 한국에서 휴전 조약을 맺을 경우 인도차이나반도에 미칠 영향을 두려워했다. 한국전쟁이 끝나면 중국이 남쪽으로 호찌민을 지원할 수도 있다고 봤다. 그래서 덜레스는 "중국을 확실하게 공격해서 우리의 분명한 우위를 모든 아시아에 보인 다음에야 한국 문제 해결에서 많은 것을 얻을 수 있다" 고 말했다. 미국과 소련·중국 양쪽 진영 모두 상대방을 근본으로 굴복시키는 것이 불가능하다는 점이 드러나게 됐을 때야 정전 협정에 진지해졌다.

미국과 소련 제국주의 국가들의 개입은 남북한 민중에게는 엄청난 재앙을 몰고 왔다. 그들은 남북한 민중의 삶과 처지에는 아무런 관심이 없었다. 미군과 남한군이 학살한 민간인의 수는 파악조차 되지 않는다. 다만 4·19 혁명 직후 '전국 피학살자 유족회'로 접수된 신고 건수가 100만 명에 이른다는 점만 확인된다. 이것은 미군이 북한에서 자행한 '인종 청소'를 방불케 한 공중폭격 피해를 제외한 남한만의 통계다.

브루스 커밍스가 말하듯이 "진정한 비극은 전쟁 그 자체가 아니었다. 왜냐하면 순전히 한국인들끼리의 내부 충돌[즉, 외세의 개입 없는 내전]이라면 식민주의, 민족분단, 외국간섭 등으로 야기된 엄청난 결과들이 해결됐을 것이기 때문이다. 비극은 이 전쟁이 아무것도 해결하지 못했다는 것이다."

한국전쟁, 누구의 전쟁인가

한규한

한국전쟁을 둘러싼 학계의 흐름을 다소 도식적으로 구분해 보자면, 크게 두 번의 전환이 있었다. 첫 전환은 1950년대부터 보수 우익 사이에서 지배적이던 이른바 '전통주의'에 대한 도전이었다. 이른바 '수정주의'의 탄생이다.

전통주의 견해는 냉전이 시작된 이유를 소련의 호전적이고 뻔뻔한 확장욕 때문이라고 설명한다. 전통주의자들은 한국전쟁도 스탈린이 자신의 괴뢰인 김일성을 사주해 남한을 침공하게 한 것으로 본다. 냉전 기간에 미국은 본질적으로 수동적이었고 소련의 침략에 대항해 자유와 민주주의를 지켰을 뿐이라는 것이다.

수정주의는 1960년대 베트남전쟁의 영향을 크게 받아 낡은 전통

출처: 《마르크스21》 6호(2010년 여름).

주의 도식에 물음을 던졌다. 특히 수정주의자들은 미국이 제3세계 민족해방운동과 민중의 급진화를 어떻게 억눌렀는지 밝히려 노력했다. 그 결과 자유와 민주주의 수호라는 미국의 슬로건 뒤에는 추악한 제국주의적 패권 야욕이 도사리고 있었음이 드러났다. 그러나 수정주의는 소련도 미국과 마찬가지로 제국주의 패권 국가였음을 간과하거나 제3세계 민족해방 세력을 '빨갛게 색칠'하는 등의 약점도 있었다.

그다음 전환은 소련 붕괴와 냉전 해체의 충격파 때문에 일어난 전통주의의 반동이었다. 옛 소련의 기밀 문서가 공개되면서 스탈린주의적 좌파와 수정주의 학파의 일부 가정들이 반박되거나 설득력이 약해졌다.

예를 들어, 남한이 북한을 먼저 침공했다는 북침설은 완전히 파산했다.

공개된 문서는 명백한 남침이었음을 반박의 여지 없이 보여 줬다. 또 38선상에서 남한이 의도적으로 조금씩 도발해 북한의 전면 남침을 불렀다는 '유도설'도 설득력이 없어졌다. 북한은 38선상에서 빈번했던 소규모 충돌과 무관하게 완전 통일을 목적으로 전면전을 준비했음이 드러났다. 수정주의 학파의 그릇된 가정들이 반박당하자 보수·우익들은 이를 빌미로 급진화한 한 세대의 건강한 문제 제기 자체를 몽땅 무효화하려 했다. 전통주의의 반동은 현대사 분야 전반에 걸쳐 거세게 일어났다. 심지어 뉴라이트는 다음과 같은 뻔뻔스런 주장을 하는 데까지 나아갔다.

'38도선의 획정 경위와 역사적 의의'

만약 미국이 38도선을 경계로 한반도를 분할 점령하자고 소련에 제안하지 않았더라면 한반도 전체가 소련군의 점령하에 들어갔을 것이다. 전후 동유럽의 경험에서 명확히 알 수 있듯이 소련 점령하에 들어간 국가는 모두 공산화되고 말았다. 마찬가지로 한반도도 공산화의 운명을 면하기 어려웠을 것이다. 그렇게 본다면 38도선은 단순히 한반도의 분할을 불러온 것이 아니라, 자유·인권·시장 등 인류 보편의 가치가 미국군을 따라 한반도에 상륙한 북방한계를 나타내는 선이었던 것이다.[1]

분단이 초래한 수많은 비극과 고통은 이들의 안중에 없는 듯하다. 그들은 스탈린과 김일성이 남침을 사전에 협의했다는 사실을 들어 전쟁 책임에서 미국과 남한을 면제하려 애썼다.

그런데 따지고 보면 공개된 소련 문서들이 전쟁의 기원과 발발에 관한 수정주의자들의 논리 구조를 모두 반박할 수 있는 것은 아니다.

그것은 오히려 스탈린이 주도해 한국전쟁을 일으켰다는 전통주의의 기존 가정을 반박하고(물론 소련이 자신에게 유리한 자료를 선별 공개했을 가능성도 있다) 스탈린이 아니라 김일성이 한국전쟁을 주도했다는 점, 즉 한국전쟁이 내전으로 시작됐음을 뒷받침하는 사료로 해석될 수도 있다.

따라서 내전에서 '누가 먼저 총을 쐈는가는 중요하지 않은 물음'이라는 수정주의자들의 주장이 완전히 뒤집히지는 않은 셈이다. 그래서 대표적인 내전론자라 할 수 있는 브루스 커밍스는 소련 문서 공개 뒤에도 자신이 "기본적 관점을 바꾸지 않았"고 "아직도 한국전쟁이 일제 강점기에서부터 비롯된 한국 내부의 갈등에서부터 비롯됐다고 생각한다"고 단언할 수 있었다.[2]

그럼에도 수정주의가 전통주의의 반동을 타개하고 역사의 진실을 온전히 설명할 수 있는 것은 결코 아니다. 이 점은 스탈린주의 전통의 좌파도 마찬가지다.

그들은 당시 형성된 미국과 소련 양대 세계 질서의 성격을 이해하지 못했고, 따라서 북한을 점령했던 소련 군정의 성격과 북한 체제의 본질을 파악하지 못했다. 그 결과 한국전쟁의 기원과 성격을 설명하는 데서 정도의 차이는 있지만, 소련과 북한이 어쨌든 미군정과 남한보다는 진보적이라고 봤고 한국전쟁을 모종의 민족해방전쟁으로 이해했다.

이 글은 전통주의에 명백하게 반대하면서도 수정주의 학파와는 다른 역사 해석을 내놓으려는 시도다. 이 글에서는 한국전쟁이 미국과 소련 양대 제국주의 세력 간 경쟁의 산물이었음을 보여 줄 것이다. 이것은 우익의 주장과 달리 남한과 미국이 전쟁의 책임에서 결코 면제될 수 없다는 것을 뜻한다. 그리고 미국과 소련, 남한과 북한 체제의 성격을 볼 때 이 전쟁은 모종의 계급 전쟁도, 혁명 전쟁도 아니었다고 주장할 것이다(따라서 당시에 남한 사회주의자들은 미국의 개입에 맞서 싸우면서도 북한과 소련 블록을 정치적으로 지지해서는 안 됐다고 주장할 것이다).

1945년 7월 18일 포츠담 회담 장면. 앞 열 맨 왼쪽이 스탈린, 그 오른쪽이 트루먼.

분단과 두 체제

해방 당시 조선의 좌파는 제2차세계대전의 성격을 제국주의 간 전쟁이 아니라 파시즘 대 민주주의의 전쟁으로 봤다. 그래서 그들은 한반도에 진주한 미군과 소련군을 '해방군'으로 여기고 환영했다. 전후 초강대국으로 등장한 미국과 소련은 얄타에서 전 세계 수준의 '세력권' 재조정 협상을 벌였다. 그리고 포츠담에서 한반도를 분할 점령하기로 합의했다.

1945년 여름 스탈린은 유고슬라비아 공산당 지도자들에게 다음과 같이 말했다. "이 전쟁은 과거와는 다르다. 누구든 어떤 영토를 점령하면 그곳에 자신의 사회체제를 심는다. 누구든 자기의 군대가 미치는 곳까지 자신의 고유한 체제를 이식하고 있다."[3] 물론 이는 스탈린의 독창적 통찰이 아니었다. 연합국 측도 포츠담 협정에서 사실상 이런 식의 점령 정책에 합의했다. 연합국은 각자의 방식대로 패전국의 파시즘이나 군국주의 정치체제와 그 경제적·사회적 기반을 해체하기로 결정했다.

이를 두고 아이작 도이처는 다음과 같이 썼다. "이 협정은 명목상은 여하튼, 점령 지구 내의 경제적·사회적 문제를 어떻게 처리하느냐에 대한 단독 책임을 각 점령국에 부여했다. 이 때문에 동독은 스탈린의 '위로부터의 혁명'이 행해진 무대가 되었다. 포츠담 협정 후 곧이 혁명이 시작되었다."[4] 소련은 독일의 공장을 뜯어갔고 옛 파시스트 지배자들을 숙청했다. 미국도 나름으로 '포츠담 혁명'을 추진했다. 예를 들어, 일본에서 재벌을 해체하고 토지를 개혁하는 등 미국식 자유주의적 자본주의를 이식하려 했다.

비록 옛 지배계급의 혐오스러운 통치 때문에 잠시나마 피점령국 대중의 눈에 점령군의 '혁명'이 진보적으로 보였을지 모른다. 그러나 이 '위로부터의 혁명'은 승전국이 패전국에 가하는 징벌이었을 뿐, 점령국 민중의 바람을 염두에 둔 것은 아니었다. 오히려 연합국 지배자들은 '아래로부터의 혁명' 움직임을 철저히 억눌렀다. 제2차세계대전 종전으로 트로츠키가 기대한 노동자 혁명이 일어나지는 않았지만, 그럴 가능성이 컸던 것만큼은 분명한 사실이었다. 노동자·민중의 급진화는 특히 패전국과 식민 지배를 받던 나라에서 두드러졌다.

조선도 마찬가지였다. 해방 직후 노동자들은 공장을 접수해 스스로 운영하려 했고, 지방에서는 자생적인 자치 기구와 무장 조직이 우후죽순처럼 생겨났다. 그러나 미국이 남한을 점령했을 때 이런 흐름은 모두 부정당했다. 미군이 한반도에 발을 딛자마자 처음으로 한 일은 조선인이 세운 건준을 무시하고 조선총독부의 권위를 보장하는 것이었다. 미군정은 옛 식민 지배 기구를 고스란히 이어받았다. 하마터면 목숨이 위태로웠을 일본인 지배자들은 미군 덕택에 한동안 지배자 노릇을 계속할 수 있었다.

그 후 미군은 친일·친미·반공주의자들을 지배 파트너로 삼았다. 이것은 당시 남한 민중의 정서와 정면으로 배치되는 것이었다. 사람들은 새 국가를 건설하는 데 친일파가 끼어드는 것을 말도 안 된다고 여겼다. 또한 80퍼센트 가까운 사람들이 새 국가의 사회체제가 "사회주의나 공산주의" 형태여야 한다고 생각했다.

해방 당시 총독부의 조선인 경찰 수는 8000명 정도였는데, 해방 직후 대다수가 도주해 출근율은 20퍼센트도 안 됐다. 그런데 미군정은 이들에게 복귀를 명령했고, 경찰력은 3개월 만에 1만 5000명으로 급격히 늘었다. 과거 독립 운동가와 민중운동을 탄압했던 자들이 다시 권력을 휘두를 수 있게 됐다.

공장을 스스로 통제하려는 노동자들의 노력은 미국이 보기에 무책임하고 황당한 짓이었다. 곧,

일제가 패망하고 미군이 진주하자 자유를 누리게 된 노동자들은 자유의

특전은 기꺼이 받아들였으나 자유로운 활동에 따른 책임감은 수용하지 않았고, 또 이해하지도 못하였던 것으로 보인다. 자유에 대한 그릇된 인식은 일제에 의해 조성된 일체의 기존 질서를 외면하는 식으로 표출되었으며 모든 일본인 재산을 자신들이 차지해야 한다는 것이 노동자들의 대체적인 주장이었다.[5]

그래서 미국은 이런 '잘못된' "노동자들의 의식을 바로잡고자" 사실상 파업권을 부정했고 자주관리 운동을 탄압했다. 자주관리 운동을 탄압한 미국은 '새로운 질서'를 강요했는데, 당시 인천에서 활동하고 있던 조봉암은 이 '새로운 질서'의 결과를 다음과 같이 설명했다. "미군정 최고기관으로부터 명령서·지시서들을 손에 쥔 많은 모리배들이 달려들어서 인천에 있는 공장을 접수했고, 그 공장들을 속속들이 팔아먹고 빈 껍질만 남겨놓았다."[6]

공식 통념과 달리, 당시 공산주의자들은 미군정과 협력해야 한다고 강조하며 노동자들의 급진화를 진정시켰는데, 이는 소련의 대미 유화 노선을 반영한 것이었다. 양대 열강 간의 전후 세력권 협상이 아직 끝나지 않았던 것이다. 그래도 물론 미군은 조선공산당을 탄압했다.

미군정이 강행한 미곡 시장 자유화로 식량 공급 체계가 크게 어지러워졌다. 지주, 부농, 악덕 상인들은 쌀을 높은 가격에 팔려고 매점·매석했다. 도시 지역에 심각한 식량 위기가 발생했다. 노동자와 시민들은 먹을 것을 구하려고 농촌을 헤매고 다녔다. 당황한 미국은 일제 시대의 강제 공출을 부활시켜 농민들의 쌀을 빼앗아 식량을 조달하려 했다. 주로 빈농들이 손쉬운 제물이 됐다.

이런 상황은 1946년 9~10월에 벌어진 파업과 봉기의 배경 중 하나였다. 경찰과 우익 폭력 단체들은 이 항쟁들을 야만적으로 진압했다. 미국은 이들의 뒤를 봐 줬고 필요하면 미군을 직접 풀어 진압에 나섰다. 경찰과 우익들이 자행한 고문, 암살, 집단 학살 등 남한 사회에 야만이 일반화하기 시작했다.

북한에서 소련 점령군도 아래로부터의 움직임을 철저히 억눌렀다. 노동자들의 급진화 흐름은 소련군이 매우 일찍 진주한 북한에서도 예외가 아니었다. 1945년 당시 오노다시멘트 승호리 공장 관리자 안도 도요로쿠는 8월 15일 해방 당일 북한 노동자들이 즉시 자치위원회를 만들어 공장을 접수했다고 말한다.

> [안도]가 승호리 기차역에 도착했을 때, 이미 철도는 승객들에게 "일본어가 아니라 오직 한국어로 말할 것"을 요구하는 한국인 요원들이 통제하고 있었다. 안도가 공장에 도착했을 때 이미 자치위원회가 공장을 접수했다. 이 회고에서 안도는 한국인들이 결국 일본이 항복할 것이라고 예측하고는 일찌감치 자치위원회 조직에 착수했을 것이라고 믿었다. 자치위원회 대표는 안도에게 사무실에 있는 현금과 금을 넘겨달라고 요구했고, "공장의 모든 것은 지금부터 한국인이 관리할 것"이라고 말했다.[7]

그러나 미국이 남한에서 그랬던 것처럼 소련도 이런 흐름을 가만

놔두지 않았다. 진남포제련소, 조선일산화학 등 여러 작업장에서 일어난 노동자 자주관리 움직임은 소련군이 들어와서 중단됐고, 중요한 공장들은 모두 소련군이 직접 통제했다.[8] 자위대 등의 무장 조직은 모두 해산됐고, 무력은 소련군과 북한 보안대로 집중됐다. 인민위원회는 자치 권력의 성격을 잃어버렸다.

소련의 지휘하에 북한은 반제·반봉건 인민민주주의 혁명을 표방하며 토지개혁과 산업 국유화 조치를 실행했다. 이 과정에서 농민과 노동자의 실질적 참여는 거의 없었다. 1946년 8월 북한은 소련이 통제하던 공장을 넘겨받아 이를 국유화했다. 그리고 2년 뒤인 1948년 3월 로동당 제2차 당대회에서 김일성은 국유화 조치를 "인민 경제 발전을 계획적 기초에서 수립할 만한 기본 조건을 지어주었"으며 "동방 제국에서 프로레타리아를 얽매어 놓은 자본주의 철쇄의 고리를 우리 북조선에서 처음으로 마사[짓찧어서 부서뜨려] 놓은 영예스러운 위대한 사변"이라고 평가했다.[9]

'자본주의를 분쇄'했다는 국유화 조치가 북한에서 커다란 사회적 갈등과 긴장을 낳은 것은 아니다. 당시 주요 기간산업이 대부분 일본인 소유였기 때문이다. 일본인들이 두고 간 재산인 이 사업체들을 어떤 식으로든 '사회화'하는 것은 당연한 일이었다.

게다가 국가가 경제 전반을 '계획'하는 체제는 당시 한국 민중에게 생경한 경험도 아니었다. 일제 시대 내내 조선총독부는 경제 전반을 통제하는 사령탑이었고, 1930년대 중일전쟁부터 태평양전쟁이 끝날 때까지는 전시 동원 경제 체제여서 국가가 경제 활동 일체를 거의 전부 관장했다. 특히 태평양전쟁 시기에 이런 경향은 더욱 극단화했다. 기업들은 국가의 할당량에 따라 군수물자를 생산했고, 전쟁 수행에 직접 필요치 않은 '낭비적' 부문의 기업들은 강제로 폐쇄됐다. 농민들은 쌀을 자유 시장에 판매한 것이 아니라 강제로 공출당했고, 노동자들은 식량의 많은 부분을 배급에 의존해 생활했다. 이런 '국가자본주의' 경향은 일본에만 고유한 것도 아니었다. 1930년대 대불황부터 1950년대까지 미국과 유럽의 주요 나라들에서도 정도의 차이는 있지만 이런 경향이 일반화했다.

북한 노동자들은 서방의 여느 공기업 노동자들과 마찬가지로 관리자의 지시에 따라 노동해야 했고 노동과정과 생산과정을 통제하지 못했다.[10]

무상몰수 무상분배 방식으로 진행된 북한 토지개혁의 결과는 전통적인 반反봉건 도식과 꽤 차이가 있었다. 토니 클리프는 중국의 토지개혁을 러시아 혁명 때의 농민 반란과 비교한 바 있는데, 그 특징을 일부 요약하면 다음과 같다. 중국에서는 첫째, 몰수 대상 지주가 굉장히 많았고, 둘째, 대부분의 지주가 영세해 일반 농민과의 경계가 모호했다. 이 때문에 중국에서는 토지개혁에 반대하는 지주들의 저항이 러시아 혁명 때와 달리 격렬했고 '대중적'이었는데, 지주들의 이런 광범한 반발은 스탈린이 쿨락을 숙청할 때와 비슷했다.[11]

이런 특징은 북한에서도 나타난다. 42만여 호가 적어도 일부라도 몰수 대상이 됐는데, 이는 북한 총 호수인 153만여 호의 약 28퍼센트에 달했다.[12] 전체 몰수 토지 중 옛 일본인 소유 토지와 조선인 대지주 토지의 비중은 얼마 되지 않았다. 압도적인 비중이 영세 지주의 토지였는데, 이들은 사실상 중상층 자영농에 가까웠다고 볼 수 있다. 다만 북한 지주들은 목숨 건 저항보다는 월남을 택할 수 있어서 북한 체제가 받는 압력은 상대적으로 덜했다. 이 월남자들은 이후 남한에서 우익 단체의 대중적 기반이 됐다. 어쨌든 토지개혁은 소작농의 수동적 지지를 받았다. 하지만 전반적 결과는 전체 농민의 하향 평준화였다. 그리고 지주와 부농 숙청은 국유화 조치와 함께 급속한 국가 주도 자본축적을 가능케 한 요인이 됐다.

비록 북한에서 소련군 지령에 따른 '위로부터 혁명'이 식민지 잔재와 전근대적 요소를 일소한 것은 틀림없지만, 그 과정이 아래로부터 혁명 가능성을 철저히 차단하는 것이었다는 점에서는 반동적이었던 셈이다.

결국 남과 북 모두에서 점령군과 조선 공산주의자들의 정책은 트로츠키가 말한 연속혁명의 싹을 자르는 것이었다.

냉전 체제의 시작과 두 개의 분단 정부

1945년 말 모스크바 협상에서 결정된 신탁통치안은 양대 열강이 어떻게 약소국 민족의 자결권을 능멸하는지를 보여 줬다. 당연히 광범한 항의 물결이 일었다. 그러나 공산주의자들은 어처구니없게도 애초의 반탁 입장을 뒤집으며 모스크바 협정을 지지했다. 이 틈을

타 우익은 반사이익을 얻을 수 있었다. 우익은 신탁통치 반대 운동을 반소련·반공 정치 공세에 이용했다.

신탁통치는 명목상 통일 임시정부를 세우기 위한 것이었지만, 결국 양쪽 열강 모두 이 문제에 진지하지 않았다. 어느 쪽도 자신에게 불리한 방식으로 임시정부가 수립되는 것을 바라지 않았다. 사실, 양쪽 모두 일찌감치 제각기 남과 북에 자신에 우호적인 정권을 만들기 시작한 상태였다.

게다가 1946년 들어 미국과 소련 사이에 갈등이 본격화하기 시작했다. 급기야 1947년 3월 미국 대통령 트루먼은 소련 봉쇄 정책을 선언하며 "세계 각국은 이제 양자택일해야 할 처지에 놓였다"고 공언했다.[13] 냉전이 시작된 것이다. 곧이어 마셜플랜(유럽부흥계획)을 발표했다. 미국은 소련이 서유럽의 전후 폐허 상태를 이용해 영향력을 확대할까 봐 두려웠다. 마셜플랜은 유럽을 미국식 자유주의적 자본주의 체제로 통합하고 소련의 동유럽 지배력을 잠식하기 위한 것이었다. 이에 소련도 자기 진영을 강화하기 시작했다. 동유럽과 북한에서 '민족자본가'와의 형식적인 연립은 붕괴했다. 소련은 위성국들을 경제적으로 통합해 하나의 블록을 만들기 시작했다.

제2차세계대전의 승리자로 등장한 양대 열강이 세계 도처에서 지정학적으로 경쟁하기 시작했다. 그 경쟁의 본질은 패전국의 옛 식민지를 누가 차지하고 서방 제국들의 쇠퇴로 생긴 권력 공백을 누가 메울 것인지였다.

따라서 한반도에서 양대 열강의 원만한 협상으로 통일 임시정부가 수립되는 것 자체가 기대하기 힘든 일이었다. 신탁통치안을 협의하고자 두 차례 열린 미소공위는 아무 진척 없이 결렬됐고, 사실상 분단만 확정해 준 꼴이 됐다.

결국 1948년 한반도에는 공식적으로 두 정권이 수립됐고 북한과 남한에는 제각기 자신의 창조주와 비슷한 체제가 형성됐다. 미국이 남한에 세운 피조물은 '자유'나 '민주주의'와 전혀 상관 없는 끔찍한 경찰국가였다. 김일성이 항일 무장투쟁을 한 반제국주의 세력의 일부였음은 틀림없지만 그는 또 다른 제국주의 국가인 소련에 의존적이었고, 북한 체제 역시 억압적이었다.

남과 북 두 체제의 권력 형태는 달랐지만, 두 체제는 모두 노동자를 착취해 경쟁적으로 자본축적을 추구하는 체제였다는 점에서 본질적으로 다르지 않았다.

남한에서는 분단 정부 수립에 반대하는 저항이 거셌다. 친뉴라이트 우익 학자인 이인호는 분단 정부 수립을 위한 5·10선거 참가를 거부했다는 이유로 김구조차 '대한민국 체제 반대 세력'으로 몰아붙였는데,[14] 이는 역설적으로 당시 분단 정부 수립 반대 여론이 매우 높았음을 보여 준다. 남로당뿐 아니라 중도 좌파, 중도 우파, 김구 같은 우파까지도 선거를 거부했으니, 이인호의 주장이 반영하듯이 '대한민국 수립에 반대한 세력'이 그만큼 광범했던 셈이다.

분단 고착화에 반대하는 투쟁은 5·10선거에 반대하는 제주 4·3항쟁에서 절정에 달했다. 이승만 정권은 여수에 주둔하던 군대가 제주항쟁 진압을 거부하며 반란을 일으키자 커다란 위기를 맞았으나 미

제주 4·3항쟁 중 처형을 기다리는 사람들.

군이 진압을 지원하면서 위기를 넘길 수 있었다. 진압을 피해 산으로 들어간 좌파와 지역 민중은 게릴라 투쟁에 돌입했다. 이승만은 게릴라 소탕을 명분으로 대량 학살을 서슴지 않았다. 제주도에서만 주민 수만 명이 잔인하게 살해됐다.

1949년 들어 게릴라 투쟁과 남한 좌파의 활동은 현저히 쇠퇴하기 시작한다. 북한 정권 수립 1주년인 1949년 9월 9일에 맞춰 시작한 남한 게릴라들의 '9월 공세'는 사실상 자멸적 투쟁이었다. 남로당은 9월에 인민군이 남하할 테니 어떤 희생을 치르더라도 각 도마다 한두 개씩 '해방구'를 확보하라는 지령을 각 도당 유격대에 내렸다.[15] 그러나 '9월 공세'는 남한 대중운동과 유기적 관계를 맺은 것도, 남한 좌파의 낮은 자신감 수준을 고려한 것도 아니었다. 오히려 이 무모

한 공세로 게릴라들은 고립됐고, 대중과의 거리는 더욱 멀어졌다. 공세가 패배한 뒤 많은 사람들이 투항했고, 30만 명에 이르는 좌파와 그 동조자들이 보도연맹이라는* 굴레를 쓰게 됐다.

존 메릴이 보기에 이 공세의 목적은 "'인민의 저항은 이제 전면적인 단계에 들어섰다'는 북한 측의 주장을 지지한다는 것을 보이기 위해 애써 시도된 것"이었고, 북한 처지에서 보면 "남한에 대한 공격이 성공할 수 있을 정도로 상황이 무르익었다는 사실을 소련 청취자들에게 확신시키기 위해서였다."[16]

한편, 1949년 중반 들어 남로당과 그 유관 단체는 재편됐다. 5월에 남쪽의 '통일전선체'인 남조선민주주의민족전선이 북한인민해방전선과 통합해 조국통일민주주의전선이 됐고, 6월에는 남로당과 북로당이 합당해 조선로동당이 됐다. 이는 사실상 남한의 좌파 운동이 북한 정권에 완전히 종속된다는 뜻이었다.

1949년 겨울 들어 남한 지역의 자생적인 게릴라들은 존재감이 거의 없을 정도로 쇠퇴했다. 그래서 1950년 1월 남한군은 게릴라 소탕작전을 "동계 훈련"의 일환쯤으로 취급했다.[17] 비록 북한이 계속 게릴라 부대를 남파했지만, 이들은 더더욱 대중적 기반이 없어 남한군이 비교적 쉽게 제압할 수 있었다. 만약 김일성이 진정으로 남한 민중을 해방시키고자 전쟁을 일으켰다면, 1950년 6월은 너무 늦었다.

---

* 1949년 남한 정부가 좌파와 각종 단체 활동가, 동조자들을 전향시키고자 강제가입시킨 단체. 정부가 지역별로 가입 할당량을 강요했기 때문에 좌익과 아무런 상관이 없는데 가입된 경우도 많았다.

전쟁을 향해

공개된 옛 소련 측 자료를 보면 김일성은 '국토 완정完整[국토 통일]'을 위해 소련에 전쟁 승인과 지원을 여러 차례 요구했다. 이승만의 무력 통일 의지도 결코 김일성에 뒤지지 않았다. 남한군은 미군 대신 38선 경비를 맡게 되자마자 틈만 나면 무력 도발을 했다. 이 때문에 미국은 이승만이 정말로 북침을 감행할까 봐 노심초사했다. 브루스 커밍스가 적절히 묘사했듯이 "이승만은 종종 주인이 줄을 잡고 있는데도 목걸이에 걸려 거의 질식할 정도로 뛰어나가려고 발버둥치는 사냥개처럼 보였다."[18]

소련과 김일성이 보기에도 이승만의 북진 의지는 단순한 공갈 협박이 아니었다. 공개된 옛 소련 측 문서를 보면 1949년 여름 스탈린은 남한이 정말로 북침할까 봐 바짝 긴장했음을 알 수 있다. 게다가 1949년 여름 시점에는 북한의 군사력이 남한보다 우월하지도 않았다. 정병준의 연구 결과를 보면, "1949년 8~9월까지 남한은 정규군 수준에서 최대 1만 명 이상 북한을 앞서 갔다. 한국군의 급속한 병력 증강은 한국군에게는 자신감을, 북한군에게는 두려움을 자아냈을 가능성이 높다."[19]

김일성이 전쟁에 조바심을 낸 데는 중국의 사태 변화가 커다란 영향을 미쳤다. 1949년 4월 23일 중국 인민해방군은 스탈린의 반대에도 아랑곳하지 않고 양쯔강을 넘어 국민당 본거지인 난징을 함락했다. 와다 하루키는 "북조선 지도부[가] 여기서 강한 인상을 받아, 행동 준비를 결단"했다고 본다.[20] 김일성이 "양쯔강은 38도선, 난징은 서울이라고 유추했다고 해도 이상한 일이 아니다."[21]

실제로 중국군의 양쯔강 도하 직후인 4월 28일 북한은 두 가지 행동을 동시에 추진했다. 먼저, 김일성과 박헌영은 소련 대사 시티코프를 만나 군부대 재편에 필요한 무기 지원을 요구했고, 필요한 무기 목록을 스탈린에게 제출했다. 그와 동시에, 민족보위성 부상 김일을 중국에 보내 마오쩌둥에게 중국군 소속 조선인 부대를 북한으로 보내 달라고 요청했다. 이에 따라 중국군 소속 조선인 부대가 북한군으로 편입되기 시작했다.

김일성의 요구에 스탈린과 마오쩌둥은 각각 무기와 병력을 제공했다. 그러나 아직 남침을 지지하지는 않았다. 스탈린은 중국 혁명이 최종 승리한 직후인 1950년 1월에 남침 승인을 결심한 듯하다. 이즈음 스탈린은 동아시아 정책을 더 공세적으로 전환했다. 예를 들어, 1945년 이래 승인하지 않고 있던 베트남의 호찌민 정권을 공식 승인했고 일본 공산당의 '평화혁명 노선'을 공개 비판하면서 미국에 맞서 과감하게 투쟁하라고 촉구했다. 남침 승인은 이런 일련의 흐름 가운데 하나인 듯하다. 결국 스탈린은 3월에 김일성과 박헌영을 모스크바로 불러 남침을 최종 승인했다. 이어서 5월에는 마오쩌둥도 이를 승인했고, 외국군이 개입하면 중국군을 파견하기로 약속했다.

옛 소련측 문서들에는 소련·중국·북한이 전쟁에 합의하는 과정이 나타나 있다. 그러나 스탈린이 전쟁을 승인한 의도와 목적은 여전히 추정의 영역으로 남아 있다. 스탈린이 남침을 승인한 배경은 무엇이었을까? 가장 중요한 것은 당시 미국과 소련의 냉전이 격화되고 있었다는 점이다. 1949년 8월 소련은 핵폭탄 개발에 성공했고, 이 무렵 미국의 소련 봉쇄 정책은 공세적이고 군사적인 성격을 띠기 시작했다.

냉전은 특히 아시아에서 더 뜨거워졌다. 마오쩌둥이 중국을 석권하자, 미국은 얄타·포츠담 합의를 무시하고 일본 점령에서 소련을 사실상 배제하려 했다. 미국의 동아시아 정책의 중심이 중국에서 일본으로 바뀌었다. 미국은 일본과 단독 강화를 추진하고, 옛 군국주의자들을 복권시키고, 일본을 재무장시키려는 이른바 '역코스'를 단행했다. 장제스 몰락 직후 맥아더는 미국과 일본이 단독 강화를 맺어야 하는 이유를 다음과 같이 설명했다.

> 아시아에서 미국의 주도권을 수립하고 아시아 문제의 동향에 대한 잃어버린 미국의 이니셔티브를 되찾는 하나의 방법이며, 아마도 현 시점에서 가장 극적이고 다이나믹한 방법이라고 생각한다. 대일 강화조약을 체결하면 우리는 반드시 현재의 경향을 막을 수 있고 종국적으로는 그것을 역전시킬 수 있을 것이다.[22]

1950년 2월 모스크바에서 체결된 중소동맹 조약은 이에 맞선 대응이기도 했는데, 이 조약은 "어떤 대가를 치르더라도 미일 단독 강화를 저지할 것"이라고 선언했다.[23] 마오쩌둥이 최종 승리하자 미국은 소련과 중국 사이를 이간질하려는 이른바 '쐐기 전략'을 구사했는데, 이 때문에 오히려 스탈린의 대미 경계심이 강해졌다. 이 또한 스탈린이 중소동맹을 체결한 이유 중 하나였다.

1월 말 트루먼은 국가안보회의NSC에 새로운 세계 전략을 수립하라고 명령했고, 그 결과는 4월에 '봉쇄'와 '롤백'을 결합한 이른바 NSC-68 문서로 나타났다. 이에 따라 미국의 국방비는 세 곱절로 늘어났다. 또 2월에는 소련과의 핵무기 경쟁을 위해 수소폭탄 개발을 시작했다.

중소동맹이 발표된 지 사흘 뒤 이승만은 일본으로 날아가 맥아더를 만났다. 이승만은 일본에 도착하자마자 일본이 한국의 반공 동맹이라고 선언했다. "성장하는 공산주의 팽창으로부터 일어나는 공통의 위험은 한국과 일본을 단결시켜야 하며 과거의 적대 관계는 망각되고 현재의 제 곤란이 해결돼야 한다."[24] 이미 이승만은 장제스와 함께 소련을 봉쇄할 태평양군사동맹을 줄기차게 주창해 온 터였고, 이는 맥아더의 긍정적 반응을 얻은 바 있었다. 맥아더는 동아시아에서 미국이 더 공세적 태세를 취해야 한다고 목소리를 높였다.

이렇듯 1950년 초 동아시아에서 미국과 소련 사이의 긴장은 급격하게 고조되고 있었다.

스탈린은 이즈음 동북아시아의 정세가 미국보다 소련에 유리하게 바뀌었다고 생각한 듯하다. 스탈린은 전쟁 불가에서 전쟁 승인으로 태도를 바꾼 이유를 김일성에게 설명하면서 가장 먼저 중국 혁명의 승리, 다음으로 소련이 핵폭탄 개발에 성공해 미국이 쉽게 개입하지 못할 것이라는 점을 들었다. 미국이 개입하지 않거나 설사 개입하려 해도 그 전에 전쟁을 끝낼 수 있을 것이라는 판단이 스탈린의 태도 변화에 주요하게 작용한 듯하다. 스탈린은 그리스 내전에는 자신이 절대 무력 개입할 수 없다고 생각했는데, 미국이 결코 그리스를 포기할 리가 없었기 때문이다. 그리스의 경우와는 달리 동아시아에서 장제스가 모래성처럼 무너져 내릴 때 미국은 개입하지 않았다. 게다가 1950년 1월 미국 국무 장관 애치슨은 남한을 자신들의 직접 방위선에서 제외한 선언을 막 발표했다. 애치슨 선언은 미국 나름의 '전략적 유연성'을 표명한 것이었지만 스탈린은 이를 미국 봉쇄선의 한계로 여긴 듯하다.

그리고 1949년 6월 미군은 남한에서 철수한 상황이었다. 그리스와 달리 한반도 상황은 유동적인 듯했다. 혹시 미국이 개입하더라도 소련은 직접 군대를 파견하지 않아도 될 것이었다. 중국군이라는 보험이 생겼기 때문이다. 남한 침공은 성공 확률이 높아 보였고, 소련의 위험 부담은 크지 않은 듯했다. 김일성이 성공한다면 동아시아에서 미국의 위신은 크게 떨어질 것이고 미국은 수세에 몰릴 것이다. 이렇게 판단한 스탈린은 김일성을 활용해 미국의 능력을 시험해 보려 했다.

미국은 이승만을 '리틀 장제스'쯤으로 여겼다. 미국은 장제스에게 수십억 달러를 쏟아부었지만, 밑 빠진 독에 물 붓기였다. 장제스처럼 이승만 정권도 무능과 부패 때문에 항상 취약해 보였고, 행여 장제스처럼 무너지지 않을까 미국은 노심초사했다. 이 때문에 미국은 이승만이 상황을 안정시키지 못하면 원조를 철회하겠다고 협박하기도 했다.* 심지어 미국 내에서는 남한의 군사적 가치를 두고 논쟁이 벌어졌다.

그러나 미국은 남한을 포기할 수 없었다. 남한은 미국이 직접 세운 나라였고, "이데올로기 전쟁터"였다. 게다가 미국의 동아시아 전략에서 한국은 일본을 방어하는 전초기지였다. 애치슨은 "원조를 중지하라는 의견이나 이 나라의 건설을 중도에 그만두자는 의견은 완전한 패배주의이며 아시아에서 우리들의 이해利害로 볼 때 말이 안 되는 것"이라고 말했다.

북한이 남한을 침공했을 때 미국의 반응은 즉각적이었다. 트루먼은 "한국에서 공산 측이 승리한다면 일본을 쉽사리 공격할 수 있는 거리에다 적군[소련 군대]과 비행기를 투입하게 되고, 오키나와와 대만은 양쪽에서 공격당하게끔 개방되리라"고 생각했다.[25] 또 미국 CIA 보고서는 미국이 전쟁에 개입해야 할 국제정치적 이유를 다음과 같이 밝히고 있다. "북한의 공격은 특별히 아시아에서 미국의 위신에 심각한 손상을 입히고 전 세계적인 반공 사기를 떨어뜨리기 위한 것"이며 "추가적으로 소련은 자국 또는 공산권의 팽창에 대한 미국의 반응을 시험하고자" 하는 것이다.[26] 결국 미국은 유엔의 깃발 아래 군

---

* 예를 들어, 이승만은 1950년 5월 30일 예정된 총선거에서 패배할까 봐 선거를 차일피일 미뤄 정치 불안을 조성한 바 있다. 그리고 살인적인 인플레 때문에 경제도 매우 불안정했다. 미국은 이런 정치적·경제적 불안 상황이 지속되면 원조를 중단하겠다고 위협했다.

대를 대규모로 파병했는데, 이는 남한 국민을 동정해서가 아니라 자신이 통제하는 일본이 위협받고 동아시아와 나아가 세계 전체에서 미국의 패권과 위신이 추락할까 봐 걱정해서였다.

북한의 남한 점령, 해방?

개전 직후 북한군의 신속한 진공과 남한군의 패주는 두드러졌다. 6월 27일 미군 군사고문단은 "남한군은 저항 능력이나 싸우려는 의지가 없으며, 따라서 총체적인 붕괴가 임박했다"고 보고했다.[27] 이에 이승만은 서울 시민들에게 국군이 북진하고 있다고 속이고는 야반 도주해 버렸다. 북한군의 서울 점령이 임박하자 남한군은 피난민으로 가득 찬 한강철교를 폭파해 버렸다. 이 혼란의 와중에도 남한 정부는 정치범들과 보도연맹원들을 대량 학살하는 짓은 잊지 않았다. 학자에 따라 많게는 30만 명에서 적게는 10만 명이 처형된 것으로 추산한다.[28]

북한군 진주에 남한 주민의 저항이 거의 없었다는 점은 이승만 정권이 얼마나 인기 없었는지를 보여 준다. 오히려 북한군을 내심 환영하는 분위기도 만만치 않았다. 미군 정보 보고서를 보면 상당수 노동자와 학생이 북한을 지지했다. 남한을 지지하는 어느 지식인은 서울 학생의 60퍼센트 정도가 북한을 적극 지지한다고 봤다.[29] 특히 학생들은 좌파가 아니더라도 "오만불손한 독재를 자행해 온 이승만 … 이

놈이 한번 혼이 나면 얼마나 통쾌할까?" 하는 심정이었던 듯하다.[30]

그러나 북한군의 점령에 대한 주된 반응은 수동성이었다고 볼 수 있다. 브루스 커밍스는 전쟁 발발과 함께 남한 지역에서 자생적 게릴라들의 활동이 커다란 구실을 한 것처럼 보지만[31] 실제로는 그렇지 않았다. 북한 정규군이 피난민으로 위장해 후방 침투를 노렸으므로 미군이 이들을 게릴라로 착각할 수 있었다. 와다 하루키도 "남로당원을 중심으로 한 움직임이 일어나지 않은 것은 확실하다"고 말한다.[32] 남한 민중의 수동성을 무엇보다 분명히 확인해 주는 것은 김일성 자신의 발언이다. 그는 "우리가 낙동강 계선까지 나아갔으나 남조선에서는 폭동 하나 일어나지 않았"다며 "만일 부산에서 노동자들이 몇천 명 일어나서 시위만 하였더라도 문제는 달라졌을 것"이라고 말했다.[33]

또 김일성에게 게릴라 전투는 인민의 대중적 항쟁의 일환이 아니라 정규군에게 부족한 공군력을 대신하는 것이었는데, 그는 이조차 제대로 수행되지 못했다고 아쉬워했다. 김일성은 1950년 12월 제3회 조선노동당 중앙집행위원회에서 게릴라 전투를 다음과 같이 평가했다. "적의 후방에서 유격전을 전개하는 것은, 우리 공군이 약하여 기동성이 약한 조건하에서 적의 기동성을 파괴하고 적을 분산격멸하며 적의 참모부와 후방을 습격하고 적의 후방에서 제2전선을 조직함으로써 적의 진로를 차단하여 적에게 공포를 주어 당황하게 하는 것이다. 이것에 대한 전략상·작전상의 의의가 얼마만큼 중대한 것인가를 망각하여 이를 잘 실천하지 못했다."[34]

물론 1950년 10월 들어 게릴라들이 수만 명의 '대중적' 성격을 띤 적이 있다. 그러나 이는 북한 정규군의 군사적 패배의 산물이었고, 본질적으로 정규군과 당 관료, 지방의 공산당 동조자들이 뒤섞인 피난 대열이었다. 남부군 출신인 이태의 증언을 들어 보면 이들은 "원래가 피난 대열이나 다름없는 성격이었기 때문에 곧 투항·도망 등 이탈자가 속출"했다.[35]

북한이 남한을 해방시켜야 한다며 내세운 명분 중 하나는 토지 문제였다. 북한은 남한을 점령하는 동안 북한식 토지개혁을 시행했다. 그런데 당시 남한에서 지주-소작제는 이미 해체되는 추세였다. 결정적으로 중국 혁명의 영향 때문인 듯하다. 남한에서 한동안 지지부진했던 농지개혁 논의는 중국 혁명 승리가 가시화하면서 다시 급물살을 타기 시작했다. 농지개혁 법안 통과가 기정사실화하자 지주들은 토지를 대거 방매했다. 1945년 남한의 농가 구성은 자작농 13.8퍼센트, 자소작농 34.6퍼센트, 순소작농 48.9퍼센트, 기타 화전 및 고농(머슴)이 2.7퍼센트였다.[36] 이것이 1949년에 이르면 자작농 37.4퍼센트, 자소작농 41퍼센트, 순소작농 21퍼센트의 비율로 바뀐다. 순소작농이 크게 줄고, 자작농과 반쯤은 자작농인 자소작농이 크게 늘었다. 1950년 3월에 농지개혁법 개정안이 통과됐으므로 이 추세는 더 빨라졌을 것이다.

북한 측 공식 통계로도 이런 추세를 확인할 수 있다. 북한이 남한에서 몰수한 토지는 59만 6000여 정보로 점령 지역 총 경지면적의 43퍼센트였다. 즉, 소작지가 크게 줄었음을 알 수 있다(북한은 전쟁 직전에 남한 총 경지면적 중 소작지가 64퍼센트나 된다고 주장했는데[37] 이는 과장이었던 셈이다). 북한에서와 마찬가지로 대지주의 비중이 별로 크지 않았기 때문에 주로 영세 지주가 몰수 대상이 됐다. 당시 노동당 충남도당 선전부책이던 김남식은 "사실 이때 남한에 [몰수] 대상 지주라는 것은 이미 존재치 않았어요. 그래서 분배 토지의 면적 조정과 농민의 원지주에 대한 상환 채무를 폐기시켰지요" 하고 증언했다.[38]

전쟁으로 잠시 중단되기도 했지만 농지개혁법안 통과의 정치적 효과도 무시할 수 없다. 비록 남한 농지개혁이 행정력과 지주의 반발 때문에 지역적으로 불균등하거나 지연되기도 했지만 전쟁 직전 상당수 농민들에게 분배예정통지서가 발급됐다. 적어도 남한 소작농의 상당수는 분배받을 토지가 곧 자기 땅이 될 것이라는 생각으로 경작을 했다는 뜻이다.

또한 북한의 현물세와 애국미 수취 등은 남한 농민들을 실망시키는 요소였다.

이런 이유들 때문에 북한식 토지개혁에 대한 남한 농민의 반응은 그리 뜨겁지 않았던 듯하다. 물론 남한의 농지개혁에서 고농(머슴)은 수혜가 없어서 북한식 토지개혁을 반겼을 것이다. 실제로 북한은 점령 정책 실행에 이들을 적극 활용했다. 그러나 고농은 농촌 공동체에서 매우 주변적인 존재였으므로 농민들은 이들이 마을의 여론을 대변한다고 생각하지는 않았을 것이다.

결국 북한식 토지개혁의 진보적 성격은 많이 희석됐다고 볼 수 있다. 비록 북한의 토지개혁이 남한 농지개혁의 원동력 중 하나이긴 했지만 실제 결과 면에서 농민들에게 돌아가는 혜택은 남한 농지개혁과 대동소이했다.

북한은 점령 기간에 8시간 노동제 등을 골자로 한 '해방된 노동법령'도 선포했다. 그러나 이는 거의 의미가 없었다. 전시에 8시간 노동이 준수될 리도 없었거니와 노동과정도 남한과 별반 다를 바 없었기 때문이다. 노동조합은 국가기구나 다름없는 직업동맹으로 대체됐고 파업과 태업이 금지됐다. 북한 점령 전 이남과 달라진 점은 노동자 국가가 됐으니 불만을 품지 말고 일해야 한다는 식으로 이데올로기가 바뀐 것뿐이었다. 어느 '해방된 공장' 지배인의 보고를 보자.

> 우리 공장 로동자들은 긴 세월을 억압과 착취에 시달려 왔으므로 전에는 고의적으로 태공하여 사고를 일으키며 관리측과 투쟁을 조직[했는데] … 공장이 우리 인민의 것이 아니고 오히려 우리를 억압·착취하는 것이었던 조건하에서는 당연한 것이었다. 그러나 우리 공장이 해방된 그날부터 환경과 조건은 판이하여졌다. … 인민군을 원호함에 이바지하는 것을 자기의 영예로운 임무로 삼게 되었다. … 그러나 원쑤놈들의 압제하에서 일하던 버릇을 아직도 버리지 못한 일부 일꾼들[은] … 이전과 다름없이 로동시간만을 지내면 된다는 생각으로 로동시간을 헛되이 보내는 일이 있었으며 자기의 책임량을 완수할 데 대하여 무책임하고 등한시하여 여러 가지 구실을 붙여 책임을 회피하는 경향이 있다. … 때문에 우리 공장내 로동당 세포의 협조 밑에 직맹단체에서는 … 대중적 비판 사업을 전개하였다.

… 이리하여 우리 공장 로동자들은 자각적으로 생산규률과 로동규률을 준수하게 되었다.[39]

의용군 모집은 처음에는 자발적이었던 듯하다. 하지만 그런 시기는 매우 짧았다. 미군이 본격적으로 개입하자마자 북한은 전시동원령을 점령 지역으로 확대했고, 이에 따라 의용군 모집이 아니라 사실상 강제 동원처럼 됐다. 북한군이 서울을 점령하고 있을 때 중도파 역사학자인 김성칠은 일기에 다음과 같이 적었다. "당국은 그 조직적인 모든 기관을 동원하여 애국적인 청년 남녀는 모두 의용군의 대열에 나서라고 외치고 있다. … 그래도 부족함인지 가두에서 젊은 사람들을 붙들어 보낸다 하여 큰 공황을 일으키고 있다. 이즈음 며칠은 그 때문에 그런지 거리에 젊은 사람의 내왕이 부쩍 줄어들었다."[40]

북한은 미군이 파괴한 인민위원회를 부활시킨다며 인민위원회 선거를 실시했다. 그러나 이 당시 인민위원회는 해방 직전과 달리 철저히 위로부터 북한 체제를 본뜬 복제품에 불과했다. 선거는 공산당이 추천한 후보를 당선시키기 위한 요식 행위였다. 사람들은 후보자가 누군지 선거 장소에 가서야 알게 되는 경우가 허다했고 투표는 비밀이 보장되지 않았다. 남한 출신자가 많이 기용됐지만 실권은 북에서 온 요원들에게 있었다.

지역 인민위원회와 각종 국가기구에는 노동자와 농민 출신자가 많았지만 이 사실이 모종의 '프롤레타리아 독재'를 뜻하지는 않는다. 국가 자체가 민주적으로 선출되고 노동계급에 책임지는(특히 소환 가능 문제) 기관이 아니었기 때문이다. 남한 군경 병력이 대부분 빈농 출신이었다고 해서 이 기구를 빈농 권력으로 볼 수 없는 것과 마찬가지다.

남한군과 미군의 북진, 민주주의와 인권?

북한군은 낙동강 전선까지 밀고 내려왔지만 전반적 전세는 점점 불리해졌다. 미군이 개입하면서 북한군의 피해가 급증했고 낙동강에서는 좀처럼 교착 상태를 타개하지 못했다. 그 무렵 미군과 남한군 병력은 이미 북한군을 능가하고 있었다. 맥아더는 인천 상륙 작전으로 본격적인 반격을 시작했고 곧 서울을 탈환했다.

서울 탈환에 대하여 영국 기자 레지널드 톰프슨은 다음과 같이 보도했다.

> 당시 상황은 무시무시한 지옥이나 다름없었다. 급강하 폭격기가 사방에서 쏟아질 때면 귀청이 떨어질 것 같았고 탱크가 포격을 퍼부을 때마다 잿빛 먼지가 흩날렸다. 목조 건물들이 화염에 휩싸였다가 우지직 소리를 내며 내려앉았고 고압 전신주가 쓰러지면서 전선이 엉망으로 뒤얽혔다. 그야말로 사방이 혼란 그 자체였다. … 그런 끔찍한 상황을 해방이라고 생각할 사람은 거의 없을 것이다.[41]

서울을 버리고 도망갔던 이승만은 사죄는커녕 돌아오자마자 부역자를 색출하겠다며 공포 분위기를 조성했다. 수많은 사람들이 부역자로 몰려 처형됐다. 전국 곳곳에서 이런 일들이 벌어졌다. 남한군과 경찰이 지나가는 곳은 거의 예외 없이 피바람이 몰아쳤다. 이런 일들이 하도 광범해서 한 미군 장교조차 다음과 같이 말할 정도였다. "우리의 기준으로 볼 때, 이승만은 파시스트다. 미국적 사고방식으로 한국을 민주주의 국가로 여기는 것은 어리석은 생각이다."[42] 그래서 연합국 병사들조차 "도대체 우리가 한국을 위해 싸워야 하는 이유가 뭐야?" 하고 물을 수밖에 없었다.[43]

남한 체제가 복구됐다고 해서 대중의 삶이 북한 점령기보다 나아진 것은 물론 아니었다. 오히려 이승만이 유엔군 주둔 경비를 조달하려고 통화를 남발하자 악성 인플레가 발생했고, 이는 노동자와 실업자에게 큰 타격을 입혔다. 또 이승만은 현물세인 임시토지수득세를 신설해 농민들을 쥐어짰다. 보수적인 경제학자 이대근조차 이는 "당시 엄청난 전시 인플레 부담을 고스란히 농민에게 떠넘기는 결과로 되어, 오로지 농민 희생 위에서 막대한 전비 조달을 획책했다고 하는 부당하기 짝이 없는 처사"였다고 평가했다.[44] 여기에 유상분배 방식의 농지개혁으로 원지주에게 갚아야 할 몫까지 합하면, 소작농들은 수확량의 45퍼센트 이상을 정부에 내줘야 했다. 대다수 영세농민에게 이는 그야말로 생존 한계선이었다. 게다가 미국의 원조 곡물 유입은 농가 경영 상태를 악화시키는 데 크게 일조했다. 결국 춘궁기가 되면 식량이 떨어져 굶어 죽는 일이 빈발했다. 1953년 이승만 정부는 전 농가의 절반이 양식이 떨어진 것으로 추산했다.

이승만은 농민들에게 전쟁 비용만 요구한 게 아니었다. 그들을 전쟁터로 내몰아 목숨도 내놓으라고 요구했다. 반대로, 부유층 자제들은 병역을 면제받거나 입대하더라도 안전한 곳으로 배치됐다. 이런 일은 아주 흔했는데, 당시 통역장교였던 리영희는 이런 모순을 보며 자신이 각성하게 됐다고 회고했다.

> 도피하는 자들의 뒷자리로 매일같이 보충되어 올라오는 신병들의 행렬을 보았다. 억수같이 쏟아지는 비에 흠뻑 젖은 채, 판초를 둘러쓴 어깨 위에 M1소총을 메고 진창이 된 산길을 884고지를 향해 비틀거리며 내려가는 뒷모습을 보면서 나는 울고 싶은 심정이었다. 죽으러 가는 것이다. 며칠 만에 서울로 사라져 버린 김 소위 같은 흰 얼굴은 하나도 없었다. 모두 투박하고 땡볕에 그을린 얼굴이었다. 노동자인지 농민인지 하여간 힘없는 사람의 아들들임이 분명했다.
>
> 나는 마음의 격동을 참다 못해 호에서 걸어 나갔다. 미끄러운 좁은 산길 옆에 비켜 서서 한 보충병의 대열을 세우고 소리쳤다. … "중학교 이상 다니던 사람은 손 들어 봐!" 100여 명 가운데 손 셋이 올라왔다. … 학교깨나 다닌 젊은이들은 다 어디 가고, 이 틀림없는 죽음의 계곡에는 못 배우고 가난하고 힘없는 이 나라의 불쌍한 자식들만 보내지는가?[45]

남한군과 미군이 반격에 나서 38선을 돌파해 북진했을 때 북한 주민의 일부가 남한군과 미군을 환영한 건 사실이다. 하지만 대다수 북한 주민들의 정서는 그렇지 않았다. 남한군이 나남과 청진으로 진격했을 때 보통의 주민들은 거의 없었다. 그들은 거의 모두 북쪽으로 피난을 가 버렸다. 북한 민중에게 남한군과 미군은 공포의 대상이었다. 남한 군경과 반공 폭력 단체들이 북한 지역에서 강간, 약탈, 집단 학살 등 온갖 잔인한 범죄를 저질렀음을 입증하는 기록이 수없이 많다.

미군은 한국군의 야만적 학살 행위를 사실상 방조했고 스스로 대량 학살을 저질렀다. 노근리에서는 민간인 170여 명이 살해됐다. 포항에서는 미군 구축함이 여성과 어린이가 대다수인 피난민 대열에 인민군이 섞여 있을지 모른다며 함포 사격을 가해 100여 명이 사망했다. 미군은 남과 북 모두에 무차별 공중폭격을 가했다. 2003년 이라크 침공 때도 그랬듯이 미국은 군사시설에 한정해 정밀폭격을 했다고 주장한다. 그러나 당시 미 극동 공군 작전분석실 실험 결과에서도 드러나듯이 B29 중폭격기가 "가로 10미터 세로 200미터 크기의 대형 건물을 폭탄 하나로 적중시킬 수 있는 확률은 0퍼센트에 가까우며, 최소한 100~200발의 폭탄으로 대량 폭격을 가해야만 50~80퍼센트의 적중률을 기록"할 수 있었다.[46]

중국군 개입으로 전세가 다시 역전되자 맥아더는 아예 민간인 거주 지역 시설물까지 군사시설로 간주하겠다며 초토화 작전을 명령했다. 소이탄과 네이팜탄이 도시와 농촌을 가리지 않고 비 오듯 쏟아졌다. 예를 들어, 11월 8일 단 하루 동안 신의주에는 소이탄이 총 8만 5000발 투하됐다. 건물 1채당 평균 6.07발, 사람 1명당 평균 0.67발이 투하된 셈이다. 국제민주여성연맹은 시민 5000여 명이 사망했고, 그중 무려 4000여 명이 여성과 어린이였다고 보고했다. 남성들은 전선에 나가 있었기 때문이다.[47]

〈뉴욕 타임스〉 종군기자 바렛은 미군기가 휩쓸고 간 북한의 어느 농촌 마을의 참상을 다음과 같이 보도했다.

> 중국군이 마을을 점령하기 3~4일 전에 마을에 대한 네이팜 공격이 진행됐다. 마을 어느 곳에서도 시체가 매장되지 않았다. 왜냐하면 그곳에는 이를 행할 사람이 전혀 남아 있지 않았기 때문이다. 나는 우연히 한 명의 늙은 여인과 마주쳤다. 그녀는 그곳에서 생존한 유일한 사람인 것 같았다. 그녀는 자신의 가족 4명의 시신으로 가득 찬 검게 그을린 마당 안에서 몇 벌의 옷을 부여 쥔 채 멍하니 서 있었다.
>
> 주민들은 마을 전체와 들판에서 발견되고 사살되었다. 그들은 네이팜 공격을 당했을 때 그들이 취했던 자세를 그대로 정확하게 유지하고 있었다. 한 남성은 막 자전거를 타려는 참이었고, 50명의 소년과 소녀들은 고아원에서 뛰놀고 있었으며, 한 가정주부는 이상하게 아무 상처도 없었다. … 약 200구의 시체들이 그 작은 마을에 놓여 있었다.[48]

아마 한국전쟁 전 기간에 걸쳐 가장 경악스러운 일은 미국이 핵무기를 사용하겠다고 협박한 일일 것이다. 한반도 민중, 특히 북한 주민은 핵무기에 대한 공포가 극에 달했다. 중국이 다 된 밥에 재 뿌렸다고 생각했는지 맥아더는 거의 이성을 잃은 듯했다. 그는 핵무기 사용을 승인해 달라고 트루먼에게 여러 차례 요구했다. 맥아더는 만주와 압록강 국경, 한반도 중북부를 방사능으로 뒤덮는 한이 있더라도 중국과 일전을 벌이겠다고 주장했다. 트루먼도 핵무기 사용을 진지하게 고려했다. 그는 이번 기회에 핵무기에 대한 금기를 깨 버리겠다고 대놓고 말하기도 했다. 미국은 폭격기를 동원해 가상 투하 훈련까지 실시했다. 이 계획은 소련과의 제3차세계대전으로 번질까 봐 다행히 실행되지는 않았다. 하지만 남의 땅에서 벌인 강대국 간의 힘겨루기가 어디까지 막갈 수 있는지를 보여주는 사례다.

중국의 참전

1950년 10월 2일 중국 총리 겸 외교부장 저우언라이는 "만일 미군이 북한을 점령한다면 중국은 전쟁에 개입할 것"이라고 경고했다. 사실상 최후통첩이었다. 미국은 중국의 개입을 우려하면서도 승리에 눈이 멀어 북진을 감행했다. 미국은 북한군이 먼저 넘을 때는 38선이 넘어서는 안 될 신성한 선인 양 주장했지만, 정작 자신들이 38선을 넘을 때는 이를 깡그리 무시했다. 미국은 이 기회에 소련 영역을 빼앗고 동아시아에서 미국의 패권을 확장하려 했다. 이로써 한국전쟁은 본격적으로 열강들의 전쟁터가 돼 버렸다. 이에 따라 남북한 민중이 겪어야 할 고통과 재앙의 크기는 비할 데 없이 커지고 말았다.

마오쩌둥이 개입하기로 마음먹은 것은 스탈린과 김일성의 요청 때문이기도 했지만 더 주된 동기는 미국의 북진이 당연히 중국에 위협이 될 거라고 봤기 때문이다. 저우언라이의 표현처럼 "한반도는 중국의 머리를 때리는 망치"가 될 수 있었다. 중국 공산당 기관지 〈인민일보〉 사설은 중국이 참전한 이유를 다음과 같이 설명했다.

> 미국은 조선과 타이완 그리고 월남 등 3개 방면으로부터 중국에 대한 진공을 실행하기로 결정하였다. … 이 3개의 방면 중에서 조선은 당연히 제일 중요한 지점이다. 미국이 조선에 대한 침략을 완성한 이후에는 그 날카로운 칼날을 중국의 심장부에 꽂아 넣을 것이다. 중국 인민과 세계 인민들은 미국의 동방 침략 계획이 일본 제국주의가 이미 실행했던 '북진주의'와 '대륙 정책'의 재판再版이라는 것을 결코 잊지 않을 것이다.[49]

전쟁 개전 이틀 후 트루먼이 발표한 성명으로 마오쩌둥의 의심은 더욱 굳어졌다. 트루먼은 한반도 무력 개입뿐 아니라, 7함대를 보내 대만해협을 봉쇄하고, 베트남에서 호찌민과 전투중이던 프랑스를 군사적으로 지원하겠다고 발표했다.

게다가 미국의 북진은 장제스의 망상을 부추길 수도 있었다. 당시 서울 주재 대만 대사 샤오위린은 한국전쟁 개전일 밤 다음과 같이 생각했다. "한국전쟁은 대만으로서는 많은 이익이 있을 뿐, 어떤 해도 없다. … 만약 한국전쟁이 미소의 세계대전으로 전개되면, 남북한은 필연적으로 통일될 뿐 아니라, 우리들도 압록강, 동북 지방을 거쳐 다시금 중국 대륙에 귀환하는 것이 가능하게 될 것이다."[50] 실제로 6월 29일 대만 정부는 유엔군의 일원으로 한국에 지상군 3만 3000명을 파병하겠다고 결정했다. 비록 미국 정부는 중국의 개입을 불러들일까 봐 이를 수용하지 않았지만 맥아더의 생각은 달랐다. 그는 장제스 군대를 한반도에 투입하기를 원했다. 중국은 맥아더의 '무조건 북진' 정책에 경계심을 품을 수밖에 없었다.

중국의 참전이 미국의 위협 때문이긴 했지만 중국도 한국전쟁을 계기로 지정학적 경쟁에서 나름으로 이득을 추구했다. 중국은 유엔 가입 문제에서 프랑스의 협력을 얻으려고 베트남 호찌민 정권에 미온적 태도를 취하던 것을 철회하고 군사 지원을 본격화했고 중국군이 압록강을 건너기 직전에는 병력 4만 명을 동원해 티베트를 침공했다.

중국이 전쟁에 개입하면서 북한군의 작전통제권은 중국군으로 넘어갔다. 남한군 통제권이 미군으로 넘어간 것과 마찬가지였다. 한국전쟁 연구자인 캐스린 웨더스비가 쓰길, 중국군 총사령관 펑더화이는 김일성에게 "이 전쟁은 나와 맥아더의 전쟁이므로 당신은 개입할 여지가 없다"고 대놓고 말했다.[51]

김일성이 중국군을 자신이 지휘하겠다고 주장할 수 있는 처지도 아니었다. 압록강을 건넌 펑더화이가 김일성을 찾아갔을 때 김일성은 그에게 북한군의 상황을 실토했다. "이것은 누구에게도 말하지 않은 건데 우리는 지금 3개 사단 병력을 보유하고 있을 뿐입니다."[52] 사실상 중국군이 전투의 주력이 될 수밖에 없었다.

중국군이 개입하자 미군은 다시 후퇴했고 전선은 이제 전쟁을 시작했던 곳으로 되돌아왔다. 그 뒤 거의 2년 동안 38선 부근에서 거의 아무 의미 없는 전투가 계속됐다.

미군은 북한 주민의 사기를 떨어뜨리고 휴전협정을 유리하게 이끌고자 특별히 고안된 대규모 공습을 벌였다. 그 과정에서 북한 곳곳의 농업용 저수지와 댐을 폭파해 농경지와 마을을 물바다로 만들었는데, 가브리엘 콜코는 "1944년과 1945년 사이 네덜란드에서 나치와 같은 족속들만이 그와 같은 야만스런 행동을 계획했었다"고 지적한다.[53]

중국군과 북한군도 손바닥만 한 땅을 차지하려고 수십만 명의 목숨을 희생시켰다.

이 와중에도 남한 지배자들은 국민방위군 예산을 착복해 장정 수만 명을 굶겨 죽이고 얼려 죽였고, 부유층은 전쟁을 이용해 재산을 불리는 데 여념이 없었다.

남한 우익 지배자들은 '조국 통일 완수'를 위해 북한에 핵폭탄을 터뜨려 달라고 미국에 애원했지만 결국 1953년 7월 전쟁은 끝났다. 사실 이미 1951년 2월 즈음에는 어느 쪽도 이 전쟁에서 이길 수 없다는 것이 드러났다. 이를 확인하는 데 무려 2년 반의 시간과 수백만 명의 목숨을 허비한 것이다. 순전히 양 진영 지배자들의 욕심과 자존심 때문에 말이다.

결론

이상의 논의가 보여 줬듯이 한국전쟁은 제국주의 간 경쟁의 산물이고, 이것이 마침내 한국전쟁의 근본적 성격을 규정했다. 한국전쟁의 성격을 내전이나 민족해방전쟁으로 보는 사람들은 전쟁의 원인을 대개 분단 구조를 타파하려는 내부의 통일 의지에서 찾거나, 좌우파 간의 갈등이나 계급 갈등, 좌우 갈등이 물리적 충돌로 표출된 게릴라 전투 등에서 찾으려 한다. 물론 한국전쟁에 내전의 요소가 전혀 없는 것은 아니다. 그러나 이 전쟁은 제국주의 간 경쟁이 압도적으로 그 성격을 좌우했다.

미국이 전쟁에 개입한 이유는 자유나 민주주의와 아무 관계가 없었다. 미국은 동아시아와 나아가 전 세계에서 패권을 강화하려고 전쟁에 뛰어들었다. 미국은 한국전쟁을 통해 NSC-68이 제시한 대규모 군비 증강을 추진할 수 있었고 이를 통해 서방 제국을 확실히 통제할 수 있게 됐다. 소련은 한반도가 미국 봉쇄선의 약점이라고 여겨 이를 파고들었다. 스탈린은 김일성의 통일 전쟁을 이용해 동북아시아-태평양 지역에서 미국을 수세에 몰아넣는 지정학적 전략을 추구했다. 김일성 자신이야 한국전쟁이 통일을 위한 내전이라고 생각했겠지만, 이는 결국 스탈린의 지정학적 전략 안에서만 가능했다. 중국이 한국전쟁에 개입한 이유도 그들의 지정학적 이해관계 때문이었지 사회주의적 대의나 약소민족 자결권을 존중해서가 아니었다. 신생 중국의 지배자들은 초강대국 미국에 맞섰다는 것만으로도 국제 정치에서 그 존재감을 확실히 획득했다.

그 밖에도 다음과 같은 사실을 볼 때 한국전쟁을 주로 내전이나 민족해방전쟁이라고 볼 수는 없다.

첫째, 김일성이 전쟁을 일으키는 데 결정적 변수로 작용한 것은 국내적 요인이 아니라 국제 정세의 변화였다. 스탈린은 동아시아에서 제국주의 간 세력 균형 변화로 유동적인 상황이 조성됐으므로 전쟁을 승인했는데, 김일성은 스탈린의 승인 없이는 전쟁을 시작할 수 없었을 것이다. 이승만은 미국의 지원과 승인이 없어서 통일 전쟁을 벌이지 못하고 있었다. 이런 요인들이 작용해 시작된 전쟁을 미제의 압제에 시달리는 남한 민중을 해방시키려 한 민족해방전쟁으로 보기는 어렵다. 게다가 분단 자체가 제국주의 열강 간 경쟁과 적대의 산물이었고, 당시 남과 북의 경쟁은 양대 열강의 냉전 경쟁 논리를 충실히 따르고 있었다. 사실 제국주의에 대한 의존이라는 측면에서는 김일성이 이승만보다 낫다고 볼 근거가 별로 없다.

둘째, 군사적 측면에서도 소련의 사전 개입을 과소평가할 수 없다. 소련은 북한에 상당한 무기를 제공했다. 이는 미국과 싸우기에는 역부족이었지만, 남북 간 군사력 균형을 일거에 무너뜨리기에는 충분했다. 북한군의 남침 작전 계획을 세운 것도 소련 군사고문단이었다. 스탈린은 제2차세계대전의 영웅이었던 바실리예프 장군을 특파해 북한군 침공 작전을 수립하게 했다(이는 스탈린이 북한의 성공에 큰 기대를 걸었음을 보여 준다).

셋째, 중국의 사전 지원도 간과할 수 없다. 중국은 한국전쟁 발발 전에 국공 내전에 참가한 중공군 소속 조선인 병사들을 북한에 보내 줬다. 이들은 북한 인민군의 주력 사단으로 편제됐다. 브루스 커밍스는 북한이 1947년 초 북한군 수만 명을 중국에 파견했고 이들이 중국 혁명 성공 후 북한으로 귀환했다고 보지만,[54] 이들은 북한 인민군 소속이 아니라 중국 거주 조선인 병사들이었다. "전쟁 발발시 전쟁 수행 주력 집단인 인민군 전선사령부 산하 7개 사단 중 5·6·12 사단과 4사단 18연대가 국공 내전 참전 부대"였다.[55] 즉, 북한이 최초로 남한 침공에 동원한 주력군의 절반에 가까운 병력이 중국 거주 조선인 병사들이었던 것이다.

넷째, 군사적 측면에서도 3년 남짓 되는 한국전쟁 기간의 대부분은 미군과 중국군 그리고 부분적으로 소련군 사이의 싸움이었다.

다섯째, 전쟁 직전 남한에서 게릴라 투쟁은 거의 소멸 단계였다. 김일성도 남한 체제를 내부에서 전복하는 게 이미 불가능하다고 생각했고 소련의 군사 지원을 받는 전쟁으로 통일을 이루려 했다.

여섯째, 남북 정권 간의 투쟁이 계급투쟁의 연장이었던 것도 아니다. 스탈린주의 전통의 좌파는 북한 국가는 어쨌든 노동자 국가인 반면 남한 국가는 자본주의 국가라고 보지만, 둘 다 계급 착취를 바탕으로 한 자본주의 사회였다. 앞에서 살펴봤듯이 이들이 서로 상대방 영토를 점령해서 펼친 정책은 어느 한쪽이 질적으로 우월하다고 할 수 없었다.

요컨대, 한국전쟁은 사회주의자들이 어느 한쪽을 지지할 수 없는 제국주의 열강 간의 세력권 다툼이었다. 이것이 기회주의적 양비론을 뜻하는 것은 아니다. 남한의 혁명적 좌파는 전쟁 상황에 직면해 북한과 소련·중국을 정치적으로 지지하지 않은 채 남한 지배자들과 미국의 전쟁 노력에 대항해 정치적·군사적으로 싸워야 했을 것이다. 레닌이 말한 '혁명적 패전주의' 전술인 것이다.

일부 좌파는 양대 세력 어느 쪽도 지지하지 않는다는 '국제사회주의경향IST'의 태도를 "지배계급의 광기어린 마녀사냥을 피할 수 있는 안전한 장소"로 도피하려는 것이라고 비난하는데,[56] 이는 이런 혁명적 패전주의 전술의 기초 개념도 모르거나 악의적으로 왜곡한 결과다. 안타깝게도 한국전쟁 와중에 이런 국제주의적·혁명적 전술의 구현자는 없었다. 그래서 한국전쟁은 남북한 민중 모두에게 그저 상처로, 무의미한 '사변'이나 '동란' 따위로 남아 있다.

미국과 중국이 정전협정을 추진한다는 소식이 들려 왔을 때 어느 보수 성향의 남한군 하급 장교는 일기에 다음과 같이 썼다.

> 6·25사변이라고도 부르고 한국전쟁이라고도 부르는 이 전쟁은 우리들의 싸움인 동시에 강대국들의 전쟁이다. 아니 우리들은 강대국 간의 대리전을 치렀다. 우리들은 용병이고 총탄받이였다. 우리들은 수백만의 동포를 죽인 죄인이며 바보 천치 못난 것들이다. 입이 백 개라도 변명할 길이 없다. 무슨 까닭에 피를 흘리고 무슨 까닭에 죽었는가 하는 의문이 뇌리에서 사라지지 않는다.[57]

3장
4·19에서 10·26까지 — 노동계급이 전진을 준비하다

4·19 혁명 —
냉전 독재 체제에 대한 저항은 가능하다

한규한

1950년대 말부터 시작된 원조 경제 위기는 심각한 사회적 불안정을 낳았다. 노동자와 농민의 빈곤이 심화됐고 도시는 실업의 바다였다. 학생들은 급속하게 늘어났지만 미래는 불투명했다. 이승만은 1960년 3월 15일 대통령 선거에서 자신의 독재를 연장하는 것으로 위기에 대처하려 했고, 그 결과 전례 없는 부정선거가 판을 치게 됐다.

내무부 장관 최인규는 이미 1959년 11월에 부정투표 계획을 세웠다. "법은 나중이니 우선 당선시켜 놓고 봐야 한다"는 것이었다. 이에 따라 '4할 사전 투표'와* '공개투표' 등 온갖 부정이 자행됐다. 부

출처: 격주간 〈다함께〉 59호(2005. 7. 6).

* 유권자의 40퍼센트를 자유당 지지표로 조작해 투표 전에 미리 무더기로 투표함에 넣어 두는 것.

정선거를 이행하는 데 방해물이 있으면 "유혈을 불사"해서라도 제거해야 했다. 테러가 난무했다. 야당은 항의했지만 이승만 정부의 대답은 "백주의 테러는 테러가 아니다"였다.

부정선거에 대한 최초의 저항은 2월 28일 고등학생의 시위였다. 경북고등학교 학생 800명이 거리로 나섰다. 이 시위를 계기로 전국적인 항의가 불붙기 시작했다.

개표 결과는 한 편의 웃기지 않은 코미디였다. 예를 들어, 군대의 개표 결과는 유권자의 120퍼센트가 이승만에게 투표한 것으로 나왔다. 그래서 이승만은 전국적으로 득표율을 자신은 80퍼센트, 이기붕은 70퍼센트로 하향 조정하라는 지침을 내렸다.

부정선거에 대한 항의는 3월 15일 마산에서 정점에 이르렀다. 경찰은 시위대에 발포했다. 부통령 당선자 이기붕은 "총은 쏘라고 준 것"이라며 강경 대응을 합리화했다. 경찰의 발포로 7명이 사망하고 870여 명이 부상했다. 분노한 시민들은 자유당사, 서울신문 지국, 파출소 등을 파괴했다.

경찰은 마산 시위를 "공산당 지하조직의 폭동"으로 조작했다. 심지어 경찰은 "인민공화국 만세"라고 쓰인 전단을 시위 도중 사망한 학생들의 주머니에 집어넣기도 했다. 이승만 정부는 내무부 장관 최인규와 치안국장 이강학을 해임하는 것으로 사태를 무마하려 했고 시위는 잠시 소강국면으로 접어들었다.

그러나 4월 11일 마산 앞바다에서 16세 고등학생의 시신이 떠올랐다. 그의 눈에는 최루탄이 꽂혀 있었다. 그 최루탄은 비무장 시위대

4·19 혁명 당시 내무부 앞 연좌시위.

에는 발포가 금지돼 있었다.

시민들의 분노가 다시 폭발했다. 그날 밤 시위대 3만여 명이 시청과 경찰서를 습격했다. 정부 여당과 관계있는 모든 기관과 개인의 집이 공격받았다. 시위 군중이 15만 명에 이르렀을 때 시위대는 이승만 정권 퇴진 요구를 내걸었다.

그러자 이제껏 움직이지 않던 서울의 대학생들이 시위에 동참했다. 4월 18일 고려대생이 거리로 나서자 이승만 정권은 정치 깡패를 동원해 시위대를 습격했다. 이 사건으로 다른 학생들도 분노했다. 다음 날인 19일 서울 시내 전역에 10만 명이 넘는 군중이 모였다. 당황한 이승만은 시위대에 발포하라고 지시했지만 이것은 시위대의 분노에 기름을 붓는 격이었다.

그러나 이승만은 이 시위가 대중적 불만이 폭발한 결과가 아니라 "장면 [전] 부통령과 천주교 노기남 주교의 공작"으로 "천주교의 영향력을 확대하려는 것"이라고 말할 정도로 사태 파악에 둔감했다.

정부의 계엄령 선포에도 항의 운동은 전국적으로 지속됐다. 4월 23일 이승만은 결국 자유당 총재를 사임하고 이기붕을 부통령직에서 물러나게 했고 4월 19일 시위 관련 연행자를 대부분 석방하는 양보 조치를 취했지만 이미 때는 늦었다.

4월 26일 10만 명이 모인 시위에는 수송초등학교 학생들까지 "국군 아저씨들, 부모 형제에게 총부리를 대지 말라"는 펼침막을 들고 거리로 나섰다. 계엄사령관 송요찬조차 4·19 시위 "희생자는 나라의 보배"라며 대세가 기울었음을 인정해야만 했다.

미국은 3월 마산 시위에서는 한국군이 출동해 '질서를 유지'하는 것을 승인해 줬지만 더는 이승만의 지배 방식을 신뢰할 수가 없었다. 자칫 잘못하면 혁명이 더욱 급진적으로 발전할 위험이 있었다. 미국 중앙정보국CIA 책임자 피어 드 실바는 이승만 정부에게 "2시간 안에 총사퇴를 하지 않으면 당신들 모두 죽게 될 것"이라고 경고해야만 했다.

결국 4월 27일 이승만은 대통령직에서 물러날 수밖에 없었다. 사람들은 이승만의 동상을 끌어내렸다. 이승만 정부에서 온갖 세도를 부리던 이기붕 일가는 집단 자살했다.

박현채가 "진정한 혁명이 필요한 객관적 상황이었으나 혁명을 추진할 참모부는 존재하지 않았"다고 했듯이 4·19 혁명의 전 과정은 자생적이었다. 4·19 혁명은 "학원을 정치적 도구로 이용하지 말라"는 고등학생들의 소박한 시위에서 출발해 대학생에게로 확대됐다. 그리고 나중에는 주로 하층 노동계급이 주력이었다. 예컨대 4월 19~26일에 186명이 사망하고 6259명이 다쳤는데, 사망자 중 61명이 하층 노동자였고 고등학생이 36명, 실직자가 33명, 대학생이 22명이었다.

농민들을 제외하면 4·19 혁명은 민중운동을 활성화하고 급진화했다. 농민들은 비참하고 빈곤한 상황에도 불구하고 4·19 혁명 기간에 거의 아무런 움직임을 보여 주지 않았다. 이후 한국 사회의 변화를 누가 주도하게 될 지를 미리 보여 준 것이다.

4·19 혁명의 도화선 구실을 한 학생들은 이승만 정부 퇴진 외에도 "기성 정치인은 물러가라"는 구호를 외치기도 했다. 부패하고 권위적인 기성 체제에 대한 불신의 표현이었다.

이런 요구는 이승만이 퇴진한 후 학원 민주화 투쟁으로 이어졌다. 서울대·고려대·성균관대 등의 대학에서는 어용 교수 퇴진 투쟁이 벌어졌고 학도호국단 대신 자주적인 학생회가 들어섰다. 그리고 민주당이 보인 부패와 무능 때문에 일부 학생 그룹은 정치적으로 훨씬 급진화하기 시작했다.

이승만 독재가 붕괴하자 한국전쟁 이후 가장 극심하게 억눌려 있던 계급인 노동자들이 진출하기 시작했다. 파업과 쟁의가 급격히 늘어났다. 쟁의 건수는 1961년 4~5월에만 282건에 이르렀는데, 이는 1953~1959년의 연평균 41건의 7배에 달하는 것이다. 파업은 택시·은행·부두·철도·통신 등에 걸쳐 전국적으로 확산됐다. 노동조합은 1959년의 588개에서 1960년에는 914개로 64퍼센트 증가했다. 기존의 어용 노조를 민주화하기 위한 투쟁도 분출했다.

특히 사무직 노동자의 성장이 두드러졌다. 사무직 노동자들은 매우 빨리 전국적인 조직을 갖춰 나갔다. 교원노조, 연합신문노조, 전국은행노조연합회, 부산지구신문방송노조연합회 등이 만들어졌다. 이 중 교원노조는 4·19 이후 장면 정부의 개혁 후퇴에 맞서 다른 어떤 세력보다 급진적인 저항을 주도했다.

한편 4·19 혁명으로 극심한 반공 체제에 도전하며 통일 문제에서 전향적인 자세를 취하는 운동이 출현했다. 기존의 북진 통일론에 맞서는 중립화 통일 방안 등이 그것이다. "가라 북으로! 오라 남으로! 만나자 판문점에서!"라는 유명한 구호는 이때 나왔다.

이것은 한편 완전히 종속돼 있었던 당시 남한 경제에 대한 비판이기도 했다. 당시 급진적인 지식인과 학생은 자립적 경제 발전을 원했고 이는 종종 반미 구호를 통해 표현되기도 했다. 즉, 반제국주의적 주장이 등장하기 시작했다.

장면 민주당 정부의 무능에서도 4·19 혁명의 교훈을 얻을 수 있다. 민주당은 4·19 혁명 과정에서 무임승차해 정권을 잡았지만 혁명의 전진을 가로막는 구실을 했다. 이들은 "혁명 과업이 완수됐으니 학생들은 학원으로 돌아가라"고 외치기 시작했다. 또 장면은 국가보안법을 개정할 것처럼 하더니 오히려 데모규제법과 반공법을 도입해서 민중운동을 탄압했다.

이 사실은 트로츠키가 제시한 연속혁명의 과제가 당시 남한에 정확히 적용될 수 있음을 보여 준다. 즉, 다른 후발 자본주의 국가에서처럼 한국에서도 자유주의적 부르주아지는 부르주아 민주주의의 과제를 수행하기에도 너무나 소심하고 무능력했다. 이것은 당시 성장하던 노동계급의 투쟁으로 달성해야 했다.

브루스 커밍스는 당시 남한 사회를 다음과 같이 묘사한다. "서울의 지배 집단의 등골을 오싹하게 하는 시련이, 전쟁 전의 시기를 상기시키는 시련이 시작되었으니, 그것은 다름 아닌 명백한 좌경화 경향이었다."

1961년 2월 주한미군원조사절단USOM 부단장 휴 팔리는 다음과 같이 말했다. "장면 정부가 이대로 4월을 넘기기는 어려울 것"이며 "공산혁명 혹은 이와 비슷한 극단적 사태가 일어날지 모른다." 박정희는 이 '극단적 사태'를 반동 쿠데타로 차단했다.

5·16 쿠데타 —
억압적 근대화 프로젝트의 시작

한규한

"땀을 흘려라! 돌아가는 기계 소리를 노래로 듣고 2등 객차에서 불란서 시집을 읽는 소녀야. 나는, 고운 네 손이 밉더라." 이것은 1963년 박정희가 《국가와 혁명과 나》에서 쓴 시다. 그리고 이어서 "고운 손"을 가진 "전체 국민의 1퍼센트 내외의 저 특권지배층 … 에 대하여 증오의 탄환을 발사하여 주자"고 말한다.

이 시에서도 드러나듯이 박정희의 군사 쿠데타는 단순히 민주주의에 대한 반동이었던 것만은 아니었다. 1961년 5월 16일의 군사 쿠데타는 4·19 혁명과 연속적인 측면과 단절적인 측면이 동시에 있었다.

연속적인 측면은 4·19 혁명이 제기한 과제 중 하나인 '자립 경제의

출처: 격주간 <다함께> 60호(2005. 7. 20).

발전'을 추진하려 했던 점이다. 물론 그 과정은 위로부터 폭압적이고 권위주의적인 방식을 통해 반동적으로 이뤄졌다.

박정희가 쿠데타를 모의하고 있다는 사실은 '공공연한 비밀'조차 아니었다. 데이비드 콩드가 전하듯이 "시중의 다방 등에서는 모종의 군사 쿠데타에 대한 소문이 심상치 않게 나돌고 있었다." 쿠데타 행동 개시 5시간 전에 이미 정보가 누설되고 있었다. 더는 시간을 지체할 수가 없다고 판단한 박정희는 '거사'를 감행했다.

그는 해병대를 비롯해 3500명의 병력으로 쿠데타에 돌입했다. 그러나 쿠데타는 거의 아무런 저항도 받지 않았다. 총리 장면은 혜화동의 카르멜 수도원으로 피신한 채 두문불출했다.

박세길은 이 쿠데타가 '미국의 사주와 음모'로 발생한 것처럼 묘사한다. 그러나 이것이 사실인지는 불확실하고, 이런 견해를 따르면 사태를 일면적으로 보게 될 수 있다. 어쨌든 미국은 장면 정권이 사태를 해결할 능력이 없음이 분명해지자 사실상 쿠데타를 방조했고 나중에는 승인했다.

일부 자유주의자들은 국민들이 장면 정권에 너무 많은 것을 요구해서 군부 쿠데타가 일어났다고 주장한다. 그러나 당시 집권한 자유주의자들의 행태를 봤을 때 이것은 책임을 엉뚱한 데로 돌리는 주장이다.

장면과 권력투쟁을 벌이던 민주당 구파의 대통령 윤보선은 미군의 쿠데타군 진압 제안을 거부하고 쿠데타를 옹호했다. 어처구니없게도 그는 이 쿠데타로 장면이 밀려나면 자신에게 더 많은 권력을 집중할 수 있을 거라고 생각했다. 그래서 지방의 신민당사에서는 "이제는 우리 세상이 되었다"고 좋아하며 만세를 부르기까지 했다.

진정한 문제는 민중이 너무 많은 것을 요구한 게 아니라, 장면 정권이 민중의 변화 염원을 배신한 것이다. 비슷한 사례로는 자신을 지지한 민중의 개혁 요구를 배신하면서 지지 기반을 상실해 결국 의회 쿠데타에 직면했던 노무현이 있다.

민주당 정권은 4·19 혁명의 주요 요구였던 부정 축재자 처벌을 회피했다. 당시 부정 축재자 처벌 요구는 사실상 자본가계급 전체를 겨냥했다. 자본가 중 원조 경제에 기생해서 귀속재산 불하 등 각종 특혜를 받지 않은 자가 없었기 때문이다. 그래서 자본가들은 "북한 괴뢰에 이익을 주는 부정 축재 처리가 되지 않도록" 민주당 정부에 압력을 넣었다.

이후 민주당 정부는 처벌은커녕 그들과 한 몸뚱이가 됐다. 그들은 7월 29일의 총선과 총리 인준 과정에서 부정 축재자들에게서 막대한 정치자금을 받았고 그 대가로 부정 축재자들에게 막대한 규모의 은행 융자를 허용했다. 또 이승만 정권의 3월 부정선거를 주도하고 시위대를 학살한 책임자들에 대한 처벌에도 미온적이어서 혁명 참가자들의 분노를 샀다.

그렇다고 해서 이 정권이 민중의 삶을 개선한 것도 아니었다. 당시 경제성장률은 1958년 5.5퍼센트에서 1960년 1.1퍼센트로 계속 하락하고 있었다. 민중은 극심한 빈곤에 시달리고 있었다. 1960년에는 완전실업자가 250만 명, 농촌의 잠재실업자 200만 명 등 약 450만 명의 실업자가 있었는데, 이는 전체 노동인구의 45퍼센트에 달하는 수치였다.

전체 농가의 74퍼센트가 빚에 시달리고 있었다. 제조업 부문 노동자의 실질임금은 1960년에서 1962년 사이에 줄고 있었다. 당시 1인당 실질소득이 겨우 80달러 정도였다는 점을 감안하면, 이 이상의 소득 감소가 무엇을 뜻하는지는 분명했다.

민중이 급진화할 만도 했다. 예를 들어, 혁신계가 주도한 1961년 3월 22일 시위에서는 "장면 정권 타도하자", "미국 놈들 물러가라", "반공보다 빵을 달라", "반공보다 직장을 달라"는 구호가 등장했다.

쿠데타 직전 일부 학생 집단과 혁신 세력은 통일 운동으로 전환하게 됐는데, 이 역시 자립적 민족경제의 수립만이 경제적 파탄을 해결할 수 있는 길이라고 생각해서였다. 당시 남한보다 먼저 '민족 자립경제 수립'에 착수한 북한의 국민총생산이 325달러로 남한의 3.5배에 달했던 점을 보면 이해할 만한 주장이었다.

쿠데타가 발생했을 때 장면 정부를 위해 피를 흘리려 한 사람들은 아무도 없었을 정도로 민주당 정권에 대한 환멸과 배신감은 극에 달했다.

한편, 4·19 혁명에 주도적으로 참가한 사람들은 대체로 쿠데타를 조용히 관망하고 있었고, 이 쿠데타의 성격이 무엇인지 혼란스러워했다. 미국 방첩대CIC의 보고를 보면 서울대 학생들의 군사 쿠데타 찬반 여부는 50대 50이었다.

오늘날 비판적 지식인으로 널리 알려진 리영희는 쿠데타에 대해 다음과 같이 말했다. "나는 군인 통치 하에서 정치적 팟쇼화의 경향을 걱정하면서, 사회경제적으로 '구악舊惡'이 매질당하는 것에 대한 후련함이 뒤섞인 평가 때문에 흔들리고 있었다."

일부는 쿠데타를 지지했다. 유신 체제하에서 반정부 지식인으로 알려진 장준하는 당시 군사 쿠데타를 "부패와 무능과 무질서 … 를 타파하[는] … 민족주의적 군사혁명"이라고 평가했다. 좌파로 분류될 수 있는 일부 혁신 계열의 반응도 비슷했다. 혁신 계열의 대표적 신문 <민족일보>는 "이 획기적인 군사위원회의 혁명 과업 수행에 더 많은 영광 있기를 바"랐고, 5월 23일 서울대 총학생회는 군사 쿠데타를 지지하는 성명을 발표하기도 했다.

이들이 이런 혼란된 반응을 보인 것은 심각한 오류였지만 이상한 일은 아니었다. 1950년대 제3세계에서 군부 내 소장 그룹들이 쿠데타를 일으켜 민족주의적이고 개혁적인 경제 발전을 도모하는 것이 유행이었기 때문이다. 이집트의 나세르, 미얀마의 네 윈 등의 쿠데타가 대표적이었다. 혁신 계열은 민족 자립 경제 요구가 박정희의 쿠데타에 의해 수용될 것이라고 생각했다. 박정희의 '좌익' 경력이 이런 환상을 부채질했고, 이 때문에 한때 미국도 박정희를 의심했다. 박정희도 말로는 자신의 쿠데타를 4·19 혁명의 연장선에 놓으려 했다. 그래야 4·19 혁명에 참가한 사람들에게서 지지를 얻을 수 있기 때문이었다.

군사 정부는 깡패들을 "참회"시켜 거리를 행진하게 하기도 했고, "국가 재건에 총력을 기울여야 할 사람들이 대낮에 춤을 춘 것은 용서할 수 없다"며 댄스홀에서 춤을 추던 남녀들을 체포하는 등 포퓰

리즘적 조치를 취하기도 했다.

주요 기업인 17명을 체포해 그 가운데 10여 명에게 전 재산을 국가에 헌납하겠다는 각서를 받아 냈다. 또 농민이 진 빚 중 연리 2할 이상의 고리채 일체에 대해 채권 행사를 일시 정지시키는 농어촌 고리채 정리 방안을 발표했다.

그러나 박정희의 쿠데타는 4·19 혁명의 단순한 연장이 아니었다. 그것은 위로부터의 급속한 자본축적을 위해 아래로부터 근대화(노동자들의 연속혁명) 프로젝트의 가능성을 반동적으로 차단하려 했다.

박정희는 쿠데타 당일 아침 "즉시 용공 세력 분자를 색출하라"는 지침을 내렸다. 이틀 만에 930명에 달하는 활동가들과 혁신 세력들이 검거됐다. 검거는 계속돼 며칠 사이에 모두 4000여 명에 이르렀고 〈민족일보〉 사장 조용수가 처형당했다.

박정희는 미국의 승인을 받기 위해 자신이 반공주의자임을 끊임없이 강조하고 실천했다. 한국노동조합연맹이 강제 해체되고 준準국가기구인 한국노동조합총연맹으로 개조됐다. 중앙정보부를 창설해 비밀경찰을 통해 지배하는 독재 정권의 기초를 마련했다. 재건국민운동본부를 설치해 국가 통제주의적 '인간 개조 운동'을 펼치기도 했다.

쿠데타 주도 세력의 71퍼센트가 중하층 농민 출신이었지만, 그들은 쿠데타로 정권을 잡은 즉시 자신을 지배계급으로 만들었다. 그것도 가장 잔인하고 위선적인 모습으로 말이다.

박정희 개발독재와 남한 자본주의

4·19 이전의 남한 경제

한국전쟁이 끝난 뒤 1950년대의 남한 경제는 귀속재산의 불하와 농지개혁 그리고 미국의 원조를 통해 생산 기반을 마련했다.

일본인이 소유하고 있던 재산이 미군정의 재산으로 '귀속'된 것은 해방 직후였다. 귀속재산은 토지·공장·건물·주택·채권·금·은 등 29만 4176건에 이르렀는데, 그 가운데 부동산의 비율이 가장 높았다. 공장의 경우에는 식품·화학·기계·섬유 등이었는데, 경공업이 대부분이었다. 미군정이 옛 일본인 재산을 접수하는 과정은, 해방 이후 공장 자주관리 운동을 벌여 온 노동자들의 공장위원회를 파괴하면서 진

출처: 《사회주의 평론》 10호(1996년 7~8월).

행됐다.

귀속재산은 미군정기와 이승만 정권기에 나뉘어 불하됐다. 불하 방식은 '국공유화심사위원회'의 심사를 받은 사람들을 대상으로 공개 입찰을 하는 것이 원칙이었다. 그러나 정부는 불하받을 기업인의 경영 능력보다는 그의 사상이 온건한지, 정부에 순종적인지 등을 우선으로 고려했다. 이 조건을 만족시킬 경우 정상 가격의 40~50퍼센트만 내고서 불하받을 수 있었다. 때로는 그것마저 최고 15년 동안 장기 분할 상환할 수 있었다. 남한의 재벌 자본은 바로 이 과정에서 중요한 기초를 마련했다.

농지개혁은 식민지의 잔재를 청산하고 공업화의 조건을 만드는 것뿐 아니라, 당시 농민의 80퍼센트를 차지하고 있던 소작농을 체제 안으로 포섭하려는 목적이 있었다. 1946년부터 시작된 북한의 토지개혁과 전농의 활동도 미군정이 농지개혁을 서두르도록 만들었다. 아울러 농지개혁은 야당인 한민당(지주들의 당)의 경제적 기반을 제거하는 의미도 있었다.

그러나 유상몰수·유상분배의 원칙으로 진행된 남한의 농지개혁은 불철저하고 문제도 많았다. 우선, 일본인이 소유하고 있던 귀속농지는 거의 분배가 됐지만 한국인 지주들의 소작지는 분배 실적이 저조했다. 그들의 저항이 컸기 때문이다. 또한 땅을 분배받는 농민의 경제적 부담도 농지개혁이 지지부진하게 된 하나의 이유였다. 농민들은 땅을 분배받는 대가로 연간 수확량의 30퍼센트를 5년 동안 꼬박꼬박 내야 했다. 이것은 이전의 지주 밑에서 해마다 수확량의 50~60퍼센트를 소작료로 내야 했던 것과 별 차이가 없었다. 그 때문에 소작농의 상당수가 땅을 분배받지 못하고 산업 노동자가 됐다.

1950년대를 "원조경제의 시기"라고 부를 만큼 미국의 원조는 당시 남한 경제의 가장 중요한 요소였다. 남한의 재정에서 외국의 원조가 차지하는 비중은 1954년 30퍼센트, 1955년 44.3퍼센트, 1957년 52.9퍼센트, 1958년 51.5퍼센트였다. 원조는 문경시멘트, 인천유리, 충주비료 등의 공장과 철도, 발전소 등의 기간 시설을 만드는 동력이 됐다.

원조받은 자금과 물자를 공급하는 주체는 정부였다. 따라서 당시 사적 자본가들의 축적은 정부 관리와의 결탁을 통해 특혜 배분을 얼마나 잘 따내는지에 달려 있었다. 이런 축적 패턴 때문에 당시의 경쟁력 있는 산업자본은 자금과 물자의 독점을 통해 쉽게 재벌이 되는 경향이 있었다. 주로 그 분야는 삼백(제분, 면방, 제당) 공업, 제지, 시멘트, 타이어, 유리, 비료화학 등 생활 필수품과 소비재 생산이 중심이었다. 이병철이 부산에 제일제당(1953년)과 대구에 제일모직(1954년)을 세우고 현대와 럭키금성이 각각 건설과 화학으로 사업의 토대를 닦은 것도 바로 이 시기였다.

원조에 바탕을 두고 성장을 계속해 나가던 남한 경제가 최초로 위기에 부딪힌 것은 1950년대 말이었다. 미국이 원조 정책을 바꾼 것이 가장 큰 원인이었다. 그리고 국내 시장이 매우 협소한데도 원조 물자를 많이 배정받기 위해서 자본가들이 경쟁적으로 중복·과잉 투자를 해 온 것도 하나의 요인이었다.

미국의 원조 정책이 변화한 것은 1950년대 말의 국제 상황과 미국의 경제 위기 때문이었다. 마셜플랜을 통해 미국의 집중적인 지원을 받았던 유럽 국가들과 일본이 제2차세계대전 이전 수준의 경쟁력을 회복하면서 미국의 국제수지가 압박받기 시작했다. 그러자 미국은 1957년에 개방대부기금을 설치해 원조 액수를 줄이고 그동안 무상으로 제공하던 것을 유상 원조나 차관으로 전환했다. 그 결과 남한으로 들어오는 미국의 원조액이 1958년부터 급격히 줄어들었고, 미국의 원조에 절대적으로 의존했던 남한 경제는 위기에 직면했다.

물자와 자금이 만성으로 부족해졌고 경제성장률도 1957년 8.7퍼센트에서 1959년 5.2퍼센트, 1960년 2.3퍼센트로 떨어졌다. 물가지수는 1958년 143퍼센트, 1959년 146.7퍼센트, 1960년 162.5퍼센트 수준까지 상승했고, 실업률은 1960년에 8.2퍼센트나 됐다. 이에 따라 무엇보다 노동자계급의 생활수준이 형편없이 떨어졌다. 이와 같은 국내 경제의 침체와 노동자들의 빈곤, 이승만 정권의 부정부패가 4·19 혁명의 배경이 됐다.

4·19와 민주당 정권

1960년 3·15 부정선거를 계기로 광범하게 벌어진 반독재 투쟁은 다양한 사회 세력의 불만을 흡수하면서 4·19 혁명으로 발전했다.

4·19 혁명의 주된 요구는 부패한 이승만 정권의 퇴진과 자립 경제의 실현(민족 자본의 회복, 기업 자유주의 실현, 미국과의 불평등한 관계 개선 등으로 표현됐다)이었다. 물론 이와 더불어 임금 인상과 교원노조 설립, 한국전쟁 때의 양민 학살 규명, 민족 통일 등의 요구가 제기됐다.

그러나 이승만이 물러난 뒤 정권을 이어받은 장면 정부는 4·19 혁명을 계승할 의지도 능력도 없었다. 그들은 제국주의의 지배나 독재 정권보다도 노동자 투쟁을 더 두려워하는 후발국 부르주아지의 소심함과 무기력을 그대로 보여 줬다.

처음에 민주당은 관권 경제의 독소 제거, 대중 생활의 긴급 과제 해결, 복지사회를 위한 노동자의 대우 개선 등을 선거공약으로 내세웠다. 그러나 5·16 쿠데타가 일어날 때까지 약 10개월 동안 민주당 정부가 실질적으로 개선한 것은 아무것도 없었다.

특혜와 독점을 배제하기 위해 시작한 '부정 축재 처리' 문제만 해도 이내 용두사미로 끝나 버렸다. 처음부터 민주당은 부정 축재의 범위를 대폭 축소해 탈세 문제로 국한시켰다. 그나마 부정 축재자들에게 1주일 안에 현금 납부를 하도록 권고하거나, 여의치 못한 경우에는 이행 각서로 대처해 주는 것이 방침이었다. 그것조차 한국경제협의회의 반발과 로비로 인해, 1961년 4월에 최종 통과된 법안에서는 그 내용과 대상이 더 축소됐다.

미국에 대한 태도도 이승만 정권 때와 달라진 것이 전혀 없었다. 민주당 정권은 미국의 원조를 더 늘리기 위해서 환율을 인상하고 부진한 기업체를 해산하는 등 미국의 요구를 적극 수용했다. 이것은 소비재가 다수를 이루고 있던 수입품의 가격을 급등하게 만들어 물가가 전반적으로 치솟는 결과를 낳았다. 노동자들의 생활은 점점 더 어려워졌다. 수입 원료에 의존하고 있던 방직·고무·화학·제재 등의 제조업 부문도 원료비에 대한 부담 때문에 생산이 더욱 위축됐다.

민주당이 미국의 원조에 대해 이런 정책을 취한 것은 애초에 그들이 문제로 생각한 것이 원조(에 따른 경제적 종속) 자체가 아니라, 원조의 비효율적 사용과 그로 인한 부의 편중이었기 때문이다. 이 점에서도 민주당 정부와 4·19 혁명을 통해 표출된 대중의 열망 사이에는 큰 차이가 있었다.

게다가 민주당 정권은 대중투쟁에 힘입어 손에 넣게 된 권력을 둘러싸고 신파와 구파로 나뉘어 끊임없는 다툼을 벌였다. 당내 분열은 급기야 구파의 일부가 신민당을 만들어 분당해 나가는 사태로까지 발전했다.

민주당 정권은 9월 이후 통일 운동이 다시 활발해질 조짐이 보이자 "선건설 후통일"이란 구호로 일체의 통일 논의를 억눌렀다. 교원노조와 금융노조 등의 노동운동에 대해서도 강압적인 태도를 취했다. 나아가 민주당은 각 분야에서 계속되는 운동을 탄압하기 위해 이승만 정권 시절의 국가보안법을 변형한 반공법과 데모규제법을 제정했다. 이에 대해 학생과 노동조합, 청년단체 등이 연대해 악법 제정에 반대하는 투쟁을 벌이기도 했다.

민주당은 "못 살겠다 갈아보자"는 선거 구호를 내걸어 정권을 잡았지만 1년도 채 되지 않아 대중으로부터 "갈아 봤자 달라진 게 없다"는 환멸을 받았다. 혁명의 성과가 대중의 손이 아니라 지배계급 야당인 민주당의 손에 쥐어진 순간부터 근본적인 변화는 불가능했다. 물가 상승과 식량난, 저임금, 실업 등 모든 게 이승만 시절 그대로였다. 민주당이 추구한 것은 4·19 혁명을 발전시키는 것이 아니라, 거꾸로 투쟁의 열기를 통제하고 잠재우는 것이었다. 그러나 통일 운동 등 대중운동이 다시 급진화하기 시작하자 민주당은 이 임무조차 효과적으로 수행하지 못하는 것으로 드러났다. 박정희가 소장 군부 세력을 이끌고 쿠데타를 일으킨 것은 이처럼 집권 민주당이 노동자 계급과 자기 계급 모두에게서 불신을 받고 있을 때였다.

5·16과 군사독재의 시작

1961년 박정희와 김종필 등 육사 8기생이 주도한 군부 쿠데타에 대해 민주당 정권은 아무런 저항도 하지 않았다.

정권을 빼앗은 쿠데타 세력은 장도영 육군참모총장을 의장으로 하고 박정희 소장을 부의장으로 하는 '군사혁명위원회'를 곧바로 설치하고 6개 항의 "혁명공약"을 발표했다. '반공 체제 유지', '절망과 기아로 고통받는 민중 구제', '국토 통일을 위해 공산주의와 대결할 수 있는 국가 건설'이 핵심 내용이었다.

쿠데타 세력은 곧 전국에 비상계엄령을 선포하고 민주당 정권의

5·16 군사 쿠데타 당시 군사혁명위원회 위원장 장도영과 부위원장 박정희.

각료들에 대한 체포령을 내렸다. 또 전국의 금융을 동결하고 공항과 항구를 폐쇄했으며 국회와 지방의회를 해산했다. 학술·종교 단체를 뺀 모든 정당과 사회단체의 활동을 금지하는 성명을 발표해 15개 정당과 238개 단체를 해산했다. 교원노조 등의 노동운동과 일체의 쟁의·집회·시위·결사를 봉쇄하고 각종 신문사와 출판 기관을 폐쇄했다. 수많은 정치인, 언론인, 학생, 노조 간부가 체포됐다.

장면 내각은 5월 18일 국무회의를 개최해 5·16 비상계엄 포고를 사후 추인하고 내각 총사퇴를 결의했다. 대통령 윤보선은 전 국민에게 '군사혁명'에 협조할 것을 호소하기도 했다. 이렇게 5·16 쿠데타는 소심한 민주당의 협조까지 받으며 단 3일 만에 모든 합법성을 획득했다.

쿠데타 직후의 여러 가지 개혁은 혁명위원회를 계승한 '국가재건최고회의'가 수행했다. 국가재건최고회의는 제3공화국이 1963년에 출범할 때까지 최고 통치기관으로 군림했는데, 박정희는 최고회의 초대 의장에 취임한 장도영을 2개월도 채 안 돼 (44명의 군 간부와 함께) 반혁명죄로 체포한 뒤, 자신이 의장직을 차지했다. 박정희는 군 내부의 조직체계를 정비하고 권력을 자신에게 집중시키기 위해, 2년 7개월의 군정 기간 동안 이런 '반혁명' 사건을 9건이나 만들어 냈다. 1961년 6월 10일에는 중앙정보부를 창설해 공화당과 다양한 민간 조직(재건국민운동본부, 한국청년회, 한국부인회, 4H클럽, 토지개량조합 등) 설립을 추진하고, 1962년 6월에는 화폐개혁을 통해 정치자금을 확보하려고 했다. 이 모든 것은 정권의 기반을 굳히기 위한 작업이었다.

미국은 5·16 쿠데타를 처음부터 지지하지는 않았다. 그린 주한 미 대사와 맥그루더 주한 미 사령관이 쿠데타 당일에 공동으로 발표한 성명은 오히려 쿠데타에 반대하는 입장이었다. 이때까지만 해도 과연 소장파 군인들의 쿠데타가 성공할지, 그들이 4·19로 표현된 대중의 분노를 제대로 통제하고 미국에 순응할 수 있을지 여부가 불투명했기 때문이다. 그러나 쿠데타 세력이 순식간에 정권을 장악하고 미국에 윤보선 대통령 체제의 유지와 민정 이양을 약속하자 미국은 사흘 만에 입장을 바꿔 5월 19일 군사정권을 지지하는 미 국무부 논평을 냈다. '선부른' 성명을 발표했던 그린은 곧 경질됐다.

미국의 입장이 지지로 선회하자 그동안 쿠데타 세력을 반신반의하던 군부 내 나머지 세력들도 동요를 끝냈다. 5월 23일 3군 참모총장과 해병대 사령관이 국토방위에 전력을 다하겠다는 선서식을 한 것은 모든 군이 '군사혁명'을 지지한다는 증거였다. 그러나 65만 명의 군인 중 단지 3600여 명의 힘으로 서울에 입성한 박정희로서는, 군에 대한 통제력을 완전히 장악하기 위해 경계를 늦출 수가 없었다. 민주당 정권에서 국방 장관을 지낸 이종찬 같은 군 원로를 해외로 전직시키고 쿠데타를 함께 일으킨 세력 가운데 장도영 등의 평안도계와 김동하, 박임항, 박창암 등의 함경도계를 체포한 것도 그 때문이다. 이렇게 박정희와 김종필을 중심으로 재편된 군대는 이후 18년 동안 박정희 독재의 발판이 됐다.

4·19와 5·16의 관계

5·16 쿠데타는 4·19 혁명의 여파를 완전히 봉쇄하는 역할을 했다. 만약 대중운동이 발전한다면 노동자 혁명으로 전화할 수 있는 위험까지 보였기 때문이다.

박정희는 반공법과 국가보안법으로 4·19의 주역들을 모조리 체포했다. 북한의 남침에 협조하고 국내의 혼란을 가중시켰다는 것이 그들의 죄목이었다. 반면에 4·19 당시의 자유당 독재자들에게는 매우 관대해 그들 대부분을 곧 석방했다. 이것은 박정희가 어느 계급의 편인지를 분명하게 보여 줬다.

그런데도 5·16 쿠데타 세력은 자신들이 4·19의 계승자임을 자처했다. 5·16 정권이 초기에 실시한 농어촌 고리채 정리와 부정 축재 처리는 우유부단했던 민주당 정권과 커다란 대조를 이뤘기 때문에 이런 주장을 뒷받침하는 증거로 보이기도 했다. 이 때문에 4·19와 5·16의 관계는 논쟁거리가 돼 왔다.

노동자계급의 입장에서 볼 때 5·16은 4·19 정신의 계승이 아니라 완전한 부정이었다. 4·19가 독재 타도와 자립 경제를 요구하며 아래로부터 일어난 대중투쟁이었다면 5·16은 기존 정권의 무능과 대중의 급진화 사이를 비집고 지배계급의 한 분파가 일으킨 반동 쿠데타였다. 4·19가 민주주의를 뜻했다면 5·16은 군사독재를 뜻했다.

그러나 다른 한편 5·16 정권은 4·19의 동력을 흡수하면서 그 운동이 제기한 요구들 가운데 일부를 위로부터 해결했다. 자립적 자본주의 발전이라는 부르주아 민족주의 요구가 바로 그것이다. 자립 경제는 대중의 바람인 동시에 지배계급의 과제이기도 했다. 자율적인 자본축적의 기틀을 마련하는 것이야말로 산업 발전을 위해 꼭 필요한 조건이었기 때문이다. 물론 박정희 정권이 그것을 해결한 방식은 혁명적인 것이 아니라 부르주아적(=반동적)인 것이었다. 그것은 1930년대 소련의 스탈린이나 제2차세계대전 이후 이집트의 나세르 그리고 1964년 쿠데타로 집권한 브라질의 군사 정권이 산업화를 추진한 방식과 흡사했다.

남한 같은 후진국에서 부르주아 민주주의의 과제는 노동자계급이 연속혁명을 통해 사회주의를 건설할 때만 완전히 해결될 수 있었다. 4·19 혁명은 그 가능성을 보여 줬다. 그러나 지배계급은 이승만을 퇴진시킬 만큼 격렬하게 전개된 투쟁이 체제에 대한 도전으로 발전하는 것을 막아야 했다. 이것이 5·16의 정치적 의미다.

국가 주도의 개발체제 확립

앞서 지적했듯이, 5·16 쿠데타가 일어나기 직전에 경제 상황은 계속 악화되고 있었다. 1960년의 쌀 생산이 전해보다 4퍼센트 줄어들 만큼 흉작이었고 1961년에는 총원조가 1960년보다 19퍼센트 감소했으며, 곡물가격을 좌우하던 양곡의 원조가 전해의 54퍼센트밖에 되지 않았다. 이에 따라 곡물가격이 23.9퍼센트 폭등했고 전국의 도매 물가는 연중 13.3퍼센트가 상승했다. 원조 감소에 따른 정치·사회적 불안까지 겹쳐서 기업의 생산 활동도 위축됐다. 그 결과 1960년 경제성장률은 2.3퍼센트에 그쳤고 1인당 GNP도 0.6퍼센트 감소했다. 1961년에는 경제성장률이 다소 회복되기는 했으나 그것도 겨우 4.2퍼센트 수준이었다.

이처럼 비참한 경제 상황 때문에 많은 사람들은 5·16 군부 세력이 표방한 '참신한' 개혁에 기대를 걸었다. 심지어 진보적 잡지인 《사상계》조차 1961년 6월호 머리말에서 5·16을 "민족주의적 군사혁명"으로 평가했다.

군사정부가 가장 먼저 손을 댄 것은 농어촌 고리채와 부정 축재 문제였다.

박정희는 '농어촌고리채정리법'을 제정해 농어민 채무의 20퍼센트를 국가가 인수하도록 했다. 이전 정권 아래서 매우 지지부진했던 농업 정책과 비교할 때, 이것은 농어민의 부담을 획기적으로 경감해 주는 조치였다. 덕분에 농민층에서 박정희에 대한 지지가 크게 늘어났다.

부정 축재 처리는 1961년 5월 28일 '부정축재처리요강'을 발표한 뒤 즉시 부정축재처리위원회를 만드는 것으로 시작했다. 처리위는 30개 기업에 대해 83억 1000만 환의* 부정 축재를 적발하고 15명의 기업인들을 체포했다. 체포된 사람들은 주로 1950년대에 출현한 재벌 총수들로서 정재호(삼호), 이한원(동아), 이양구(동양), 박홍식(화신), 남궁련(극동) 등이었다. 그러나 이들은 적발된 재산을 국가에 헌납하고 경제개발 계획에 적극 참여할 것을 약속한 뒤 모두 풀려났다. 게다가 부정 축재자의 '왕초'격인 삼성의 이병철은 도쿄에 체류했기 때문에 체포를 모면했다. 그는 그곳에서 처리위 위원장에게 편지를 보내 재산을 헌납할 뜻을 밝혔다.

시간이 흐를수록 정부의 조사 기준은 점점 모호해졌고 최종 상환액도 42억 2800환으로 반감됐다. 부정 축재를 처리하는 방식도 애

---

* 1962년 화폐개혁으로 10환=1원으로 교환됐다.

초의 재산 몰수 방침에서 후퇴해 이병철이 제안한 대로 '투자 명령'으로 바뀌었다. 출소한 자본가들은 이후 전국경제인연합회를 만들어 경제개발 계획에 적극 참여했다.

서슬 퍼렇게 시작된 부정 축재 조사가 이렇게 흐지부지 마무리된 것은 박정희 자신이 재벌을 경제개발의 동반자로 삼을 수밖에 없었기 때문이다. 그리고 대자본의 부패를 뿌리째 도려내려 하다가는 그것과 긴밀히 유착돼 있는 국가의 치부를 드러내야 할지도 모른다는 딜레마도 있었다. 부정부패가 이미 얼마나 깊숙이 스며들어 있었던지, 부정 축재를 조사하는 과정에서 부정축재조사단 내부의 부정이 발각됐을 정도였다. 1963년에 터진 소위 '4대 의혹 사건'도 박정희의 "부패 척결"이 공허한 구호에 지나지 않았다는 것을 증명했다.

부정 축재 처리의 진정한 목적은 오히려 다른 데 있었다. 정치적으로는 농어촌 고리채 청산과 마찬가지로, 대중적 지지를 이끌어 내 군사정권의 정통성을 확보하려는 것이었다. 그리고 경제적으로는 국가가 주도하고 대자본이 이에 협력하는 체제를 확립함으로써 경제개발에 필요한 재원을 조달하려는 것이었다.

1960년대의 산업화 — 수출중심의 고도성장

1962년에 시작된 박정희 정권의 '경제개발 5개년 계획'은 1960년대 이래 경제개발의 기본 축이 됐다. 물론 이것이 남한 정부가 시도한 최초의 경제계획은 아니었다. 1954년에 자유당 정권도 '경제 부흥 5개년 계획'을 작성했는데, 이것은 원조를 획득하고 배분하는 것을 목적으로 하는 수준이었다. 또 1959년 부흥부가 작성한 '경제개발 3개년' 안도 있었으나 4·19로 인해 실행되지 못했다. 장면 정권도 '경제개발 5개년 계획'을 작성했으나 5·16으로 말미암아 역시 실행하지는 못했다.

박정희는 경제개발 계획을 내놓으면서 "모든 사회·경제적 악순환을 과감히 시정하고 자립 경제의 달성을 위한 기반을 구축"하는 것이 기본 목표라고 밝혔다. 그리고 '지도받는 자본주의'라는 슬로건을 통해 경제개발을 수행하는 주체가 국가라는 것을 분명히 했다. 1961년 7월에 경제기획원을 설립해 "경제계획의 수립, 장기 경제정책의 조정, 대외 경제협력 강화를 통한 외자 확보, 국가재정의 효율적 운영 등 경제 행정의 중추 역할"을 맡도록 한 것도 국가의 통제 속에 자본축적을 하기 위한 것이었다. 1963년부터는 경제기획원 장관이 아예 부총리를 겸임하기 시작했다.

박정희 정부는 금융정책과 산업 정책을 총괄하며 민간 자본을 육성·지원했고, 이에 결합해 국영기업을 설립했다. 공기업들은 주로 사적 자본이 진출하기 어려운 자본집약적 기간산업을 맡았다. 부정 축재를 처리하는 과정에서는 시중은행을 환수해 정부 스스로 은행의 소유자가 되는가 하면, 각종 특수은행을 직접 신설하기도 했다. 또 1962년에는 한국은행법을 개정해 금융정책의 기능을 중앙은행에서 정부로 이관시킴으로써 신용의 배분권을 정부의 손에 넣었다. 그 결과 1960년대 금융기관의 대출 총액 가운데 정책금융이 차지하는 비율이 60퍼센트도 넘었고 나머지 일반 금융도 정부의 지시에 따라 대출 여부가 좌우됐다. 말 그대로 관치금융의 시대였다.

경제개발 계획이 진행됨에 따라 정부는 재정 규모를 크게 확대했는데 이것은 시간이 흐를수록 자금 조달의 어려움을 낳았다. 정부는 재정을 주로 조세로 충당해 왔는데, 간접세 중심의 조세체계는 노동자들에게 많은 부담을 줬다. 해외 자원을 끌어들이기 위해 외자도입촉진법을 전면 개정하고 국내 자금을 동원하기 위해 화폐개혁을 하기도 했으나 둘 다 전혀 효과를 보지 못했다.

결국 개발 자금을 조달하는 문제가 계속 불거져 나오자 정부는 경제개발 계획을 실시한 3년 만인 1964년에 '보완 계획'을 마련할 수밖에 없었다. 그 핵심은 외국자본의 적극적인 유치와 수출산업화 전략이었다. 1963~1964년의 심각한 식량 부족과 물가 상승 그리고 외환 보유고의 고갈 위기는 이런 전환이 빨리 이뤄지도록 촉진했다.

경제계획 초기에 박정희 정부가 외자 도입에 어려움을 겪은 데는 미국과의 껄끄러운 관계도 작용했다. 당시까지만 해도 박정희는 처음의 약속과 달리 군정 연장안을 발표한다든가, 미국과 협의하지 않고 유럽 국가들과 외자 교섭을 추진한다든가 해서 미국을 자극하고 있었다. 미국으로서는, 남한이 소련을 견제하는 반공 군사기지 구실을 하고 있었기 때문에 남한의 사회·경제적 불안정을 방관할 수는 없었으나, 미래가 불안정한 정권에 무조건적 원조를 할 수도 없는 노릇이었다. 그래서 미국은 박정희 정부에 예산 팽창을 억제하고 안정화 계획으로 복귀할 것과 개방경제로 전환할 것 그리고 권력을 조속히 민정에 이양할 것 등을 원조 조건으로 제시했다. 외자 부족에 시달리던 남한 정부는 이런 조건을 받아들일 수밖에 없었다. '보완 계획'이 발표되자 미국은 이를 반기며 1964년 7월에 '경제안정에 관한 한미공동성명'을 발표하고 5200만 달러의 차관을 약속했다. 1965년에는 한국군의 베트남 파병의 대가로 5000만 달러의 공여가 이루어졌다.

다른 한편 박정희는 미국만으로 충분한 외자를 조달할 수 없었기 때문에 또 다른 동반자를 찾아야 했다. 이것이 남한 정부가 대중의 거센 반발을 무릅쓰고 1965년에 일본과의 국교를 정상화한 까닭이었다. 제2차세계대전 후 급속한 경제성장을 이룬 일본으로서도 과잉 유휴자본을 수출하고 사양산업을 이전할 수 있는 배출구가 생긴 것은 반가운 일이었다. 일본에서 거액의 차관이 들어왔고 뒤이어 서독과 프랑스 등지에서도 자본이 들어왔다.

정부는 외국자본의 도입을 촉진하고 국제무역을 확대하기 위해 다양한 시장 자유화 조치를 취했다. 1962년에는 원리금 상환에 대한 정부의 지급보증을 약속했고, 1965년에는 잡다하게 나뉘어 있던 관련 법규들을 일원화해 '외자도입법'을 제정했다. 1964년에는 대한무역진흥공사를 설치하고 1965년부터 매월 청와대에서 '수출 진흥 확대회의'를 열었다. 아울러 수출 지원 금융의 금리를 국내 금리보다 적게는 6.5퍼센트, 많게는 20퍼센트까지 낮췄다. 1967년에는 세계경제에 좀 더 깊숙이 결합하기 위해 가트GATT(관세무역일반협정)에 가입하고 수입자동승인 품목을 크게 확대했다. 1968년에는 관세 제도 개혁을 통해 관세장벽을 완화했다. 물론 이때조차 정부는 관세 제도에 탄력성을 둬, 경제 여건이 변동하면 재빠르게 관세율을 조정해 국내 산업을 보호하려고 했다.

수출 주도형 산업화의 결과로 1960년대 중반부터 수출이 급격하게 늘어났다. 1960년 2800만 달러에 불과했던 수출 규모가 1966년에는 9200만 달러로 증가했다. 1960년대 후반의 제2차 경제개발 계획 기간(1967~1971년)에는 수출이 경상 달러 가격 기준으로 연평균 35퍼센트 증가해 1971년의 수출 규모가 11억 3200만 달러였다. 이 시점에 이르러 수출이 국민총생산GNP에서 차지하는 비중도 늘어났다. 물론 이때의 공산품은 거의 노동집약적인 경공업 제품이었다.

이처럼 남한이 고도성장을 누린 1960년대는 세계 자본주의가 전후 최대의 호황을 누린 시기이기도 했다. 급속한 경제성장에 힘입어 박정희는 1967년 대통령 선거에서 41퍼센트를 득표한 윤보선보다 무려 10퍼센트나 많은 51.4퍼센트를 얻고 승리했다. 특히 박정희의 도시 지역 득표율은 1963년에 37.7퍼센트(서울은 28.6퍼센트)였는데 50.4퍼센트(서울은 46퍼센트)로 크게 늘어났다.

남한의 급속한 산업화는 미국을 중심으로 한 세계경제에 스스로 편입되는 것을 통해 가능했다. 그 결과 남한 자본주의는 세계경제의 변동에 좀 더 직접적으로 영향받게 됐다. 세계경제가 호황을 누리고 있을 때에는 전혀 문제가 되지 않지만, 불황이 닥쳐오면 남한 경제가 짊어져야 하는 위기의 규모도 훨씬 더 커질 수 있다는 뜻이었다.

1960년대의 노동통제

수출산업을 중심으로 한 박정희의 경제개발 계획이 성공하기 위해서는 무엇보다도 값싸고 질 좋은 노동력이 확보돼야 했다. 그래서 박정희는 "노사 관계의 대립적·투쟁적 현상이 경제 발전 계획에 저해 요인으로 작용"하는 것을 방지해야 했다. 군사독재는 이런 목적에 걸맞는 억압적 통치 형태였다.

우선 박정희는 "선성장 후분배"라는 구호 아래 노동조합을 위로부터 재편했다. 4·19 혁명의 열기 속에서 탄생한 노동조합들을 해산시킨 뒤 1961년 8월에 한국노동조합총연맹(이하 한국노총)을 만들었다. 한국노총은 산업화 과정에서 박정희 정권의 충실한 협력자 구실을 했다.

아울러 노동관계법이 개악됐다. 노동조합의 설립이 자유설립주의에서 신고주의로 바뀌었고 노동조합의 정치 활동이 엄격히 금지됐으며 쟁의에 대한 규제도 강화됐다.

또 박정희는 개방체제로의 전환에 발맞추기 위해 외국인 투자 기업의 노동기본권을 제한했고, 공무원·교사 등의 노동기본권도 박탈했다.

이런 반동적인 조치들은 노동자들이 저임금·장시간 노동을 묵묵히 견뎌낼 것을 강요했다. 1960년대에 제조업 노동자들의 명목임금은 연평균 16퍼센트 올랐으나 소비자물가 상승을 감안한 실질임금은 연평균 2.4퍼센트 오르는 데 그쳤다. 같은 기간의 연평균 노동생산성 상승률은 12퍼센트나 됐는데 말이다. 또 1969년 광공업 분야의 주당 평균 노동시간은 57.2시간이었는데 이것은 1963년과 비교할 때 약 10시간이나 늘어난 것이었다.

이에 반해 1961년의 부정 축재자 처리 문제로 잠시 위축됐던 대자본가들은 1960년대를 거치면서 급성장했다. 처음에는 한두 개의 산업을 독점했던 대기업들이 점점 새로운 품목으로 사업을 확장했다. 그래서 40개의 대기업이 거의 모든 사업을 독점하다시피 했다. 심지어 삼성, 럭키금성, 쌍용, 동아, 삼호, 신진은 언론까지 소유했다. 이처럼 박정희의 산업화는 계급 간의 불평등을 심화시켰다.

이 시기에는 국가의 통제가 워낙 강했기 때문에 노동자들의 집단적 대응은 매우 미약했다. 간헐적으로 쟁의가 벌어질 경우에도 대부분 노사 합의나 비공식 조정으로 이내 마무리되곤 했다. 노동자 투쟁이 활발해지기 시작한 것은 1960년대 말의 위기를 겪으면서였다.

그러나 이 시기의 고도성장은 노동자계급을 양적으로 엄청나게 확대했다. 자본주의의 생산력 발전은 가장 중요한 생산력인 노동력을 확대하기 때문이다. 1960년에 노동자는 전체 인구의 26.6퍼센트 정도였으나 1970년에는 39.7퍼센트로 늘어났다. 이에 비해 농민은

1961년의 56.1퍼센트에서 46.1퍼센트로 줄어들었다. 미약하기는 했지만 노동자들의 조직률도 서서히 증가했다. 1962년에 노동조합으로 조직된 노동자는 7만 명 정도에 불과했으나 1970년에 이 수치는 47만 명으로 늘어났다.

고도성장의 모순

1960년대 내내 급속한 공업화의 길을 걸어 온 남한 자본주의는 1960년대 말에 최초로 경제 위기를 맞는다. 부실기업이 속출하고 외채 원리금 상환 압박도 커졌다. 직접적 원인은 미국이 국제수지 적자를 만회하기 위해 1968년부터 남한의 경공업 제품에 대한 수입 규제 조치를 취했기 때문이다. 미국은 대외투자와 베트남전쟁에 대한 과다한 군사비 지출에 따른 재정 적자와 달러화 유출에 따른 인플레이션이 누적되고 있었다. 달러에 대한 신뢰도 폭락해 1944년 이후 달러를 중심 화폐로 인정했던 브레튼우즈 체제도 붕괴했다. 그러나 남한 경제가 위기에 빠진 좀 더 근본적인 원인은 차관에 의존하는 취약한 재무 구조로 계속 생산 확대를 해 나갔던 이전 시기의 성장 방식 그 자체에 있었다.

1969년 이후 남한 경제는 경제성장률이 떨어지기 시작했다(1969년 13.8퍼센트, 1970년 28.8퍼센트, 1971년 9.4퍼센트, 1972년 5.8퍼센트). 수출 부진에 따른 생산 감축으로 국민총생산에서 총투자율이 차지하는 비율도 떨어졌다(1969년 28.8퍼센트, 1970년 26.8퍼센트, 1971년 25.2퍼센트, 1972년 21.7퍼센트). 눈덩이처럼 불어나고 있던 외채는 1972년에 26억 달러로 국민총생산의 26.5퍼센트 수준에 달했다. 여기에 만성화된 인플레이션까지 겹쳤다.

우선 박정희 정권은 '부실기업'을 정리함으로써 국제수지 적자를 해결하려고 했다. 경영이 악화돼 은행관리나 법정관리에 들어간 기업을 1969년 4월부터 기업 간 통폐합, 금융 지원, 공기업 민영화, 외국기업과의 합병 등의 방식으로 정리해 나갔다. 그러나 이와 같은 국가의 개입으로도 기업의 부실화는 해결되지 않았다. 게다가 1969년말부터 정부가 실시한 긴축정책은 자금난을 가중시켜 오히려 경제 위기를 가속하는 효과를 냈다.

그동안 드러나지 않았던 계급 간의 갈등도 경제 위기를 배경으로 터져 나왔다. 1967년 광산노조의 광화문 시위를 비롯해 1968년의 전매노조·철도노조·조선공사 쟁의, 1969년 면방·조선공사·부두노조 쟁의 등이 벌어졌다. 조선공사 쟁의에 대해 정부는 긴급조정권을 발동하기도 했다.

급속하게 격화된 노동자들의 투쟁으로 1970년에는 쟁의 건수가 전해에 비해 무려 10배(1656건)로 증가했다. 1970년 11월 13일에 일어난 전태일 열사의 분신도 이런 상황을 배경으로 일어났다. 1971년 2월과 11월에 한국회관과 조선호텔에서도 노동자들의 분신 기도가 있었고, 같은 해 9월에는 한진상사의 베트남 파견 노동자 400여 명이 대한항공 건물에 불을 지르며 투쟁을 벌였다.

전태일다리에 있는 전태일 흉상.

1960년대의 광범한 이농 현상으로 대도시에서 슬럼가를 형성하고 살던 도시 빈민들도 생존권 투쟁을 벌였다. 1971년 판자촌 철거로 광주대단지에서 쫓겨난 3만여 명의 주민들은 파출소를 파괴하고 경찰차를 불태우면서 격렬하게 투쟁했다.

중간 계층의 움직임도 활발해졌다. 1971년 4월에 동아일보를 시작으로 전국 14개 언론기관이 언론 자유 수호 운동을 벌였고, 1971년 7월 7일에는 서울 형사·민사 지방법원 판사 전원의 사표 제출로 시작된 사법 파동이 벌어졌으며, 1971년 8월에는 교수들이 대학 자주화 선언을 하기도 했다. 이와 같은 중간 계층의 이반은 당시 박정희 정권이 겪고 있던 위기의 심각성을 잘 보여 준다.

박정희는 아래로부터의 저항을 계속 폭력으로 억눌렀고, 1969년

9월에는 집권 연장을 위해 '3선 개헌'까지 했다. 노동자들과 야당의 반발이 너무 컸기 때문에, 공화당은 개헌 가능 의석을 충분히 확보하고 있었는데도 공화당의 파벌에게까지 영향을 미치는 것을 보면서 서둘러 친위 체제를 구축할 필요를 느꼈다. 3선 개헌과 더불어 청와대 비서실과 중앙정보부의 권한이 확대됨으로써 1인 독재의 기반이 더욱 강화됐다. 이것은 유신 체제로 가는 서곡이었다.

계속되는 위기 속에서 산업자본가들은 정부에 좀 더 근본적이고 과감한 조치를 요구했다. 정부 역시 산업자본을 재편하고 국가권력을 '획기적'으로 강화하는 것이 필요하다고 판단했다.

그것의 표현이 '8·3조치'와* 중화학공업화, 10월 유신이었다. 이것은 모두 노동자의 희생을 전제로 한 것들이었다.

1970년대 — 유신 체제와 중화학공업화

3선 개헌을 전후로 터져 나온 노동자 투쟁에 힘입어 야당인 신민당도 국회에서 공화당에 대한 비판의 목소리를 높이고 있었다. 미·중 수교와 남북대화를 기점으로 동북아시아에서 긴장이 상대적으로 완화되자 통일 운동, 국가보안법·반공법 반대 운동, 교련 반대 운동 등이

---

* 기업의 사채 이자를 거의 무이자에 가깝도록 파격적으로 인하하고 상환을 연기한 조치.

안보 이데올로기를 공격하기도 했다. 이에 편승해 김대중도 4대국(미국, 소련, 일본, 중국) 안전보장안과 같은 '평화 정착론'을 내 놓았다.

이런 분위기는 1971년의 대통령 선거와 국회의원 선거로 이어졌다. 4·27 대통령선거 결과 야당의 김대중이 43.6퍼센트의 높은 득표율을 기록해 540만 표를 얻은 박정희에게 90만 표 차이로 아슬아슬하게 패배했다. 이 선거에서 여촌야도 현상과 영호남의 지역 격차가 뚜렷하게 나타나기 시작했다. 국회의원 선거에서도 신민당이 약진해 이전의 44석을 훨씬 상회하는 89석(개헌 저지선을 20석 초과하고 과반수에서 13석 모자라는 수)을 확보했다. 경제성장에 대한 대가로 박정희를 지지했던 대중이 등을 돌리고 있다는 증거였다.

그러나 당시의 대중운동이 박정희에게 위기감을 줬다 할지라도 정권을 타도할 정도로 강력하지는 못했다. 노동자들의 조직률은 여전히 낮은 수준에 머물러 있었고 학생과 지식인의 반독재 투쟁도 산발적이었다.

박정희는 노동자들에 대한 좀 더 강력한 통제를 제도화하는 것으로 대응했다. 1970년 1월에 '외국인 투자 기업의 노동조합 및 노동쟁의에 관한 임시특례법'이 제정됐다. 대다수 외자 기업에서 노조 설립이 허가제로 바뀌고 노동쟁의가 강제중재를 받도록 했다. 이것은 사실상 노동3권을 봉쇄하는 것이었다. 실제로 마산 수출자유지역에서 노동조합이 처음으로 조직된 것은 이 지역이 만들어지고 10년이 지난 1980년 '서울의 봄' 때였다. 이어 국가 안보를 이유로 1971년 12월에 '국가 보위에 관한 특별조치법'(임금 통제, 언론·집회·시위의 규제,

대통령의 비상대권 행사 등을 내용으로 했다)이 제정됐다. 이제 규제가 국내 기업으로 확장됐다. 이같은 노동 규제 조항을 최종 마무리한 것이 유신헌법이다.

1972년 10월 '비상계엄 선포, 국회 해산, 정당·정치 활동 금지, 조국의 평화통일을 지향하는 새 헌법개정안 공고'를 내용으로 하는 유신체제가 선포됐고 12월 27일에 유신헌법이 제정·공포됐다. 유신헌법에는 "공무원과 국가, 지방자치단체, 국영 기업체, 공익 사업체 또는 국민경제에 중대한 영향을 미치는 사업체에 종사하는 근로자의 단체행동권을 법률이 정하는 바에 의하여 인정하지 않을 수 있다"는 규정이 담겨 있었다. 이것은 얼마든지 확대해석할 수 있는 내용이었다.

1973년과 1974년에는 기존의 노동관계법들이 유신헌법에 조응하도록 개악됐다. 개정된 법은 노사협의회의 기능을 강화하고, 전국적 규모의 노조 활동을 막기 위해 산업별 노동조합을 기업별 조합 체계로 전환했으며 쟁의를 제한할 수 있는 공익 사업장을 국회의 동의 없이 대통령이 단독으로 지정할 수 있도록 했다. 이로써 노동자 규제에 대한 완전한 법적 뒷받침이 마련됐다. 이 체제는 박정희가 암살당한 1979년까지 계속됐다.

유신헌법으로 강력한 권위주의 체제를 확립한 박정희는 1973년 1월 새해 기자회견에서 '중화학공업화 선언'을 발표했다. 물론 중화학공업화에 대한 필요성은 이미 1960년대 말부터 제기됐고, 제3차 5개년 계획(1972~1976년)의 중점 목표 가운데 하나였다. 그러나 그것이 본격적으로 추진된 것은 이 '선언' 이후다.

1972년 12월에 경제기획원이 '우리 경제의 장기전망(1972~1981)'을 발표했다. 1973년 8월에는 '중화학공업화 계획'이 발표됐고 전담 기구로 '중화학공업 추진위원회 기획단'이 설치됐다.

이 시기에 남한 경제가 중화학공업을 중심으로 전환한 것은 산업구조를 고도화해야 하는 경제적 필요도 있었지만 당시의 동북아 정세라는 정치적 요인도 있었다. 닉슨 독트린과 미·중 수교로 대표되는 데탕트 분위기는 동북아시아에서 미국의 군사개입이 상대적으로 감소하는 것으로 나타났다. 이에 따라 남한은 북한과 스스로 무기 경쟁을 벌여야 했다. 중화학공업의 기반이 없다면 그것은 순전한 몽상일 뿐이었다.

정부는 철강·화학·비철금속·기계·조선·전자 등 6개 부문을 전략 업종으로 지정하고 재정 지원을 했다. 또 외자를 적극 도입하고 포항·창원·여천·온산·울산·옥포 등지에 대규모 중화학공업 단지를 만들었다. 이 단지에 진출한 기업들은 외자를 장기 저리로 배당받고 조세를 감면받는 등 각종 혜택을 누렸다. 중화학공업과 경공업에 투자되는 외국자본의 비율은 1970년대 중반 이후 평균 8:2였다.

그 결과 수출에서 중화학공업이 차지하는 비중은 1971년 14.2퍼센트에서 1981년 42.7퍼센트로 증가했다. 이런 비약적 성장에 힘입어 제3차 경제계획 기간 중 연평균 수출 증가율은 47퍼센트를 기록했고, 1976년에는 1971년의 7배인 78억 달러 어치를 수출했다. 이 덕분에 같은 기간 경제성장률도 연평균 10.1퍼센트를 기록했다. 한마디로 1970년대의 중화학공업화는 이후의 경제 발전에 토대가 됨으로써 남한에서 산업혁명 같은 구실을 했다. 이 시기에 "기술 발전과 저임금 및 수출 지원 정책이 삼위일체가 돼 한국 제품의 국제경쟁력을 강화하는 '세 종류의 신기神器'를 구성"했다. 재벌 자본이 확고한 지위를 굳힌 것도 이 시기였다.

그러나 중화학공업화는 이전보다 훨씬 더 많은 자금을 요구했는데, 그 가운데 60퍼센트 가량이 외자로 충당돼야 했다. 외채 문제를 아직 해결하지 못한 상태에서 이것은 정부에 커다란 부담이었다. 제2차 경제계획(1967~1971년) 기간 중 차관 도입액이 약 21억 6500만 달러였는데, 제3차(1972~1976년)와 제4차(1977~1981년) 계획 기간에 이 수치는 각각 54억 1900만 달러와 131억 달러로 늘어났다. 그나마 외국자본 가운데 차관보다 직접투자를 늘리는 방향으로 전환을 했는데도 이 정도였다. 또 중화학공업화에 따른 수출이 늘어난 만큼 이를 위한 설비와 원료의 수입도 계속 늘었으므로 국제수지가 악화됐다. 특히 1974년과 1979년의 석유파동으로 인한 원유 값 인상과 국제적인 고금리 추세는 채무 부담을 가중시켰다. 이런 문제들은 계획의 무리함이나 당국의 능력 부족보다는 당시의 중화학공업화 자체에서 비롯했다고 봐야 한다.

박정희 독재의 몰락

유신 체제는 남한 자본주의의 지속적인 발전과 독재 정권의 정치

1975년 10월 17일, 시민회관 별관에서 열린 유신 3년 기념식.

적 안정을 위해 수립된 반反노동자 체제였다.

유신이 선포된 뒤 노동자들은 계속되는 저임금과 장시간 노동, 자본가들의 횡포와 국가의 탄압에 고통받아야 했다. 중화학공업화의 진전 속에서 재벌들의 지위가 확고해지고 국민총생산도 증가했지만 노동조건과 실질임금은 개선되지 않았다. 노동자들의 상대적 박탈감은 점점 더 커졌다. 그런데도 한국노총은 "구국을 위한 영단을 적극 지지한다"며 유신 체제를 지지했다. 심지어 각 단위별로 계몽반을 편성해 유신 체제에 대한 지지를 홍보하고 다녔다. 1974년부터는 노사협조주의에 배치된다는 이유로 연도별 쟁의 현황을 집계도 하지 않았다.

정부의 살벌한 통제 때문에 노동자 운동은 한동안 크게 위축돼 있었다. 1971년 1656건에 달했던 노동쟁의가 1972년 346건, 1973년 367건으로 급속히 줄어들었을 정도였다.

그러나 산업화의 피할 수 없는 결과로 노동자계급의 규모는 이 시기에도 계속 증가하고 있었다. 조직률도 꾸준히 늘어나 1978년에는 마침내 100만 명을 돌파했다.

노동자 투쟁이 서서히 고개를 들기 시작한 것은 1970년대 중반 이후였다. 특히 1970년대 말에 투쟁이 집중적으로 일어났는데 그것은 1978년 말부터 몰아닥친 경기후퇴의 영향이기도 했다(1978년 9.7퍼센트였던 성장률이 1979년 6.5퍼센트로 하락했다).

유신 시대에 벌어진 노동자 투쟁은 노조 결성을 방해하는 자본가들의 부당노동행위에 대항하는 경우가 가장 많았다. 이 시기에 노동운동과 관련을 맺고 있었던 곳은 상대적으로 활동이 자유로웠던 종교 단체(가톨릭노동청년회와 산업선교회 등)정도였다. 따라서 투쟁은 순전히 자생적으로 진행됐다.

1976년에 동양방직, 남영나일론, 제일제당 등에서 노동자 투쟁이 벌어졌고 1977년에는 방림방직과 청계피복 노동자들의 투쟁이 벌어졌다. 유신의 마지막 해인 1979년에는 YH와 해태제과 등에서 투쟁이 벌어졌다. 특히 YH 투쟁에서는 170여 명의 젊은 여성 노동자들이 신민당사를 농성 장소로 선택했는데 그 결과 이 투쟁이 중요한 정치적 쟁점이 됐다. 박정희는 경찰을 투입해 농성을 무자비하게 진압했고 그 과정에서 김경숙 씨가 사망했다. 이 사건은 박정희 정권의 몰락을 재촉한 하나의 계기가 됐다.

학생과 지식인의 민주화 운동은 이보다 조금 더 일찍 시작했다. 1973년 10월에 1년 동안의 침묵을 깨고 서울대 학생들이 시위를 벌인 것을 시작으로 학생 시위가 지속적으로 벌어졌다. 같은 해 12월 말에는 재야를 중심으로 '헌법 개정을 위한 백만인 서명운동'이 벌어졌다.

이런 움직임이 일자 박정희는 1974년 1월 긴급조치 1호와 2호를 선포하고, '민청학련 사건'을* 터뜨렸다. 정부는 이 사건을 계기로 전국의 학생운동을 '친북 공산 세력'으로 몰아붙이는 마녀사냥을 했다. 또 1975년 4월에는 민청학련 사건으로 구속된 사람 가운데 인혁당계 8명을 교수형에 처하고, 바로 다음 달에 긴급조치 9호를 선포했다. 여기에는 베트남전쟁의 패배에 따른 위기감도 결합됐다. 긴급조치 위반 혐의로 구속자들이 속출했다.

그러나 저항도 계속됐다. 민주화 선언과 서명운동이 진행됐고 1978년부터는 노동자 운동이 고양되면서 학생들도 학내를 벗어나 도심에서 시위를 벌이기 시작했다. 이런 분위기에서 1978년 12월 12일 국회의원 선거는 야당의 승리로 돌아갔다. 신민당이 32.8퍼센트의 지지를 얻은 반면, 공화당은 31.7퍼센트를 얻는 데 그쳤다.

1979년 3월에는 '민주주의와 민족 통일을 위한 국민연합'이 만들어져 긴급조치 철폐와 국회의 기능 회복, 박정희 정권 퇴진 등을 요구

---

* 전국민주청년학생총연맹이 불온 세력의 조종을 받아서 국가 전복, 공산 정권 수립을 도모했다며 180여 명을 구속한 사건. 2009년 이 사건은 무죄 판결을 받았다.

했다. 신문사들도 언론 자유 쟁취 투쟁을 다시 시작했다. 유신 체제에 대한 저항은 1979년 하반기에 접어들어 더욱 뚜렷한 양상을 보였다. 이것은 유신 말기에 벌어진 가장 격렬한 투쟁인 10월의 '부마 항쟁'으로 이어졌다. 몰릴 대로 몰린 박정희 정권은 10월 18일 부산 지역에 계엄령을 선포하는 것으로 대응했다. 그러나 투쟁은 이미 마산과 전국으로 퍼져 나가고 있었다.

유신 말기에 지배계급은 말 그대로 총체적 위기를 겪고 있었다. 노동자와 학생들의 투쟁이 정부의 통제력을 계속 침식했고, 지배계급은 투쟁에 대한 대응 방안을 둘러싸고 분열했다. 1977년 카터 행정부가 들어선 뒤 미국이 요구해 온 '인권 정책'(소련과의 대화를 진전시키기 위한 명분이 있었다)도 박정희의 부담을 가중시켰다. 유신 체제의 '정당성'을 그나마 뒷받침해 줬던 중화학공업도 세계경제 침체에 따른 시장 확보의 어려움 때문에 가동률이 50퍼센트 미만으로 떨어졌다.

중앙정보부장 김재규의 박정희 암살은 지배계급이 겪고 있던 위기의 표현이었다. 박정희가 죽기 전부터 사실상 유신 체제는 붕괴로 치닫고 있었다. 김재규는 지배 체제를 안정시키려면 일정한 정치적 개방을 하는 도리밖에 없다고 생각했다. 박정희처럼 물불을 가리지 않고 억누르기만 한다면 대중투쟁에 의해 지배계급이 송두리째 뿌리 뽑힐 수도 있었기 때문이다.

박정희 시대는 국가의 '지도' 아래 급속한 산업화가 이뤄져 남한 자본주의가 자율적인 자본축적의 중심을 확립한 시기였다. 그 방식은 라틴아메리카식의 수입 대체 산업제가 아니라 동아시아식의 적극적인 수출 정책이었다.

남한의 경제성장은 세계에서 유례를 찾아보기 어려울 정도로 단기간에 이뤄졌는데, 그것은 무엇보다도 선진 자본주의의 기술을 단기간에 학습함으로써 후발 공업국의 이익을 톡톡히 봤기 때문이다. 값싼 노동력과 정부의 지원을 충분히 얻을 수 있었던 것도 중요한 이유였다. 노동자들의 희생과 이를 강요하는 국가의 강력한 개입이 없었다면 '한강의 기적'은 가능하지 않았을 것이다.

박정희 시대, 특히 유신시대는 노동자계급에게는 암흑과도 같은 시기였다. 억압 기구와 반공 이데올로기를 통한 일상적인 사찰과 감시·통제가 사회 곳곳에 침투해 있었다. 그것은 마르크스가 보나파르티즘(루이 보나파르트의 통치 체제)을 분석하며 지적한 것처럼 "국가가 사회의 가장 포괄적인 생활의 표면에서부터 가장 사소한 불만에 이르기까지, 그리고 가장 보편적인 존재 양식에서부터 개인들의 사적인 생존의 문제에 이르기까지, 시민사회를 얽어매고, 통제하고, 조종하고, 감독하며, 또한 교육한다. 국가라는 이 기생체가 가장 두드러진 중앙집권화를 통해 도처에 퍼져 있고 무한한 지식을 획득"하는 그런 체제였다. 1979년 10월에 박정희가 암살된 뒤 폭발적인 투쟁과 함께 찾아 온 '서울의 봄'은 그동안 억눌려 있던 노동자들의 분노가 얼마나 컸는지 잘 보여 줬다.

박정희는 남한 사회에 군사독재의 상흔을 깊게 남겼다. 따라서 박정희의 개발독재를 모종의 민주주의와 연관짓는 것은 순전한 사기다. 30년 동안 군부 통치가 계속되는 가운데 권위주의적으로 뒤틀리고 억압된 사회구조는 1987년 노동자 투쟁을 거치면서 대폭 완화되기는 했으나 아직까지도 그 잔재가 남아 있다. 어느 나라에서든 군사독재가 해체되는 과정은 경제성장의 자연스런 결과가 아니라 대중투쟁의 성과였다. 남한에서 군사독재의 잔재를 완전히 제거할 수 있는 힘도 노동자계급의 손에 달려 있다.

한일회담 반대 투쟁 —
"배고파서 못 살겠다. 매판자본 잡아먹자"

한규한

1964년 <뉴욕 타임스>는 한일회담에 반대하는 한국 학생들의 시위를 "일본의 가혹한 통치를 경험한 한국 사람들이 비이성적이고 감정적으로 일본에 반응한 것"이라고 비난했다.

한일회담에 대한 반대는 매우 광범했다. 대학생, 고등학생, 보수 야당, 심지어 5·16 쿠데타에 참여한 우익 장교들까지도 반대 운동을 조직했다. 그래서 이들이 표방하는 민족주의의 내용과 목적도 뒤죽박죽 혼란돼 있었다. 그러나 한일 국교 '정상화'에 반대하는 한국인들의 행동이 모두 '유치한 민족주의'에서 비롯한 것은 아니다. 1964년 6월 3일 시위로 절정에 오른 한일 협정 반대 투쟁은 박정희 정권에

출처: 격주간 <다함께> 61호(2005. 8. 17).

대한 분노와 제국주의적 압박에 대한 반감의 표현이기도 했다.

박정희 정권에 대한 사람들의 의심에 찬 기대와 혼란은 1963년 대통령 선거까지는 지속됐던 듯하다. 수감된 많은 혁신계 인사들조차 자신을 가둔 박정희에게 표를 던지라고 주장했다.

보수 야당의 색깔 공세가 박정희의 사이비 '진보성'을 부각해 줬다. 예컨대 윤보선은 박정희를 공산주의자라고 공격했다. 이 때문에 예전에 조봉암의 표가 많이 나온 '좌익 투표 지역'에서 박정희의 지지율이 상승하기도 했다. 리영희는 당시 정황을 다음과 같이 증언한다. "윤보선이 박정희 … 를 극렬하게 친공 분자로 위험시하자 지배 계층, 부유층, 극우 반공 성분의 유권자들은 윤보선을 지지했어요. 반대로 … 좌익 세력과 변화를 원하던 하층 민중은 박정희 쪽으로 기울었어요."

그러나 변화를 원한 많은 사람들의 수동적 기대 심리는 점차 불만과 분노로 변해 갔다. 박정희가 내건 '민족적 민주주의'에 입각한 수입 대체 경제개발 계획은 참담한 실패로 끝나 갔다.

박정희 정권은 1961년 7월 정착성 예금의 금리 인상, 8월 중소기업은행 설립, 1962년 2월 국민저축조합법 제정, 6월 통화개혁 등을 통해 국내 자금을 동원하려 했다. 그러나 경제는 그의 의도대로 움직이지 않았다. 국내 자금 조달은 실패했고 실업은 증가했다. 1962~1964년에 노동자들의 실질임금은 5.6퍼센트 감소했다. 원조 감소와 수출 부진으로 인한 만성적인 외화 부족, 곡가 파동으로 인한 식량 부족과 물가 상승 때문에 경제는 전반적인 침체 국면에 빠져들었다.

정치적으로도 쿠데타 세력은 급속하게 부패해 갔다. 예를 들어 1964년 1월 '3분粉폭리 사건'으로* 삼성의 이병철 같은 '매판자본'과 박정희 정권 사이의 부패 고리가 드러났다.

빠른 시일 내에 정권을 민정 이양하겠다는 애초의 약속을 어기고 군정을 4년 연장하겠다고 말하면서 박정희가 말하는 민주주의가 무엇인지 점점 더 분명해졌다. 옛 정치인들을 처단하겠다던 박정희는 1963년 11월 총선에서 공화당 공천자 162명 중 51명을 자유당 출신 등의 '구정치인'에게 배당했다. 결과적으로 박정희의 '혁명'은 "매주 토요일에는 죽을 먹자"는 내핍 정책과 '병역기피자 국토건설사업에 투입' 등 포퓰리즘적 제스처밖에 보여 준 것이 없었다. 이것으로 민중의 불만을 달랠 수는 없었다.

그래서 박정희는 세계 자본주의 체제에 적극적으로 편입되기를 선택했다. 한일 국교 정상화, 그리고 비슷한 시기에 추진된 베트남전 파병은 이런 맥락에서 일어났다.

한일 국교 정상화는 미국의 이해관계와도 일치했다. 미국은 한국전쟁 때부터 끊임없이 일본과 국교를 정상화하라고 요구해 왔다. 그러나 이승만 정권은 미국의 요구를 번번이 좌절시켰다. 이승만은 자신의 정권을 강화하는 데 국민들의 반일 감정을 종종 이용해 왔다.

---

* 밀가루, 설탕, 시멘트의 가격 상승으로 '삼분 재벌'이 폭리를 취하고, 정권이 이를 눈감아 준 대가로 정치자금을 챙긴 사건.

박정희 정부 들어 미국은 한일회담의 조속한 타결을 더욱 강도 높게 요구했다. 1950년대 말부터 '냉전 관리 비용'이 미국에 부담으로 작용했기 때문이다. 1960년대 들어 미국의 헤게모니는 점점 더 위축됐다. 국제수지와 재정 적자가 악화했다. 게다가 중국의 핵실험 성공과 베트남전쟁 등 식민지 민족해방 투쟁이 미국의 헤게모니를 위협했다.

이에 대한 미국의 대응이 이른바 집단 안보 체제, 즉 지역 통합 전략이었다. 동북아시아에서 이를 담당할 수 있는 주축은 일본이었다. 이를 위해 일본에서는 자위대 증강을 가로막아 온 안보 조약을 개정해야 했다. 미·일 신안보조약은 1960년 1월 19일에 조인됐다. 일본 민중은 새 안보 조약에 격렬하게 반대했다. 이 투쟁은 1960년 6월 15일 580만 명이 참가한 2차 총파업으로 절정에 올랐다. 급기야 아이젠하워의 일본 방문이 좌절되기도 했다.

4년 뒤 벌어진 한국의 반일 운동은 이런 넓은 국제적 맥락의 일부로 볼 수 있다. 학생들의 시위는 1964년 3월 24일에 시작됐다. 학생들은 그동안의 학생운동을 "전진과 창조 없는 슬픈 방황"이라고 평가하면서 박정희 정권과 날카롭게 대립했다. 이들은 국회의사당 앞에서 연좌시위를 하면서 "일본의 경제 침략"과 이에 부응하는 "매판자본"을 비난했다. 시위는 계속됐다. 26일에는 전국에서 6만여 명의 학생들과 시민들이 거리로 나와 경찰과 충돌했다. 청와대 주변에는 전기 철조망으로 바리케이드가 세워졌다.

학생들이 내건 최초의 요구는 단순한 민족주의적 요구였다. 정부의 굴욕적이고 저자세로 일관한 외교 태도를 문제 삼았다. "민족적 자존심을 3억 달러에 팔아넘길 수는 없다"는 것이다. 물론 이것 역시 정당한 감정이었다.

일본은 과거 식민 지배를 사과하는 그 어떤 표현도 협정 내용에 포함하는 것을 거부했을 뿐 아니라, 오히려 적반하장 격으로 식민 지배를 합리화했다. 식민 지배 배상청구권 문제, 어업수역 조정 문제, 재일 교포 지위 문제, 문화재 반환 문제 등에서 박정희 정권은 어느 하나 비굴하지 않은 것이 없었다.

시위가 확대되면서 학생들은 급진화했다. 이들은 "매판자본을 국가가 몰수해 민족자본화"하는 것으로 경제를 재건하라고 주장했다. "5월 혁명[쿠데타]의 자랑은 4월 혁명의 모독이다", "5·16은 4·19의 연장일 수 없다"는 구호가 등장했다.

정부는 학생 시위에 강경하게 대응했고 5월 11일에는 내각을 개편했다. 새 내각은 〈아사히신문〉에서 보도하듯이 "한일회담의 타결을 목표로 돌진하는 내각"이었다. 정부의 강경 대응에 맞서 학생들은 정권 퇴진을 요구하는 것으로 대응했다. 5월 20일 학생들은 '[박정희식] 민족적 민주주의 장례식'에서 박정희 정권을 다음과 같이 규정했다.

"5월 군부 쿠데타는 4월의 민족·민주 이념에 대한 정면 도전이었으며, 노골적인 대중 탄압의 시작이었다. 경제적 민족 자립을 외치는 정부는 노동자·농민의 소비 대중에 실업, 기아임금, 살인적 고물가를 선물하면서, 매판적 반민족 자본의 비만을 후원했다."

학생들은 "박정희 정권 타도", "배고파서 못 살겠다. 매판자본 잡아먹자", "Yankee Keep Silent" 같은 구호를 외치며 경찰과 격렬하게 충돌했다. 6월 3일에는 10만여 명의 학생과 시민이 박정희 정권 퇴진을 외치며 시위가 절정에 올랐다. 곳곳에서 파출소가 공격당했고, 경찰 저지선은 청와대 코앞까지 밀리기도 했다.

위기에 몰린 박정희는 급기야 계엄령을 선포했다. 미국은 박정희 정권을 구출하기 위해 한국군 2개 사단을 계엄군으로 동원하는 것을 허용했다. 대대적인 검거 선풍이 몰아쳤고 대학 캠퍼스는 군인들에 의해 봉쇄됐다. 그 후 정부의 강력한 탄압으로 시위는 다소 위축됐지만, 운동은 1965년 12월 조약이 비준될 때까지 지속됐다.

한일 협정 반대 운동에 연인원 350만 명에 이르는 사람들이 참가했다. 당시 이 운동이 제기한 '민족 자립 경제' 요구가 자본주의 세계 체제 속에서 얼마나 실현 가능한 것이었는지와는 무관하게 이 운동은 박정희 정부를 최초로 위기에 몰아넣은 대중운동이었다.

한편, 이 운동이 베트남전쟁에 대한 문제의식을 발전시키지 않은 점은 당시 민족주의 운동의 한계를 보여 준다. 결국 제국주의가 강요하는 모순을 극복하기 위해서는 베트남전쟁 반대 운동으로 급진화한 국제적 차원의 노동자·학생 저항과 만나야 했을 것이기 때문이다.

베트남 민중의 피로 경제성장의 시동 걸기

한규한

노무현이 이라크 전쟁에 파병한 것과 마찬가지로, 박정희가 베트남전쟁에 파병을 하기로 마음먹은 것은 미국의 강요 때문만은 아니었다.

사실, 남한 지배자들은 미국의 관심을 끌기 위해 동남아시아 등지에서 반공 청부 전쟁을 자청해 왔다. 예를 들어 이승만은 1954년에 베트남에 1개 사단을 파병하겠다고 했다. 박정희는 베트남뿐 아니라 라오스 내전에서 위기에 빠진 푸미 노사반 우익 군사정부를 지원하겠다고 했고, 1962년에는 인도네시아 우익 정권의 좌파 공격에 함께하겠다는 의사를 밝혔다.

특히 박정희는 쿠데타로 집권한 직후부터 미국에 베트남 파병을

출처: 격주간 〈다함께〉 65호(2005. 10. 13).

거듭 제안했다. 그의 좌익 경력에 대한 미국의 의심을 거두게 하기 위해서였다. 처음에 미국은 이 제안을 '기분 좋은 일이지만 유보'했다. 그러나 닉슨 정권 들어 미국이 전선을 확대하고 본격적으로 전쟁에 뛰어들게 되자 한국군 파병은 현실이 되기 시작했다.

미국의 베트남전쟁은 2003년 이라크 전쟁과 마찬가지로 국제적 비난에 직면해 있었다. 미국은 유엔의 인정도 받지 못한 전쟁을 치르기 위해 자신의 동맹국에 파병을 종용했다. 그러나 대부분의 국가들은 냉담했다. 영국은 기껏해야 6명의 의장대를 '파병'했고, 프랑스는 중국과의 관계 개선을 시도하는 독자 노선을 취했다. 더 많은 국가를 참전시키려는 미국의 '많은 깃발 운동Many Flags Campaign'은 실패작이었다. 박정희만이 이 캠페인의 체면을 살려 줬다.

그 즈음 박정희가 추진하던 대체 산업화 성장 전략은 파산했다. 경제 지표는 악화했고 한일회담을 둘러싼 정권 최초의 정치 위기가 심화하고 있었다. 베트남 파병은 박정희 정권에 여러모로 탈출구였다.

박정희는 "자유 우방을 도와주기 위해 파병해야 한다"고 했지만, 한국군 파병은 베트남인에게 환영받지 못했다. 심지어 남베트남의 지배자들도 달갑게 생각하지 않았다. 그들은 제3국 군대의 개입이 가뜩이나 취약한 자신들의 정통성을 더욱 훼손하게 될까 봐 두려워했다. 그래서 당시 수상이던 판 후이 꽛과 국방 장관 티에우도 제3국 군대 파견에 반대했지만, 미국의 압력으로 마지못해 한국에 파병을 요청했다.

한국군 파병은 1964년 9월 이동 외과 병원과 태권도 교관 파견으로 시작됐다. 그러나 파병에 대한 의미있는 저항은 일어나지 않았다. 학생들은 당시 한일회담에는 반대했지만 민족주의적 시야를 벗어나지는 못했다. 일부 사람들은 베트남 파병에 대해 시큰둥한 반응이었지만, 이보다 좀 더 많은 사람들은 파병을 가난 탈출의 기회로 여겼다.

도널드 스톤 맥도널드가 인용한 미국의 미해제 기록은 전투병 파병에 대해 다음과 같이 전한다. "한국 정부가 9월에 시행한 어느 국민 여론조사를 보면, 베트남 파병 사실을 알고 있는 조사 대상자 중 57.6퍼센트가 전투병 파병에 찬성했다."

다음 해인 1965년 1월에는 수송부대와 공병대 등 2차 파병안이 국회에 상정됐다. 파병에 대한 찬반 논란은 이때부터 일기 시작했다. 그러나 당시의 반대가 전쟁에 대한 원칙적 반대를 뜻한 것은 아니었다. 오히려 "여당인 공화당 내에서는 초기에 신중론 또는 반대론이 우세한 반면 야당 진영에서는 원칙적인 찬성론이 우세했다"고 한홍구는 썼다. 2차 파병 동의안은 찬성 106, 반대 11, 기권 8표로 무난히 통과했다.

의무대와 공병대 파병은 결국 전투병 파병으로 이어졌다. 3차 파병 동의안이 국회에 제출됐을 때 야당은 한일기본조약에 대한 반발로 표결에 기권했지만, 파병 동의안에는 적극적으로 반대하지 않았다. 오히려 야당인 민중당의 조윤형은 "전투병을 파견하여 이를 국위선양과 멸공 통일의 좋은 기회"로 삼아야 한다고 주장했다.

한국군 파병은 2만 명의 전투병 추가 파병을 요구하는 4차 파병 동의안으로 이어졌다.

추가 파병이 계속되는데 이렇다 할 반전 흐름이 만들어지지 않은 데는 주류 언론도 한몫 했다. 국민들은 베트남전쟁의 참상을 알지 못했다. 한홍구가 말하듯이 "1965년만 해도 한국군의 전사자 수가 정기적으로 신문에 보도됐지만, 한국군의 사망자 수가 300명을 넘어서면서부터 이런 기사는 슬그머니 신문에서 사라졌다."

한편, 한국군 파병은 북한을 자극했다. 북한은 한일 협정과 베트남 파병으로 동북아시아에서 한미일 3각동맹이 강화되는 것에 긴장했다. 이에 북한은 1968년 1월 특수부대를 청와대 앞까지 침투시켰고 미국 첩보함 푸에블로호를 나포했다. 박정희는 술주정을 부리면서까지 즉각적인 대북 전쟁을 원했지만, 베트남전쟁의 수렁에 빠져 있는 미국은 어쩔 도리가 없었다. 미국의 대답은 "[한반도에서] 전쟁을 하려면 혼자 하시오"였다.

북한의 무력 행위는 남한의 베트남전쟁 참가 확대에 비례했다. 예를 들어, 정전협정 위반 사례는 1965년 88회에서 1968년 985회로 급증했고, 베트남에서 본격적인 철수가 시작되는 1972년에는 한 건도 발생하지 않았다.

이런 일련의 사건 때문에 1968년 3월에 배치하려 했던 1개 경보병 사단의 추가 파병 논의는 중단됐다. 대신 남한에서 박정희 정권의 사회 통제와 독재는 강화됐다. 박정희는 참전 기간에 1967년 동백림 사건*,

---

* 독일 체류중이던 유학생과 교민들이 동베를린(동백림) 주재 북한 대사관과 교류한 사실을 빌미로 대규모 간첩단으로 몰아간 사건. 유명 작곡가 윤이상 등이 이에 연루됐다.

1968년 통일혁명당* 탄압 등 공안 사건을 터뜨렸다. 또 경향신문을 폐간시켜 언론통제를 강화했고, 주민등록 제도를 통해 일상적인 주민 감시 체제를 만들었다. 이런 억압적 분위기 속에서 박정희는 1969년 9월 14일 3선 개헌을 단행해 장기 독재의 길을 열 수 있었다.

당시 외무 장관 이동원은 "월남은 전쟁터이지만 한편으로는 시장"이라고 말한 바 있다. 베트남전쟁은 남한 재벌에게는 축복이었다. 당시 한국이 베트남전쟁을 통해 얻은 경제적 이익은 논란거리다. 파병하지 않은 일본이 가장 큰 이익을 봤고, 한국은 겨우 20명을 파병한 대만과 비슷한 수준의 이익을 얻었다.

그러나 한국 자본주의가 베트남전쟁을 통해 성장의 시동을 걸 수 있었던 점은 분명하다. 정성진이 말하듯이 1960년대 후반기의 "연평균 성장률은 11.8퍼센트로 1960년대 전반의 실질성장률 5.5퍼센트의 두 배가 넘는다." "한국은 베트남 참전국으로서 파병군인의 송금, 미군의 물자 조달 등을 중심으로 연간 2억 달러, 1965~1972년 누계 10억 2200만 달러에 달하는 특수를 얻었다." 또 한국은 당시 미국의 국산품 우선 구매 정책에서 제외되는 특혜를 얻어 다른 제3세계 나라들과 달리 미국 시장에 쉽게 진출할 수 있는 길이 생겼다.

한국군은 1964~1973년에 연인원 32만 명이 참전했다. 이 기간에 한국군은 모두 1170회의 대대급 이상 대규모 작전과 55만 6000회의

---

* 4월 혁명과 한일 협정 반대 운동으로 새롭게 급진화한 청년·지식인층 속에서 한국전쟁 이후 최초로 '지하 전위당'을 건설하려 했던 조직. 통혁당의 핵심 지도부는 북한과의 긴밀한 연계를 통해 남한 사회의 변혁을 도모할 수 있다고 봤다.

소규모 작전을 벌였다. 이 과정에서 4687명이 전사했고, 1만 명 이상이 크게 부상을 입었다. 그리고 "4만 1000명의 적을 사살하는 전과"를 올렸고, 어느 조사를 보면 9000여 명의 민간인을 학살했다.

박정희는 베트남전쟁을 통해 장기 집권과 경제성장의 발판을 놓을 수 있었다. 그리고 그것은 베트남 민중과 가난한 남한 병사들의 피로 점철돼 있다.

4장
5·18에서 1987년까지 —
노동계급의 역사적 전진

광주 민중 항쟁 —
한국 노동계급 운동의 변곡점

김동철

읽을 가치라고는 조금도 없지만 전두환이 낸 회고록 이야기로 글을 시작해야겠다. 회고록과 함께 전두환 자신도 폐기 처분해야 하기 때문이기도 하고 이 글이 회고록의 온갖 거짓과 왜곡에 대한 노동계급 입장에서의 반박이 되기를 바라는 마음에서다.

전두환의 회고록 1권은 1979년 10월 26일 박정희의 죽음부터 광주 민중 항쟁에 이르는 과정을 다루고 있다. 전두환은 이 시기를 회고록 1권의 제목처럼 '혼돈의 시대'라고 본다. 즉, 박정희 체제의 균열을 뚫고 솟아나는 대중투쟁을 억누르고 착취와 억압의 박정희 체제를 유지하고자 했던 자신의 시각으로 썼다고 할 수 있다. 당연히 온

출처: 《마르크스21》 22호(2017년 9~12월).

갖 왜곡과 거짓으로 가득 차 있다.

그의 시각 속에 광주 민중 항쟁은 여전히 '폭동'과 '사태'다. 자신은 가해자이기는커녕 되레 "씻김굿의 제물"이 된 피해자이며, 발포 명령자는 없었고, 진압은 정당했다고 뻔뻔하게 주장한다.

이런 왜곡은 어제오늘의 일이 아니다. 광주 민중 항쟁 당시부터 있었다고 할 수 있다. 사실 전두환은 제대로 된 반성과 사과를 한 번도 한 적이 없었을 뿐 아니라 심지어 자신의 행위를 정당하다고 생각하는 '확신범'이라 할 수 있다.

반면 광주 민중 항쟁을 투쟁의 역사로 기억하는 사람들의 시선에서 이를 바라보는 그림은 완전히 다르다. 이런 견해를 대표하는 책이 《죽음을 넘어 시대의 어둠을 넘어》일 것이다. 1985년 출판되자마자 금서가 됐지만 '지하 베스트셀러'였던 이 책에서 가장 기억에 남는 것은 도청을 마지막까지 지키다 목숨을 잃은 윤상원의 말이다. "우리가 설령 진다고 해도 영원히 패배하지는 않을 것이다." 그는 이 말을 유언처럼 남겼는데, 이 말이 실제 현실로 나타났다.

1980년대 많은 사람들이 광주 민중 항쟁의 영향으로 급진화해 군부독재에 맞서 기꺼이 싸우고자 했다. 심지어 목숨을 바친 사람들도 많았다. 특히 사회 변화에서 노동자들의 중요성을 인식한 투사들이 늘어나기 시작했다.

그래서 《한국노동계급의 형성》의 저자 구해근 교수는 "역설적으로 한국 노동계급 운동은 전두환 정권 첫 1년 동안 더 강해지고 성숙해졌다. 표면적으로 정치적 안정이 유지됐지만 그 이면에서는 학생, 노동자, 재야 집단들이 1980년의 패배에 대해서 광주 학살의 의미에 대해서 그리고 그들의 미래전략에 대해서 숙고하였다"고 당시 상황을 옳게 묘사했다.

다시 말해 광주는 물리적으로는 패배했지만 정치적으로는 그러지 않았다고 할 수 있다. 오히려 진정한 민주주의와 해방을 원했던 사람들의 열망이 1987년 6월 항쟁과 7~9월 노동자 대투쟁으로 이어졌다는 점에서 전두환에 대한 '역사의 복수'라 할 만하다.

1970년대

광주 민중 항쟁을 이야기하기 위해서는 먼저 1970년대 말의 상황을 살펴봐야 한다.

1970년대 말 한국 자본주의와 박정희 정권에 심각한 위기가 찾아왔다. 경제성장률이 1976년에는 14.1퍼센트였지만, 1978년 9.7퍼센트로 떨어지더니 1979년에는 6.5퍼센트로 급락했다. 1980년에는 광주 항쟁의 영향까지 겹치면서 마이너스 5.2퍼센트로 폭락했다. 이런 위기의 대가는 평범한 대중이 치렀다. 물가가 22퍼센트 올랐고 해고와 실업도 늘었다.

이 시기 노동자의 처지는 상당히 열악했다. 1976년 해태제과 노동자들이 쟁의 때 노동부에 낸 탄원서의 내용은 하루 12시간만 일하게 해달라는 것과 일주일에 하루는 쉬게 해 달라는 것이었다. 불황 때문에 1979년 5월 말까지 임금 체불액은 1978년 같은 기간에 비해 무려 7배나 됐다.*

1970년대 폭압적인 분위기 속에서도 노동자들의 저항은 끈질기게 이어졌다. 노동쟁의는 1976년부터 증가하고 있었다. 특히 1978년 동일방직 노동자들의 투쟁은 사회적으로 큰 영향을 미쳤다. 중앙정보부까지 개입해서 노동자들에게 똥물을 뒤집어씌우는 등 온갖 탄압을 가했지만 노동자들은 끈질기게 투쟁을 이어 나갔다.

이 투쟁에 영향을 받아 서울대 학생들이 투쟁에 나서기도 했고, 노래 '아침이슬'을 만든 김민기는 '공장의 불빛'이라는 노래굿을 만들기도 했다.**

1970년대에는 주로 여성 노동자가 투쟁을 이끌었는데, YH무역 노동자들의 투쟁도 이 선상에 있었다. YH무역은 1966년 미국에 가발을 수출하기 시작하면서 성장을 지속해 1970년에는 수출 1000만 달러를 달성하고 1972년에는 고액 소득자 순위에 사장인 장용호가 8위에 오르는 등 급속히 이윤을 확대해 나갔다. 이런 성장의 이면에는 노동자에 대한 가혹한 착취가 있었다.

---

* 이런 상황은 부마 항쟁의 경제적 배경이 되기도 한다. 예컨대 몇 달째 임금 체불에 시달리던 현대양행 노동자들이 집단으로 부마 항쟁 거리 시위에 참가했다.

** '공장의 불빛'은 당시 노동자들의 상황을 잘 묘사한 가사로 많은 공감을 얻었다. 예컨대 "사장이 키우는 개는 포니[자동차] 타고 병원 가고 우리들은 타이밍[잠이 오지 않게 하기 위한 각성제] 먹고 일 나간다"는 말처럼 말이다. 동일방직문제대책위원회에서 활동한 조세희는 《난장이가 쏘아올린 작은 공》의 모티브를 여기서 얻었다.

그렇지만 1970년대 중반 가발 시장이 쇠퇴하며 위기를 맞게 되자 회사는 1979년 4월 폐업을 단행하고 300만 달러의 외화 도피도 했다. 노동자들은 이에 항의해 투쟁에 나섰다. 농성이 시작되자 경찰이 공격해 들어왔고 노동자들은 투쟁을 방어하고 지속하기 위해 당시 야당인 신민당사에서 농성하기로 결정했다.

노동자들이 신민당사에 들어간 지 24시간 만인 8월 10일 청와대에서 열린 고위대책회의에서 강제해산 결정이 내려졌다. 8월 11일 새벽 경찰 1000명이 강제 진압에 동원됐고 이 과정에서 YH 노동자 김경숙 씨가 사망했다(정부는 단순 추락사라고 했지만 나중에 의문사진상조사위원회는 타살 의혹을 강력히 제기했다).

YH 투쟁은 부마 항쟁에 상당한 영향을 줬다. 부마 항쟁의 시발점이었던 부산대 학생들의 선언문에는 YH 탄압에 대한 항의가 주요 내용으로 담겨 있다.

부마 항쟁으로 지배자들의 분열이 가속화했고 박정희가 죽음에 이르렀다고 본다면 YH 노동자의 투쟁이 유신의 심장을 쏘는 뇌관이 된 것인데, 그럴 줄은 당시에 아무도 몰랐다.

당시 노동자를 바라보는 자유주의자들의 시각은 '불쌍한 노동자' 또는 '힘없는 노동자'에 머물러 있었지만, 이런 식으로 당시 노동자를 평가하는 것은 문제가 있다.

1970년대 노동자들의 끈질긴 투쟁이 학생들의 투쟁과 민주주의 투쟁에 영향을 미쳤고 다시 이것이 노동자 투쟁을 고무하며 발전해 1987년 6월 항쟁과 7~9월 노동자 대투쟁으로 이어졌기 때문이다.

부마 항쟁과 10·26

부마 항쟁은 '유신대학'이라는 오명을 쓰고 있었던 부산대에서 시작됐다. '유신대학'이란 유신에 고분고분한 대학이란 뜻이었다. 그런데 그때까지 박정희에게 아무런 저항도 못했던 부산대에서 부마 항쟁이 시작될 줄은 아무도 예상하지 못했다.

1979년 10월 16일 부산대생 200여 명이 유신헌법 철폐 등을 요구하며 시위를 시작했고 금방 5000명으로 불어나 시내로 진출했다. 저녁이 되자 퇴근하는 노동자들이 합류해 시위대는 7만여 명에 달했다. 부산의 투쟁은 마산으로 확산돼 격렬하게 진행된다.

정부는 부산에는 계엄을, 마산에는 위수령을 선포하고 공수부대를 투입해 잔인하게 진압했다. 부마 항쟁은 군대의 폭력으로 잦아들었지만, 항쟁이 지배자들에게 준 충격은 매우 컸다. 지배자들은 반란·혁명에 대한 두려움에 빠져들었고 극심하게 분열했다.

중앙정보부장 김재규는 부마 항쟁은 "유신 체제에 대한 도전이고 물가고에 대한 반발과 조세에 대한 저항에다가 정부에 대한 불신까지 겹친 민중봉기다. 불순한 세력은 배후에 없다. 위와 같은 민란은 정보자료로 판단컨대 5대 도시로 확산된다"고 말하면서 강경 조치만으로는 안 된다는 의견을 냈다. 그렇지만 박정희는 김재규를 질책하면서 "앞으로 서울에서 4·19 같은 데모가 일어난다면 대통령인 내가 발포 명령을 하겠다"고 호언했다. 경호실장 차지철은 "캄보디아에서는 300만 정도 죽어도 까딱 없었는데 데모대원 100만~200만 정도 죽어도 걱정 없다"며 박정희를 부추겼다.

결국 지배자들의 분열은 10월 26일 김재규가 박정희와 차지철을 죽이는 것으로 나타났다. 하지만 분열이 해소된 것은 아니었다. 박정희가 죽은 후 대통령이 된 최규하는 실질적인 권력을 갖고 있지 않았다. 권력은 군부에 있었다. 군부는 크게 두 세력으로 분열해 있었다. 육군참모총장으로 계엄사령관이었던 정승화와 보안사령관으로 합동수사본부장이었던 전두환이었다.

정승화 측은 유신 체제를 조금 완화하는 방향으로 가야 한다고 생각했다. 그래서 긴급조치 폐지, 김대중 복권 등 몇몇 유화 조처가 취해졌다. 그러나 전두환 측의 생각은 달랐다. 그는 자신의 사조직 하나회를 기반으로 조심스럽게 군부 내에서 지지 세력을 모았다.*

박정희는 자신과 고향이 같은 영남 출신들을 중용했다. 전두환은 박정희의 5·16 쿠데타 직후 육군사관 생도들의 5·16 지지 시위를 조직하여 박정희의 눈에 든 이후 주요 보직을 거치면서 박정희의 총애를 받았다.

박정희의 '정치적 아들'이라 할 만한 전두환은 자신의 사조직인 하나회를 중심으로 정승화 쪽을 제압할 계획을 진행한다. 결국 전두환은 12월 12일 정승화를 박정희 살해 공모 혐의로 체포하면서 '12·12

---

* 그렇지만 둘 사이의 차이가 근본적인 것은 아니었다. 정승화는 "김대중은 사상적으로 불투명하고 김영삼은 무능하며 김종필은 부패해서 그들이 대통령이 되면 쿠데타라도 일으킬 것"이라고 공공연히 말하던 인물이다. 전두환은 회고록에서 정승화의 이런 발언을 언급하며 정승화야말로 쿠데타 세력이라고 주장했는데, 이것은 둘 사이의 차이가 그리 크지 않았음을 보여 준다.

쿠데타'를 일으켰다.

그 뒤 전두환은 아래로부터의 저항을 파괴하기 위해 움직였다. '충정 작전'을 준비했는데, 이것은 저항에 대한 철저한 진압 훈련이었다. 그리고 주요 방송과 신문사를 회유·통제하는 'K공작'을 펼친다. 새로운 'King' 전두환을 국가 지도자로 부각시키기 위해서였다.

1980년 3월 중순 글라이스틴이 작성한 한국의 정치 상황 보고서는 전두환이 군을 장악하고 이제 정권을 장악하는 방향으로 나아가고 있다고 말하고 있는데 당시 상황을 잘 묘사했다고 할 수 있다.

'서울의 봄'

이런 상황에도 불구하고 야당의 대응은 초라했다. 김영삼은 군 장성급 출신들을 영입하거나 전두환의 중앙정보부장 서리 임명에도 반대하지 않으면서 신군부와 홍정을 잘 하면 자기가 대권을 잡을 수 있을 것이라는 헛된 꿈을 꾸고 있었다.

김대중은 재야·학생 운동을 자제시키기 급급했다. 군부를 자극해서는 안 된다는 이유에서였다. 5월 16일 김대중은 김영삼과 공동으로 시국수습 6개항을 발표하면서 평화 유지를 호소했다. 하지만 신군부는 다음날 계엄을 전국으로 확대하면서 김대중을 내란 혐의로 구속했다.

학생운동으로 말할 것 같으면 1980년 '서울의 봄' 시기에 학생회들이 부활하기 시작했다. 학생들은 처음에는 학내 문제에 집중했지만 전두환의 집권 음모가 명백해지자 신군부에 대항한 항의 시위에 나섰다.

5월 15일 서울시내 30개 대학에서 10만 명 이상이 서울역에 운집해 계엄 철폐를 요구하며 시위는 절정에 달했다. 그렇지만 학생들은 오후 8시경부터 해산을 시작했다. 이른바 '서울역 회군'이다.

당시 '회군'을 주장했던 서울대 총학생회장 심재철은 최근 한 인터뷰에서 '회군' 때문에 광주에서 학살이 벌어졌다는 비판을 의식해 "10만 학생들과 시민들을 희생시킬 수 없다고 생각해 철수하자고 한 것"이라고 이야기했다. 광주 민중 항쟁에 참여한 대중의 열망과는 반대의 삶을 살았던 그의 주장은 변명에 지나지 않지만, 그렇다고 '서울역 회군'이 광주 학살의 결정적 원인이었다고 주장하는 것은 당시 전체 운동과 계급 간 세력 관계에 대한 정확한 평가는 아니다.

당시 학생들의 정치·조직·경험·자신감 면을 봤을 때 이것은 과도한 비판이다.* 전두환의 쿠데타를 학생들만의 시위로 막을 수도 없었다. 노동자들의 광범한 참가가 관건이었지만 그런 일은 벌어지지 않았다.

물론 노동자들은 1980년 유화 국면 속에서 그동안 억눌려 온 불

---

* 당시 계속 시위를 하자고 주장한 유시민은 《나의 한국현대사》에서 자신이 계속 싸우자고 주장하긴 했지만 이러다 다 죽는 것은 아닌지 굉장히 두려웠다고 회상했다. 서울역 집회에 참여한 학생들을 면담한 서중석 교수는 당시 시민들이 학생들의 주장에 크게 호응하는 분위기가 아니어서 학생들도 자신감 있는 상태가 아니었다고 한다.

만을 터뜨렸다. 노동 쟁의가 급증했다. 그중 사북항쟁은 매우 격렬하게 벌어졌다.

1980년 4월 16일 사북 탄광에서 25명의 광원들이 어용 노조의 형편없는 임금 인상안에 반대해 실질적 임금 인상과 노조 지부장 재선거를 요구하면서 전국광산노동조합 위원장실을 점거했다. 경찰이 개입하면서 투쟁은 사북항쟁으로 발전했다. 광원 300여 명과 그 가족들은 사북읍을 장악하고 저항했다.

정부는 강경 진압이 사태를 더 키울 수 있다는 판단으로 합의를 이끌어 내 투쟁을 무마했지만 합의는 기만적이었다. 협상 이후 투쟁을 주도했던 100여 명을 연행해 가혹한 고문을 하고 구속했다. 일주일 후에 일어난 부산의 동국제강 투쟁도 비슷한 양상이었다.

이처럼 폭발적인 투쟁이 벌어지기도 했지만 투쟁은 확대되거나 지속되지 못했다. 장기간 이어져 온 노동 통제 때문에 노동자들은 투쟁의 경험·조직·자신감 등 모든 면에서 아직은 취약했다. 아직 그들에게는 경험과 시간이 더 필요했다.

신군부는 5월 17일 계엄을 전국으로 확대했다(이미 1979년 10월 27일 제주도를 제외한 전국에 계엄을 선포했고, 5월 17일에 제주도까지 확대한 것이었지만 내용상으로는 전면적 탄압 선포였다). 5월 17일 하루에만 600여 명이 넘는 재야·학생운동 지도자, 언론인 등이 체포됐다. 김대중은 내란 음모죄로 체포됐다.

다른 지역과 달리 광주에서는 시위가 계속됐다. 광주에서만 시위가 멈추지 않은 데는 분명한 요인이 있었다. 군부독재는 분열 지배

전략의 일환으로 호남을 의도적으로 차별하는 정책을 써 왔다. 호남은 상대적으로 낙후했을 뿐 아니라 호남 사람들은 온갖 멸시와 천대를 받았다. 그런 군부가 김대중을 체포한 것이 광주 시민들을 더 분노케 한 것이다.

전두환은 광주의 시위가 전국으로 확산될까 봐 두려워했다. 이 때문에 그는 광주를 초기에 잔인하게 짓밟아 본보기를 보여 주려 작심했다. 공수부대의 짐승 같은 야만 행위는 그 결과다.

공수부대도 부마 항쟁을 진압할 당시의 공수부대가 아니었다. 당시 군은 "부마 사태 진압작전에 대한 평가과정에서 시위의 대규모 확산을 미연에 방지하기 위해서는 초동 단계부터 공수부대 등을 투입해 강경진압을 하는 것이 효율적"이라는 결론을 이끌어 냈다.

광주 민중 항쟁

5월 18일 오전 10시 전남대 정문에 100여 명의 학생들이 모여 농성을 시작했다. 학교를 지키고 있던 공수부대는 쇠심이 박힌 살상용 특수 곤봉으로 공격을 시작했다. 잠깐의 투석전이 있었지만 특수 훈련을 받은 공수부대를 상대하는 것은 무리였다. 공수부대는 학생들을 쫓아가 머리를 강타하고 실신하면 질질 끌고 갔다.

학생들은 시내로 나가 이런 상황을 시민들에게 알리기로 하고 시내에서 시위를 시작했다. 오전에는 학생을 중심으로 수백 명이 모였다 흩어졌다를 반복하며 시위를 벌였다. 오후에는 시위대가 좀 더 불어났다. 오후 4시 40분경 광주 시내에서 공수부대의 공격이 시작됐다. 학생을 잡으면 먼저 곤봉으로 머리를 때려 쓰러뜨리고서는 서너 명이 한꺼번에 달려들어 군홧발로 뭉개고 곤봉으로 쳐서 피 곤죽을 만들었다. 조금이라도 반항하는 기색이 보이면 가차 없이 대검을 사용하기도 했다. 투쟁이 격화됨에 따라 사망자의 사망 진단은 처음에는 타박상, 그 다음은 자상, 그리고 총상 순서로 바뀌었다.

19일 계엄군들의 검문과 통제가 강화됐다. 하지만 오전 10시 금남로에 모여든 군중은 3000~4000명으로 불어났다. 이날도 잔인한 진압은 계속됐다. 체포한 사람들을 거리로 끌고 나와 많은 사람들이 보는 앞에서 발가벗기고 기합을 주고 괴롭혔다. 이런 끔찍한 공격에서 여자들도 예외가 아니었다.

19일 오전부터 시위대의 중심 세력은 학생에서 일반 시민으로 바뀌었다. 시위는 시내 전역으로 확산되고 있었다. 광주 시내 종합병원과 개인 병원에는 중환자가 넘쳐나기 시작했다. 병원에서 죽어 가는 사람도 많았는데 학생·청년뿐 아니라 노인·부녀자 심지어 어린아이 시체도 있었다.

20일 오후 시위대는 수만 명으로 늘어났다. 꼬마 손을 잡고 나온 할머니, 점원, 학생, 회사원, 가정주부, 요식 업소 종업원 등 다양한 사람들이 참여했다. 시위가 민중 항쟁으로 발전하고 있었던 것이다.

오후 7시 대형 트럭, 고속버스, 시외버스와 택시 200여 대가 금남로를 가득 메운 채 시위에 참여했다. 시위 규모는 20만 명을 넘어섰다.

이날 MBC가 불타고, KBS도 불탔다. 수많은 사람들이 죽어 가는데, 뉴스에는 단 한 마디도 보도되지 않고 계엄 당국의 강경한 발표만 있었기 때문이다.

21일 화정동, 동명동 등지의 고급 주택가는 부자들이 빠져나가 인기척이 없는 가운데 도청 중심으로 30만 명이 모여들어 투쟁의 정점을 이뤘다. 이제 곧 공수부대가 물러날 것이라는 희망적인 관측도 있었다. 하지만 정오가 되고 애국가가 울려 퍼질 때 발포가 시작됐다. 조준 사격으로 많은 사람들이 희생됐다.

사람들이 무장을 해 저항했고, 이때 형성된 시민군의 저항으로 21일 저녁 드디어 계엄군을 몰아내고 도청에 진입했다.

항쟁의 확산을 위한 노력도 진행됐다. 21일 아세아자동차에서 차량 징발로 확산을 위한 조건이 마련됐다. 전주·서울 방향으로 진출하려는 시도도 있었지만 계엄군의 강력한 제지로 포기할 수밖에 없었다. 그렇지만 전남 도내의 시와 군으로는 진출할 수 있었다. 실제 목포·함평·나주·무안·강진·해남 등으로 항쟁이 확산되기도 했다.

22일 광주는 해방구가 됐다. 시민군은 자체 조직을 정비해 계엄군의 반격에 대비하면서 시내의 치안을 유지하는 일을 했다. 모든 차량을 등록하고 구호·연락·수송·보급·순찰·전투 등의 임무를 나눠 조직했다. 사재기나 매점매석은 일어나지 않았다. 헌혈하려는 사람들이 넘쳐났고 은행이나 신용금고에서 사고는 단 한 건도 없었다. 시민군에 의한 폭력 사건도 없었다. 사소한 사고라도 발생하면 시민군 순찰대가 체포해 조사부로 넘겼다.

계엄군이 물러난 광주는 평범한 사람들이 이 사회를 운영할 수 있는 잠재력을 보여 줬다. 그렇지만 항쟁은 고립돼 있었고 전두환과 신군부는 진압의 기회를 노리고 있었다.

정시채 부지사와 유지급 인사들 그리고 목사·신부·변호사 등 15명을 위원으로 한 시민수습대책위원회가 구성됐다. 이들은 군과 협상을 시작했고 총기 반납을 추진했다. 이런 타협적인 협상에 반대해서 새로운 투쟁 지도부를 구성해야 한다는 주장이 나오기 시작했다.

결국 25일 투쟁적인 항쟁 지도부가 구성됐고, 26일 마지막인 5차 궐기대회가 도청 앞에서 열려 최후 투쟁을 다짐했다. 계엄군은 최후 통첩을 보냈다. 항쟁 지도부는 시민들에게 이 사실을 알렸다. 계엄군과 싸워 이길 거라고 생각하는 사람들은 없었다. 죽을 각오가 돼 있는 사람들만이 남았다. 이들은 유언처럼 다음과 같은 말을 남겼다.

"물론 우리는 패배할 것입니다. 죽을지도 모릅니다. 그러나 그냥 이대로 전부가 총을 버리고 계엄군을 아무 저항 없이 맞아들이기에는 지난 며칠 동안의 항쟁이 너무도 장렬했습니다. 앞으로 우리 시민들의 저항을 완성시키기 위해서도 누군가가 여기에 남아 도청을 사수하다 죽어야 합니다."

27일 새벽 3시 30분 계엄군이 광주 시내로 진입하기 시작했고 4시 55분 도청을 완전 점령하면서 광주에서 민중의 무장 저항은 막을 내렸다.

광주 민중 항쟁과 미국

광주 민중 항쟁 당시 '대학생수습대책위원회' 명의로 붙었던 한 대자보에는 "미7함대는 지금 부산에 진주해, 전두환을 견제하고 있습니다" 하는 내용이 있다. 이처럼 당시에는 미국에 대한 환상이 어느 정도 있었던 것은 사실이다. 그러나 미국은 제국주의적 본질에서 벗어난 적이 없다.

베트남전쟁 패배 이후 미국의 대외 정책은 직접 개입보다는 지역 동맹자를 통한 패권 유지 전략을 추구했다. 미국은 중동에서 이란의 끔찍한 독재자 샤 정권을 지원하고 남미에 있는 독재 정부를 지원했다. 중국과는 평화 무드를 조성하며 베트남전쟁 패배의 상처를 만회하려 했다.

그러나 1979년 1월 이란 혁명이 일어나 미국의 후원을 받던 샤 정권이 몰락했다. 1979년 7월 니카라과 산디니스타민족해방전선이 친미 독재 정권 소모사를 몰아내고 권력을 장악했다. 카터 정부는 군비 팽창 정책을 강화하기 시작했다. 페르시아만 지역에 미군 기지를 신설하고 제3세계에 즉각 투입할 수 있는 신속배치군을 신설했다. 1980년대 레이건의 대규모 군비 팽창은 카터 행정부의 정책을 발전시킨 것이다.

1979년 6월 31일에는 카터와 박정희가 정상회담을 했는데, 여기서 미국은 박정희 체제에 대한 지지를 확실히 했다.

미국은 박정희의 죽음으로 한국의 지배 체제가 불안정해져 동아시아에서 자신의 중요한 동맹 세력이 없어지는 것을 바라지 않았다. 미국은 신군부를 지지함으로써 자신의 이익을 관철하려 했다.

광주 민중 항쟁을 진압하기 위해 5월 22일 20사단의 이동을 승인하면서 미국 국무 차관 크리스토퍼는 미국이 질서를 회복하려는 한국 군부의 노력을 전적으로 지지하며 다만 공개적으로 드러나지 않게 조심하고 있다고 말했다.

육군참모총장 이희성은 광주 진압 작전 전에 사태가 확산될 우려 때문에 미국과 사전 협의를 했고 항공모함과 조기 경보기가 한국에 배치될 때까지 진압 작전을 유보해 달라는 미국 측의 요구가 있었다고 이야기하기도 했다. 물론 미국은 이와 같은 광주 학살 지원에 대해서 인정하거나 사과한 적이 한 번도 없다.

광주 민중 항쟁은 미국의 제국주의적 본질을 드러냈고 이후 제국주의에 반대하는 투쟁이 확대되는 계기가 됐다. 1980년대 전국의 미국문화원이 점거나 방화로 몸살을 앓았던 것은 이런 맥락하에서였다.

그리고 광주 민중 항쟁이 제기한 제국주의에 대한 저항은 오늘날에도 여전히 의의가 있다. 사드 배치가 보여 주듯이 제국주의 경쟁이 가속화되는 한가운데 한반도가 놓여 있기 때문이다.

제국주의에 반대하는 투쟁과 억압에 맞서는 투쟁이 떨어져 있는 문제가 아니라는 것을 광주 민중 항쟁은 보여 줬다.

진상 규명과 학살자 처벌

광주 민중 항쟁을 거치며 급진화된 한국 노동계급 운동은 1987년 6월 항쟁과 7~9월 노동자 대투쟁을 통해 군부독재를 무릎 꿇리고 이전과는 비교할 수 없을 만큼 큰 힘을 가질 수 있었다. 이런 노동계급의 거대한 전진을 바탕으로 광주학살에 대한 진상 규명과 처벌을 위한 과정이 본격적으로 시작했다. 1988년 전두환이 백담사로 쫓겨나고 '광주 청문회'가 열렸다. 1995년에는 전두환과 노태우가 구속됐다.

이런 성과들은 투쟁의 결과임이 중요하다. 학살자들에 대한 만족스럽지 않은 처벌조차도 투쟁을 통해 이뤄졌다.

1987년 거대한 투쟁을 통해 이뤄진, 직선제가 포함된 개정 헌법에는 국가원로자문회의가* 들어가 있었고, 이 기구의 의장은 전직 대통령이었다. 전두환이 퇴임 이후 자신의 영향력을 보장받기 위한 것이었는데, 야당은 이것에 타협해 줬다. 이대로 됐다면 전두환이 '백담사 대머리'가 될 일은 없었을 것이다. 그렇지만 1987년 6월 항쟁 이후 지속된 노동자와 학생들의 투쟁으로 전두환의 의도대로 일이 진행되지 못했고 결국 전두환은 백담사로 유배됐다.

1993년 대통령에 취임한 김영삼도 애초에 전두환·노태우를 처벌할 의사가 없었다.** 하지만 김영삼 정부가 들어서자마자 노동자와 학생

---

* 대통령 직속 자문기관으로 설치됐으나 1989년에 폐지됐다.

** 1993년 김영삼은 "5·18 책임자 처벌과 진상 규명은 역사에 맡기자"고 했고 1995년 7월 검찰은 "성공한 쿠데타는 처벌할 수 없다"며 학살자 처벌 요구를 외면했다.

들의 투쟁이 이어졌고 대구 지하철 폭발, 삼풍백화점 붕괴 등이 겹쳐 위기에 몰리자 김영삼은 노태우와 전두환을 구속했다.

김대중은 당선되자마자 대중의 열망과는 달리 전두환과 노태우를 풀어 줬다. 그리고 5월 18일을 국가 기념일로 지정하는 등의 조치들을 취했다. 이런 조치들은 광주 민중 항쟁을 제도화된 틀 내에 국한시키고 광주라는 지역에 가둬 두려는 것이었다.

물론 그조차 투쟁의 성과물이지만 김대중·노무현 정부가 학살자 처벌이나 진상 규명 문제에서 이 나라 자본주의를 효율화하려는 목표를 공유하는 우파와 타협해 왔기 때문에 여전히 밝혀야 할 진실이 남아있다.

거대한 박근혜 정권 퇴진 운동의 힘으로 당선된 문재인 정부는 이전 민주당 정부처럼 '5·18 문제 해결'을 들고 나왔다. 그래서 계엄군의 헬기 사격 의혹과 공군 전투기 출격 대기 의혹을 조사하기 위해서 국방부 특별조사위원회가 발족했다.

그러나 문재인은 대통령 당선 전에 전두환이 발포 명령을 내리지 않았다고 주장하는 전 특전사령관 전인범을* 영입했다. 또 사드 배치 강행에서 보여 주듯이 이 나라 지배자들의 이해가 걸린 문제에서는 그가 입버릇처럼 강조하는 대중과의 '소통'을 내던져 버린다. 따라서 문재인이 광주 학살에 대한 진상 규명과 학살자 처벌을 철저히

---

* 그는 광주 학살자 중 한 명인 정호용을 "고마운 선배", "인간적인 사람"으로 치켜세웠다.

할 것이라고 기대하기는 어렵다.

이전에 얻은 성과가 그랬던 것처럼, 문재인 정부의 등장과 진상 규명을 위한 조치 자체도 대중투쟁의 힘이 근본적인 동력이다. 그 반대가 아니다. 따라서 대중투쟁의 힘을 강화시키기 위해 노력하는 것이 진상 규명을 위한 출발이어야 한다.

글을 마치며

우리는 광주 민중 항쟁을 넓은 시각으로 바라볼 필요가 있다. 즉 전체 노동계급 운동 역사의 중요한 일부로 봐야 한다. 전두환은 박정희가 구축한 억압적인 착취 체제를 지키고자 광주 민중을 짓밟았지만 박정희가 억압적인 착취 체제 속에서 만들어 낸 거대한 노동계급이 역사의 전면에 등장했다. 그리고 그 과정에 광주 민중 항쟁은 굉장히 중요한 위치를 차지하고 있다.

광주 민중 항쟁 이전부터 노동계급은 끈질기게 저항해 왔고 광주 민중 항쟁을 계기로 정치적·조직적으로 급진화해 1987년에 역사의 전면에 등장한다. 이런 과정을 연속된 역사, 하나의 흐름으로 봐야 한다.

오늘날 우리는 자본주의가 가하는 끔찍한 고통을 매일 마주하고 있다. 가난과 불평등, 온갖 차별과 대형 사고들은 자본주의가 낳은 끔직한 '적폐'들이다. 이것은 이윤을 위해 대중을 고통에 몰아넣는 자본주의 자체를 분쇄하지 않고는 해결될 수 없다.

따라서 광주 민중 항쟁에서 보였던, 대중이 스스로 사회를 운영할 잠재력과 진정한 해방을 향한 염원은 오늘날에도 여전히 유효하다. 그 염원은 그때와는 비교할 수 없게 커지고 조직된 노동계급에 의해 현실이 될 수 있을 것이다.

1987년 6월 항쟁 — 무엇을 계승할 것인가?

김동철

박근혜의 탄핵이 결정된 뒤 박근혜 정권 퇴진 운동 참가자들이 축제 분위기 속에 박근혜 정권의 적폐도 청산해야 한다고 목소리를 높일 때, 〈조선일보〉는 이제 목표를 달성했으니 어서 "일상으로 돌아가야 한다"고 잔뜩 불만을 토로했다.[1]

지배자들은 퇴진 운동이 박근혜 탄핵을 넘어 사회 전반의 문제를 제기하며 전진하는 것을 극도로 경계한다. 특히 노동자들이 퇴진 운동에서 얻은 자신감을 바탕으로 자신들의 고유한 요구를 내세우며 투쟁하는 것을 제일 두려워할 것이다.

그들은 어쩌면 1987년의 악몽을 떠올릴지도 모르겠다. 그해 한국 노동계급은 6월 항쟁과 7~9월 노동자 대투쟁을 통해 자신들이 쉽게

출처: 《마르크스21》 20호(2017년 5~6월).

6월 항쟁 당시 명동성당 앞 농성.

무시할 수 있는 존재가 아니라는 것을 지배자들에게 분명히 보여 줬다. 그렇게 역사의 전면에 등장한 한국의 노동계급은 그 뒤의 주요한 투쟁에서 주도적 구실을 했다.

1987년이 지배자들에게는 악몽이었을지 모르지만 착취와 억압에 저항해 온 많은 사람들에게는 "한 세대를 마법에 빠뜨린 특별한 해"였다.[2] 6월 항쟁은 많은 사람들이 급진화하는 계기이자 노동계급 운동과 조직의 모태가 됐기 때문에, 6월 항쟁 이야기를 하는 것만으로도 가슴 설레는 일이다.

무너지지 않을 것 같았던 박근혜를 감옥에 보낸 거대한 운동에 참가한 많은 사람들이 철옹성처럼 보였던 군부독재를 무릎 꿇린 6월 항쟁을 떠올리는 것은 당연하다. 하지만 6월 항쟁 이후 항쟁에 참여한 계급들이 서로 다른 방향으로 나아갔듯이, 6월 항쟁에서 배울 교훈도 계급에 따라 다르다.

문재인의 민주당과 개혁주의 진영의 일부는 6월 항쟁의 성과로 치러진 1987년 대선에서 노태우가 당선해 6월 항쟁이 미완으로 끝났으니, 이번 대선에서는 죽 쑤어 개 주지 않으려면 민주당으로 정권을 교체해야 한다고 강조한다.

그러나 6월 항쟁 직후 벌어진 7~9월 노동자 대투쟁에 적대적이었고, 1997년 이후 10년을 집권하면서 노동계급을 공격했으며, 이번 대선에서 우클릭을 반복한 민주당은 많은 사람들이 바라는 '적폐 청산'을 제대로 하지 못할 가능성이 크다.

이와 같은 위로부터의 관점(노동계급이 부르주아나 중간계급 같은 다른 계급에 의지해 그들이 선사하는 개혁을 기다려야 할 뿐 자신들의 고유한 요구를 내세우면 안 된다는 관점)이 아니라 아래로부터의 관점(노동계급의 자력 해방 추구)으로 바라본다면 6월 항쟁은 아주 다른 그림으로 보일 것이다.

이렇게 보면 6월 항쟁과 7~9월 노동자 대투쟁은 한국 노동계급이 "즉자적 계급"에서 "대자적 계급"으로 발전하는 거대한 첫걸음이었고, 이후 역사도 이 과정의 연속선상에 있다. 이 글은 이런 관점으로 6월 항쟁을 바라보려는 시도다.

역사적 맥락

1987년 수개월 동안의 폭발적인 대중투쟁은 어느 날 갑자기 찾아온 것이 아니었다. 그 전에 있었던 수많은 크고 작은 투쟁들이 누적된 결과로 봐야 한다.

1980년 광주 항쟁의 여파로 군부독재에 목숨 걸고 싸우고자 하는 많은 투사들이 생겨났다. 실제로 광주 항쟁을 잔인하게 진압한 뒤에 이어진 폭압 속에서도 저항은 계속됐다.*

특히 노동자들의 저항이 끈질겼다. 전두환 정권이 1970년대에 건

---

* 이미 1980년 12월 광주 미 문화원이 불에 탔을 뿐 아니라 노동계급의 중요성을 인식한 투사들도 증가하기 시작했다.

설된 민주노조를 파괴하려 하자 이에 맞서 원풍모방 노동자들은 1982년 10월까지 격렬하게 투쟁했다.* 1983년에는 1982년에 견줘 노사분규가 증가하기 시작했다.

전두환 정권은 폭압만으로는 대중을 통제하기 힘들다는 것을 인정하지 않을 수 없었다. 구속자가 넘쳐나는데도 저항은 계속됐다.** 1983년 12월 '유화 조치'는 이런 배경에서 실시됐다.

전두환 정권은 '유화 조치'로 저항이 누그러지기를 바랐겠지만 역사란 지배자들의 의도대로만 전개되는 것은 아니다. 저항이 되레 크게 늘어나기 시작했다. 학생들은 학생회를 건설하고 정권 반대 투쟁을 전개했다. 1984년에는 노동자 투쟁과 노동조합 건설이 증가했다.

특히 대구를 중심으로 시작된 택시 노동자들의 투쟁은 전국으로 확산돼 노동조건 개선과 노동조합 건설의 성과를 내기도 했다. 9월에는 청계피복노조 합법성 쟁취 대회가 열렸는데, 여기에 참가한 노동자와 학생들은 1980년 5월 이후 서울에서 가장 큰 규모의 가두시위를 벌였다.

이런 분위기 속에 치러진 1985년 2월 총선에서 여당이 패배하면

---

* 이원보, 《한국노동운동사 100년의 기록》 개정증보판, 한국노동사회연구원, 2013, p 257. 매우 폭압적인 분위기 속에서도 영등포 일대에서 격렬한 가두시위를 벌이기도 했다.

** 한홍구, 《지금 이 순간의 역사》, 한겨레출판, 2010, p 108. 1983년 안기부의 보고서에는 사법부가 형량을 높여 정권의 인기만 떨어진다고 하며 형량을 낮추는 조치가 들어가 있다.

서 노동자들의 저항 정서는 더욱 고조됐다. 1985년 노동쟁의는 전년보다 120퍼센트나 급증했다. 특히 대우자동차 파업과 구로 동맹파업은 이후 일어날 폭발적 노동자 투쟁의 모습을 미리 보여 줬다.

전두환 정권은 점점 증가하는 저항을 억누르기 위해 탄압을 강화했다. '부천경찰서 성고문 사건'과 '건국대 사태', '박종철 고문치사 사건' 등이 그 과정에서 일어났다. 많은 노동자와 학생들이 구속됐다. 하지만 노사분규는 1985년보다 1986년에 오히려 조금 증가했다. 전두환 정권의 폭압도 물밑에서 흐르는 도도한 물결을 막을 수 없었던 것이다.

1986년 전두환 정권의 폭압이 본격화됐고, 이 때문에 학생운동이 위축됐다. 당시 한 공안 당국자가 "서울대 학생운동은 향후 10년 동안 재기하지 못할 것이다" 하고 말할 정도였다.[3] 그래서 일부 활동가들은 1987년 6월 항쟁 직전의 상황을 비관적으로 보기도 했다.

그러나 대중의 정서는 점점 끓어오르고 있었다. 그래서 당시 한 신문은 다소 침체한 듯 보이는 대학의 분위기를 언제 터질지 모르는 '휴화산' 같다고 묘사했다.

박종철 고문치사에 항의하고자 조직된 2월 7일과 3월 3일의 집회는 대중적 투쟁으로 발전하지는 못했지만 평범한 사람들의 참가가 두드러졌다. 경찰에 항의하고 시위에 직접 참가하는 등 사람들의 자신감이 이전과 달라지고 있다는 것을 볼 수 있었다.

6월 항쟁은 어떻게 시작됐나?

대중의 자신감이 증가한 데는 앞에서 말한 요인들과 함께 경제 호황도 큰 영향을 미쳤다. 1985년 대우자동차 파업이 좋은 사례다. 당시 노동자들은 사상 최대의 흑자를 낸 사측에 높은 임금 인상을 요구하며 투쟁해 승리했다.*

1986년 초 필리핀에서 일어난 대중투쟁이 독재자 마르코스를 쫓아낸 것도 큰 영향을 미쳤다. 전두환 정권은 이 소식이 퍼지는 것을 극도로 두려워해 언론을 통제하기 급급했지만 사람들은 '우리도 필리핀처럼 할 수 있다'는 자신감을 얻기 시작했다.

6월 항쟁은 '박종철 고문치사 사건'이 계기가 됐다. 광주 민중을 학살해 권력을 장악하고 연이은 부정부패 속에 정권을 연장하려는 전두환 정권이 휘두르는 폭압에 대중의 환멸과 분노는 극에 달했다.

그렇지만 6월 항쟁 이전 이 항쟁에 영향을 미친 크고 작은 투쟁들이 있었고 이 투쟁들을 이끈 사람들(비록 소수일지라도)의 구실은 무시할 수 없다. 6월 항쟁은 대중의 자생성이 폭발한 때이기도 했지만 6월 항쟁으로 가는 길에 놓인 수많은 의식적 노력들의 결과이기도 했다.

1987년 상반기 상대적으로 조용했던 대학에서 학내 쟁점으로 투

---

* 대우자동차 투쟁이 승리한 데에는 다른 사업장으로의 투쟁 확산을 막기 위한 정부의 용인과 양보의 여지가 있었던 사측의 상황이 작용했다. 하지만 10여 명의 소수 활동가들이 투쟁을 조직하기 위한 노력을 1984년부터 꾸준히 진행해 온 결과이기도 했다.

쟁이 일어났다. 4월에 서울대와 부산대에서 징계 문제와 학내 언론 독립 문제로 점거와 집회가 열려 승리를 얻어 냈다.[4] 이런 자신감을 바탕으로 학생들은 5월부터 가두시위와 군부 정권에 항의하는 정치적 투쟁을 벌여 나갔고 서울지역대학생대표자협의회(서대협)와 서울지역학생협의회(서학협)가 만들어졌다. 서학협은 이후 6월 항쟁 거리 전투의 선두에 섰다.

6월 들어서 학생들은 더 많은 사람들의 집회 참가를 조직하기 위해 단식·삭발을 포함한 선전·선동을 강화했다. 6월 5일 연세대 총학생회는 고등학교 14곳과 중학교 한 곳에서 6·10 범국민대회 참가 호소 유인물을 배포했고[5] 6월 9일에는 6·10 대회 출정식을 열었다. 여기서 연세대 학생 이한열이 경찰이 쏜 최루탄을 맞아 쓰러져 6월 항쟁의 또 다른 기폭제가 됐다.

한편, 1987년 상반기 울산 현대 계열사와 창원 대우중공업, 거제 대우조선소 등에서 노동자들의 집단행동과 노조 건설 움직임이 일어났다. 투쟁과 노조 건설을 준비한 사람들의 노력은 이후 노동자 대투쟁의 밑거름이 됐다.

군부독재의 굴복

6월 10일 마주보고 달리는 두 개의 열차가 충돌했다. 이날 잠실체육관에서 열린 민정당 전당대회에서 노태우가 대통령 후보로 선출됐다. 전두환 정권은 대중의 열망과는 정반대로 군부독재를 지속하고자 했다.

반면 거리에서는 1960년 4·19 시위 이후 최대 규모의 격렬한 시위가 벌어졌다. 거리 곳곳에서 경찰은 무장해제되거나 시위대에게 곤욕을 치렀다. 한 경찰 간부의 말처럼 경찰로서는 "가장 힘들고 길게 느껴졌던 하루였다." 22개 지역에서 수십만 명이 시위에 참가했다. 어떤 지역은 경찰이 아예 진압을 포기하기도 했다.

사람들은 군부독재에 맞서 싸워 이길 수 있다는 자신감이 높아진 반면 전두환 정권의 사기는 떨어졌다. 6월 13일 시국 관련 책임자들이 참석한 회의에서 전두환은 시위 대중은 "사생결단으로 나오는데 우리는 안 그런 것 같다"고 말했다.[6]

경찰력의 한계를 본 전두환 정권은 군 투입을 놓고 고민했지만 결론을 내리지 못하고 우왕좌왕했다. 대중투쟁이 워낙 강력했기 때문에 군을 동원할 경우 군 내부에서 분열이 일어나거나 사병들이 시위대 편으로 넘어갈 가능성은 얼마든지 있었다.* 그러는 사이 시위는 눈덩이처럼 커져 갔다.

6월 18일과 26일 집회에는 6월 10일보다 더 많은 지역에서 더 많은 사람들이 참가했다. 결국 전두환은 대중투쟁의 도도한 물결 앞에 무릎을 꿇을 수밖에 없었다.

---

* 〈워싱턴 포스트〉 특파원 돈 오버도퍼는 당시 젊은 장성들이 시위대는 정당한 명분을 추구하고 있으며 군대를 동원하면 엄청난 파국이 초래될 것이라고 말한 것으로 전했다.

국민운동본부와 야당

6월 항쟁의 지도부는 민주헌법쟁취국민운동본부(이하 국본)였다. 국본은 부르주아 야당을 포함한 재야와 학생운동을 포괄하는 계급 연합 조직이었다. 야당이 국본에 참여한 것은 야당도 정치적 자유가 제약되고 탄압을 받는 상황인 데다가 전두환 정권이 야당이 원하는 정치적 양보를 할 의사가 없음이 분명했기 때문이다.

그러나 당시 야당인 민주당은 6월 항쟁 기간 내내 동요하며 일관되게 투쟁을 이끌고 나갈 세력이 아님을 보여 줬다. 야당은 투쟁을 전진시키기보다 정치 협상을 통해 '파국을 막아야 한다'고 생각했다. 6월 10일 이후 민주당은 이미 원내 복귀를 고민하기 시작했다. 15일 김영삼은 등원을 선언하기도 했다.[7]

야당의 우유부단함을 잘 알았기에 전두환은 주로 야당을 겨냥해 비상조치설을 퍼트려 야당이 위축되고 동요하도록 만들었다. 김대중 부인 이희호는 친위 쿠데타설이 돌았던 20일 상황을 자서전에서 다음과 같이 회고했다. "간절히 기도하는 일 말고 우리[김대중을 포함해]가 할 수 있는 일은 없었다." 대중투쟁에 호소하기보다 기도를 택한 김대중이 단지 기도만 한 것은 아니었다. 김대중 측은 김영삼과 함께 국본 내에서 신중론을 펴며 대규모 집회 계획 연기를 주장했다.

야당의 이런 동요는 6월 항쟁 와중에만 있었던 것은 아니었다. 1986년 전두환 정권이 야당을 개헌 협상의 파트너로 끌어들였을 때 당시 야당인 신민당은 원활한 협상을 하는 데 부담이 됐던 재야의 반미 운동을 비난했다.[8] 이에 대해 재야의 대표 조직인 민주통일민중운동연합이 야당과의 연대 기구였던 민주화를위한국민연락기구(민국련)에서 탈퇴했다. 이후 격렬하게 벌어진 5·3 인천 투쟁의 배경에는 군부독재에 대한 반감뿐 아니라 야당에 대한 반발도 있었다.

6월 항쟁 이후 7~9월 노동자 대투쟁이 벌어지자 야당은 노동자들의 투쟁이 민주화를 원하지 않는 세력에게 이용당할 수 있고 한꺼번에 모든 것을 해결하려 해서는 안 된다며 노동자들에게 자제를 요구했다.[9]

야당이 동요할 때 실제 투쟁을 전진시킨 것은 거리의 대중이었다. 국본이 주최한 세 번의 대규모 집회 외에도 국본이 주도하지 않은 거리 시위가 매일 벌어졌다. 명동성당과 부산의 가톨릭센터에서는 국본과 무관하게 농성이 벌어졌다. 그야말로 대중의 자발성과 전투성이 빛을 발하고 있었다.

학생들이 거리 투쟁의 발전에 주도적 구실을 한 것은 맞다. 하지만 노동자들도 거리의 투쟁을 확대·강화하는 데 주요한 구실을 했다.

6월 항쟁과 노동자

6월 항쟁은 단지 학생들이나 '중산층'만의 투쟁은 아니었다. 노동자와 중간계급 그리고 부르주아의 일부도 포함하는 그야말로 민중 항쟁이었다. 특히 노동자들의 참가가 가장 많았다. '중산층'의 대표 집단으로 오인되는 '넥타이 부대'도 사실상 대부분 노동자였다. 노동자 밀집 지역의 경우 6월 항쟁의 초기부터 노동자들의 참가가 두드러졌을 뿐 아니라 노동자들의 요구가 제기되기도 했다.*

노동자들은 단지 소극적인 개인들로서만 시위에 참가한 것은 아니었다. 인천 등지 노동자들은 집회와 투쟁을 주도하면서 집단으로서 자신감을 느끼고 투쟁을 자신의 작업장 안으로 가지고 갈 준비를 했다. 부산 사상공단 노동자들은 6월 18일 집회에 잔업을 거부하고 참가했다.

이런 노동자들의 주도적 참여와 집단적 움직임은 전두환 정권을 두려움에 빠지게 하기에 충분했다. 군대 투입 문제를 놓고 갈팡질팡하도록 만든 것에도 사실 노동자들의 참가가 결정적 구실을 했다고 봐야 한다.

1980년 5월 주로 학생들로 이뤄진 거리 시위를 제압하며 권력을 장악한 전두환은 그때와는 확연히 다른 상황을 보면서 어쩔 줄 몰라 했다. 6월 17일 전두환은 확산되는 대중투쟁을 두려워하며 쓸 카드가 없다고 괴로워하기도 했다.

특히 6월 항쟁 직후 벌어진 7~9월 노동자 대투쟁은 전두환 정권이 6월 항쟁의 성과를 되돌리지 못하게 만든 결정적 구실을 했다.

---

* 6월 10일부터 마산·익산·인천에서 노동자들은 '노동3권 쟁취,' '임금 인상' 등의 구호를 외치며 시위에 참여했다.

오늘날의 교훈

6월 항쟁을 단지 민주화 투쟁으로 보는 것은 일면적일 수 있다. 물론 6월 항쟁이 이념적으로는 부르주아 민주주의 틀 안에 머물렀지만 여기에 참가한 대중의 열망은 단지 거기에 머물지는 않았다.

대중 집회와 거리 토론회, 투쟁의 방향을 둘러싼 민주적 토론과 규율 등에서 나타난, 천대받던 사회 하층민의 집단적이고 자의식적인 민주주의 열망은 단지 '정치적 민주화'로 치환될 수는 없다.

그리고 6월 항쟁 때 거리에서 '노동3권 보장', '임금 인상'을 외친 노동자들이 6월 항쟁 승리 직후 작업장에서 자신들의 고유한 요구를 걸고 투쟁에 나선 것은 6월 항쟁을 단지 민주화 투쟁으로 국한할 수 없는 이유다.

이 점에서 6월 항쟁을 통해 '87년 체제'(정치적 민주주의 체제)가 성립됐다고 주장하는 것은 정치적 측면만을 강조하는 일면적 규정이라 할 수 있다.

6월 항쟁은 7~9월 노동자 대투쟁과 연속적인 과정에 있는 하나의 투쟁이다. 또한 6월 항쟁과 7~9월 노동자 대투쟁은 로자 룩셈부르크가 정치투쟁과 경제투쟁의 상호 결합을 통한 노동계급 투쟁의 발전을 이야기한 대중파업의 과정으로 이해해야 한다.

6월 항쟁은 정치적 민주주의 투쟁이고 7~9월 노동자 대투쟁은 경제적 민주주의 투쟁이라고 주장하며 두 투쟁을 민주주의 투쟁으로만 규정하는 것도 문제가 있다. 정치투쟁과 경제투쟁 사이에 만리장성이 존재하는 것은 아니며 정치투쟁의 과정에서 경제적 요구를 제기하는 것이 투쟁을 발전시키는 데 매우 중요하다는 것을 두 투쟁은 보여 줬다. 사회주의자들의 과제는 두 투쟁을 결합하기 위해 노력하는 것이다.

근래 박근혜 정권 퇴진 운동을 평가하며 '87년 체제'에 대한 이야기가 다시 나오고 있다. '87년 체제'가 "민주주의와 권위주의가 동거하는 어떤 체제로 퇴행"해서 박근혜·최순실 게이트가 생겼다거나[10] "불완전한 민주화를 특징으로 하는 87년 체제"의 문제를 지적하며 정치 제도나 헌법의 개선을 대안으로 제기한다.[11] 즉, 부르주아 민주주의를 강화하는 것이 대안이라는 것이다.

따라서 광장에서 사람들이 희망하고 요구한 것을 실현하는 문제는 운동의 몫이 아니라 국회와 정부의 몫이라고 주장한다.[12] 야권 분열로 대선에서 노태우가 당선된 1987년처럼 죽 쑤어 개 주는 상황이 재현되지 않으려면 결선투표제를 도입하거나 촛불공동정부를 구성해야 한다는 대안을 제시하기도 한다.[13] 대체로 실천적 결론은 부르주아 정당을 지지하거나 부르주아 정치 체제를 개선하는 것으로 나타난다.

그렇지만 1987년을 돌아보며 우리가 진정으로 이어받아야 하는 것은 이것이 아니다. 1987년 좌파의 주요 세력이었던 재야와 학생운동은 군부독재와의 타협 없는 투쟁을 주장했지만 그 대안은 부르주아 민주주의 체제를 확립하는 것에 머물렀기 때문에 6월 항쟁 이후 "선거를 통한 민주주의 혁명"을 목표로 설정하면서 노동자 투쟁에 대한 조직적 준비와 개입을 하지 못했다.

1987년 6월 항쟁과 뒤이은 노동자 투쟁은 부르주아 민주주의적 요구라도 노동계급만이 일관되게 수행할 수 있다는 것을 보여 줬다. 동요하는 야당과 달리 노동자들이 거리와 작업장에서 자신들의 힘을 발휘했기 때문에 6월 항쟁의 성과가 반동으로 파괴되지 않고 지속될 수 있었다.

오늘날 박근혜 퇴진과 구속의 성과를 바탕으로 모든 적폐를 청산하는 길은 노동자들이 고유의 힘을 발휘하도록 할 때 가능할 것이다. 또한 1987년 대중파업의 경험을 이어받아 거리에서의 자신감이 작업장에서 발휘될 수 있도록 노력해야 한다.

1987년 7~9월 노동자 대투쟁 —
노동계급의 결정적 힘을 보여 주다

김현옥

연인원 1700만 명의 노동자·민중이 5개월간의 투쟁을 통해 박근혜를 파면·구속시켰다. 통쾌한 승리였다. 이명박근혜 정부 9년 동안 불평등과 경제 위기로 고통받은 민중에게는 이승만을 몰아낸 4·19 혁명과 군부독재를 굴복시킨 1987년 6월 항쟁이 떠올랐을 것이다.

물론 6월 항쟁의 성과가 1987년 7~9월 노동자 대투쟁으로 이어지지 않았다면 반동으로의 회귀를 막지 못했을 수도 있다. 1960년 4·19 혁명은 곧 이은 5·16 쿠데타의 반동을 맞았고, 1980년 '서울의 봄'은 신군부의 광주 학살로 막을 내렸다. 그러나 1987년 6월 항쟁을 뒤이은 7~9월 노동자 대투쟁은 노동계급의 결정적 힘을 보여 주

출처: 《마르크스21》 20호(2017년 5~6월).

며 군부독재의 반동 시도를 막을 수 있었다.

박근혜 정권 퇴진 운동으로 힘을 느낀 노동자들 중에는 작업장으로 돌아와 자신들의 조건을 변화시켜야 한다고 생각하는 사람이 있을 것이다. 1987년 6월 항쟁으로 자신감을 얻은 노동자들이 일터로 돌아와 무엇을 할 것인지를 고민했듯이 말이다.

박근혜 정권하에서 빼앗긴 민주적 권리를 되찾고, 노동자들의 요구를 쟁취하기 위해서는 노동계급 고유의 힘을 사용해야 한다. 이런 점에서 1987년 7~9월 노동자 대투쟁을 돌아보며 진정한 사회 변화의 원동력이 노동계급의 투쟁임을 되짚어 보는 것은 큰 의미가 있다.

6월 항쟁과 노동자 투쟁

6월 항쟁에 참가한 '시민' 중 다수는 미조직 노동자들이었다. 그들은 항쟁 초기부터 자신들의 요구를 구호로 표현하는 등 적극적으로 거리 시위에 참가했다. 얼마 지나지 않아 드러났지만, 그들의 참가는 6월 항쟁이 단순히 6·29 선언으로 끝나지 않고 전진할 수 있었던 이유였다.

인천을 비롯해 안양·성남처럼 노동자가 많은 지역에서는 6월 항쟁 초기부터 노동자들이 참가했다. 특히 성남 등 중소 도시에서 노동자들은 시위대의 선두에 섰고, 경찰에 맞서 전투적으로 싸웠다. 당시

이 지역들에서 체포된 사람들 가운데 노동자들이 가장 큰 비중을 차지하고 있었던 점은 이를 잘 보여 준다.*

전국적으로는 6월 13일쯤부터 노동자들의 참가가 눈에 띄게 늘어나기 시작했고 갈수록 참가자 수는 많아졌다. 소위 '넥타이 부대'라고 불린 미조직 사무직 노동자들이나 서비스 부문 노동자들도 많이 참가했다. 군부독재는 이즈음 군대를 동원할지 말지를 고민하기 시작했고, 이들이 동요하는 사이 투쟁은 눈덩이처럼 커졌다.

7~9월 노동자 대투쟁의 중요성을 인정하는 연구자 중 한 명인 노중기는 "항쟁이 노동자 계급까지 확산되던 6월 말의 시점에서 지배블럭이 민주화 선언을 급히 발표했던 것도 노동운동의 현재적 잠재적 역량을 평가하지 않을 수 없었던 결과였다"고 평가했다.[14]

이런 상황에서 6·29 선언이 발표됐다. 거대한 대중의 힘은 독재자 전두환이 선언한 호헌을 철폐시키고 승리를 얻어 냈다. 직선제 쟁취 이후 부르주아 야당과 국본은 대통령 선거에 몰두했다. 하지만 6월 항쟁에 참가하면서 거리를 누빈 대중의 열망은 직선제 쟁취로만 국한되지 않았다. 군부독재하에서 벌어진 온갖 억압적 정책에 대한 청산을 원했다.

노동자들은 멈추지 않고 또다시 행동에 나섰다. 7월 6일에 결성된 '민주헌법쟁취노동자공동위원회'는 성명서를 발표해 투쟁의 지속을

---

* 성남시청이 작성한 《6월 20일~21일 가두시위 종합보고서》에 따르면, 6월 19일 연행자 80명 가운데 근로자는 34명(42.5퍼센트), 대학생은 8명(10퍼센트), 막노동자는 6명(7.5퍼센트)이었다.

결의했다. "6월 29일 노태우의 발표는 미국과 군부독재 정권이 노동자를 비롯한 전체 민중들의 거센 투쟁에 밀려 한 형식적이고 기만적인 것에 불과하지 결코 완전히 물러선 것은 아니다. 해고 노동자들의 즉각 복직, 노동3권의 완전 보장, 8시간 노동제와 실질생계비 보장하는 최저임금제 실시, 노동운동 탄압하는 국가보안법의 즉각 철폐, 노조의 자유로운 정치 활동의 보장" 등이 실질적으로 달성될 때까지 투쟁하겠다고 말이다.[15]

전두환 군부독재의 항복 선언은 노동자들의 자신감을 고무했다. 민주주의 투쟁이 노동자들의 경제투쟁에 기름을 부었다. 노동자들은 군부독재가 양보한 상황을 이용해 7월 초부터 투쟁에 나섰다. 로자 룩셈부르크가 경제투쟁과 정치투쟁의 결합을 제기한 대중파업이 현실에서 펼쳐졌다.

> 정치투쟁의 모든 활발한 공격과 승리는 경제투쟁에 강력한 자극을 준다. 이것은 정치 투쟁의 활발한 공격과 승리가 노동자들에게 처지 개선을 위한 싸움으로 시야를 넓혀 주고 또 싸우려는 의욕을 강화시킴과 아울러 노동자들의 투쟁 정신을 강화시킨다는 점에서 그렇다. 정치 행동의 물결이 고양된 뒤에는 언제나 수많은 경제 투쟁의 싹을 틔우는 기름진 퇴적물이 남고, 또 그 역도 마찬가지이다.[16]

비록 6월 항쟁에 조직된 대열로서 참가하지는 않았지만, 승리의 기쁨을 맛본 노동자들은 자신의 작업장에서는 삶이 그대로인 현실에

1987년 현대중공업 노동자 투쟁(출처: 민주노총).

분노하지 않을 수 없었다.

박정희·전두환 군부독재의 억압적 노동 통제하에서 억눌려 온 노동자들의 요구는 짧은 기간 동안 폭발적으로 분출했다.

노동자들은 임금 인상, 노동시간 단축, 조장에 의한 자의적인 평가 폐지, 화이트칼라와 블루칼라 노동자 간의 지위 구분 철폐, 식사의 질 개선, 복장과 머리 길이 규제 철폐, 강제적인 아침 체조 중단 등을 요구했다. 물론 이런 요구를 쟁취하기 위해 국가와 자본에 독립적인 민주노조 건설이 중요하다고 생각했다.

노동자계급의 거대한 진출

그 첫 출발은 현대 재벌 정주영이 죽기 전에는 노동자들이 절대 빛을 볼 수 없을 것만 같았던 현대그룹에서 시작됐다. 정주영은 입버릇처럼 "내 눈에 흙이 들어가기 전에는 노조를 허용할 수 없다"고 했다. 그러나 7월 5일 현대엔진 노동자 101명이 울산 옥교동 디스코텍에 모여 '경축 현대엔진(주) 노동조합 결성대회'를 열어 노동운동의 불모지 '현대 왕국'에 노동조합의 첫 깃발을 꽂았다.

현대엔진 노조의 첫 홍보물은 그들의 노동조합 결성을 다음과 같이 말하고 있다.

> 강도 높은 장시간 노동, 열악한 근로조건, 산업재해 속에서 이기적인 욕망에 사로잡혀 인간을 인간으로 보지 않고 이윤 추구의 도구로만 보는 가진 자의 온갖 횡포와 사회적 멸시 속에서 소외된 삶을 살아 온 우리 노동자들은 이런 악조건을 더 이상 방관할 수 없었으며 또한 다음 세대가 우리의 전철을 되밟지 않게 하고 정당한 노동의 대가와 인간성 회복을 위해 전 근로자가 일치단결하여 현대엔진 노동조합을 탄생시켰다.[17]

현대엔진에서 노조가 결성됐다는 소식은 다른 계열사 노동자들에게 매우 고무적인 영향을 끼쳤다. 7월 16일 현대미포조선 노조 설립 신고서 탈취 사건은* 이런 자신감에 불을 지폈다. 무엇보다 1987년

---

* 현대미포조선 노동자들이 노동조합 설립 신고서를 제출하려다가 사측의 방해로 신고서를 빼앗겼다. 분노한 노동자들이 즉시 파업에 나섰고 결국 사측은 신고서를 돌려줄 수밖에 없었으며 이 일로 울산 지역 현대 계열사의 노조 결성 소식이 널리 알려졌다.

노동자 대투쟁의 핵심은 현대중공업 노동자들이었다.

인명 경시, 비인격적 대우, 최고의 대형 산재율, 최장 시간 노동, 저임금, 위해 사업장, 거듭되는 대량 인원 감축 등 살인적 조건에서 현대중공업 노동자들의 분노는 커져 왔다. 7월 21일 사측이 어용 노조를 만들자 그 분노가 한꺼번에 터져 나왔다. 노동자들은 '현대중공업 노조개편 대책위원회'를 만들고 1만 7000명이 운집한 가운데 "어용 노조 물러가라", "임금 인상하라", "상여금 차등지급 철폐하라" 하고 외쳤다.

투쟁 분위기가 무르익어 갈 즈음인 8월 6일, 정주영이 관리자들을 모아 놓고 훈시하기 위해 울산에 내려왔다. 그러자 정주영이 훈시하고 있던 체육관 주위를 노동자 500여 명이 에워싸고 '임금 25퍼센트 인상, 어용 노조 퇴진' 등을 외치며 농성을 벌였다. "이때 누군가 정 회장을 향해 흙을 뿌렸다. 마치 정 회장의 눈에 흙이 들어가게 만들어 민주노조를 인정하게 만들겠다는 심정으로!"[18]

한편, 임금 등 노동조건을 개선하려면 단위 사업장뿐 아니라 현대그룹과 맞설 필요가 있었다. 이런 문제의식은 8월 8일 11개 사업장 노조 대표들이 모여서 현대그룹노동조합협의회를 결성하는 것으로 나타났다.

현대그룹 노동자들은 8월 17~18일 덤프트럭과 지게차 등 중장비를 앞세우고 시내로 행진했다. 18일 시위대가 울산 공설 운동장에 도착했을 때 대열은 6만 명으로 불어났다. 결국 노동부 차관 한진희가 울산에 내려와 노동자들과 협상을 해야 했다.

1987년 노동자 대투쟁이 울산의 현대그룹 투쟁에서 시작됐다는 점은 중요하다. 현대는 당시 한국에서 가장 큰 자동차 공장과 조선소를 가진 가장 큰 재벌 그룹이었다.

다른 재벌 기업처럼 현대도 노동조합을 금지했다. 이런 곳에서 민주노조가 건설된 것은 다른 기업의 노조 활동가들에게 커다란 자신감을 줬다.

울산 현대 노동자들의 투쟁에 이어 태광산업·럭키·동양나일론·풍산금속 등에서 민주노조 건설 투쟁이 벌어졌다. 이후 대한조선공사, 국제상사 여성 노동자, 화학·신발업체 등 부산과 마산·창원의 노동자들이 투쟁에 나섰다. 투쟁은 8월 초순 이후 남부 지방에서 전국으로 확산돼, 8월 4일에는 인천 대우중공업 등에서 노조건설이 시작됐다.

노동자들의 투쟁은 중공업, 제조업에서 시작해 점차 광업·교통·항만, 그리고 서비스 부문으로 확산됐다. 투쟁은 공간적으로는 영남 공업단지에서 수도권과 기타 지역으로, 기업 규모로는 대기업에서 중소기업으로, 업종으로는 제조업에서 기타 산업으로 확대됐다.

1987년 7~9월에 3341건의 노동쟁의가 발생했는데, 거의 대부분 작업 중단, 비조직적 파업, 시위 형태를 띠었다.

그해 여름에 발생한 노동쟁의 건수는 1960년 초반 이후 수출지향적 산업화 과정 전 기간 동안 발생한 전체 노동쟁의 건수를 능가했다. 노동쟁의가 절정에 달한 8월 중순에는 하루에 100건 이상의 노동쟁의가 발생했고, 이것은 박정희와 전두환 시대의 한 해 평균 노동쟁의 건수에 해당했다.

이런 노사분규에 참가한 노동자는 당시 10인 이상 기업체 정규직 노동자의 거의 3분의 1에 해당하는 120만 명이었던 것으로 추산된다.[19]

당시 노동자들은 '선파업 후협상'을 했다. 파업의 94.1퍼센트는 불법 파업으로 분류됐다. 노동자들은 파업·농성·시위 같은 쟁의행위에 먼저 돌입한 후 조직을 구성했고, 그다음에 사용자와의 협상을 요구하는 형태로 행동했다.[20]

아래로부터 투쟁을 통해 만들어진 노동조합의 대표자들은 평조합원들의 직접적인 통제를 받고 있었다.

당시 현대중공업 쟁의부장을 맡았던 정병모 씨가 "조합원들이 나의 피를 요구하고 있는 것 같았다. 나는 온몸의 피가 마르는 것을 느꼈다"[21] 하고 술회한 것처럼 현장 노동자들의 전투성이 꽃을 피우던 시기였다.

민주노조 건설 요구에 이어 임금 인상이나 노동조건 개선 같은 개별 사업장의 경제적 요구가 압도적으로 많았는데, 그중 임금 인상이 전체의 약 70퍼센트를 차지했다. 대투쟁 결과 임금이 25~30퍼센트 인상됐다.

이처럼 임금 상승과 민주적 권리 확립은 노동자 투쟁의 결과였다. 그러나 박정희를 찬양하는 국정 교과서에는 "산업화로 임금이 상승해 중산층이 형성되었고 이것이 민주화의 바탕이 되었다"고 적혀 있다. "중화학 공업화가 진행되면서 제조업 국가의 구성이 종래의 여성 노동자에서 숙련 남성 노동자 중심으로 변모하였고, 임금도 상승하였다"는[22] 것이다. 그러나 박정희의 '선성장 후분배' 논리는 급속한 중화학 공업화 추진 과정에서도 계속됐다. 저임금 기조는 바꾸지 않았고, 노동시간과 산업재해는 급격히 늘었다. 노동 규율과 통제는 더욱 엄혹했다.

유신 체제는 한국 자본주의가 중화학 공업화에 성공할 수 있도록 보장해 준 초착취 억압책이었다. 해외 차관 지원, 국민 혈세 지원 등 정부의 막대한 특혜로 오늘날 현대와 삼성 등이 재벌로 성장했다.

1970년대 중반 이래 중화학 공업화로 산업구조가 크게 변하고, 그에 따라 한국 자본주의의 주력 노동자계급이 형성됐다. 1987년 노동자 대투쟁이 자동차·조선·기계 산업의 거대 공장에서 시작된 것은 이런 변화를 반영했다.

노동계급 정치와 조직의 중요성

노동자들은 투쟁을 통해 삶의 주체임을 인정받게 됐고, 인간으로서 존재 가치를 확인받을 수 있었다. 공장 노동자들은 더는 '공순이'나 '공돌이' 같은 사회적 천대 대상이 아니었다. 전국적인 대규모 파업으로 노동자들의 거대한 힘을 보여 준 것이다.

1987년 노동자 대투쟁은 9월이 되면서 가라앉기 시작했다. 8월 28일 국무총리의 '좌경용공 세력 척결을 위한 담화' 이후 대우조선

이석규 열사 장례식에서는 정부가 대규모 이데올로기 공세를 펼치면서 쟁의 현장에 공권력을 투입했는데, 이것이 전환점이 됐다.

9월 들어 현대중공업과 대우자동차 노동자들의 농성 투쟁이 무력으로 진압되고, 노동자와 민주 인사에 대한 대규모 수사와 구속이 뒤따랐다.

정부가 이렇게 공세로 전환한 데는 부르주아 야당이 한몫했다. 야당은 노동자 대투쟁에 대해 군부 정권과 별반 다르지 않은 논리를 폈다. 야당은 "자칫 본의 아니게 민주화를 원하지 않은 세력에 이용"당하지 않도록 투쟁의 자제를 촉구했다. 그리고 정부와 기업주의 폭력 진압에 대해서는 일언반구도 없이 암묵적으로 지지를 보냈다.

6월 항쟁을 주도했던 국본은 대통령 선거 일정을 기다리며 투쟁을 멈춘 상태였다. 야당이 노골적으로 투쟁을 저지하려 했다면, 국본은 노동자 대투쟁에 관심이 없었다. 국본은 노동자 대투쟁이 "민주화 이행을 주도했던 중간계급을 보수화시키고, 지배 블럭에 반격의 원인을 제공함으로써 민주화-정권교체에 부정적 요인으로 작용한다"고 여겼다.

1987년 노동자 대투쟁이 마무리가 된 것은 기업주들이 어느 정도 양보한 데다가, 야당과 국본이 투쟁에 부정적 영향을 끼친 것을 이용해 국가권력이 폭압적으로 탄압했기 때문이다. 만약 대중파업을 전국적 차원의 단일한 조직으로 결집시킬 노동계급의 정치조직이 존재했다면 또 다른 그림이 펼쳐질 수도 있었다.

노동자 대투쟁의 교훈

노동자 투쟁은 3년 동안 지속됐다. 1987년 말 노조 설립 요건 완화, 법정 노동시간 4시간 단축 등으로 노동법이 개정됐다. 현대중공업 노동자들은 1988년에도 단체협약 체결과 해고된 노조 지도자 4명의 복직을 요구하며 128일 동안 최장기 파업을 벌였고, 1990년에는 골리앗 투쟁을* 전개했다. KBS 노동자 등 사무직 노동자들이 파업했고, 1989년에는 1500명의 해직을 감수하며 전교조가 결성됐다.

민주노조 4000개가 새롭게 결성돼, 전체 노동조합 수는 1986년 말 2658개에서 1988년 말 6142개로 대폭 증가했다. 약 70만 명이 노동조합에 새로 가입해, 노동조합원 숫자도 100만 명에서 170만 명으로 증가했다. 3년 동안 매년 임금이 10~30퍼센트 인상됐다.

한편, 일부 사람들의 주장과 달리, 1987년 노동자 대투쟁은 순전히 자생적인 투쟁이 아니었다. 앞선 시기 투쟁의 산물이었다.

한국 노동계급의 역사를 연구한 구해근이 "한국 노동계급의 형성 과정에서 중요한 변화는 1980년대에 이루어졌으며, 이는 1970년대부터 시작된 변화들이 누적된 결과"라고[23] 했듯이, 1987년 노동자 대투쟁은 1970년대 경공업 중심의 여성 노동자 투쟁으로부터 1980년대 대우자동차 파업과 구로 연대 파업 등 일련의 노동자 투쟁의 연속

---

* 1990년 현대중공업 노동자들이 노조 탄압에 맞서 파업과 골리앗 크레인 점거 농성을 벌였다.

선상에서 벌어졌다.

무엇보다 1987년 노동자 대투쟁은 부르주아 민주주의적 요구조차 노동계급의 힘을 통해 쟁취해야 한다는 트로츠키의 연속혁명론이 적용된 사례였다. 1987년 7~9월 노동자 대투쟁이야말로 민주화의 진정한 동력이었다.

1987년 투쟁 이후 30년 동안 노동계급의 결정적 패배가 없었기 때문에 한국 사회는 권위주의 체제로 회귀하지 않았다.

일부 좌파들은 박근혜 정부의 등장을 '파시즘으로의 회귀'라고 주장했지만, 이는 파시즘을 잘못 이해하고 부르주아 민주주의로의 진정한 이행 동력이 노동자 투쟁이라는 점을 보지 못한 주장이다.

1987년 6월 항쟁과 7~9월 노동자 대투쟁으로부터 시작된 부르주아 민주주의는 민주노총 합법화와 민주노동당의 등장으로 이어졌다. 물론 이 과정은 매년 커다란 노동자 투쟁과 1996~1997년 대중파업이 있었기에 가능했다.

박근혜 정부는 2008년 이후 가속되고 있는 경제 위기의 대가를 노동계급에게 떠넘기기 위해 공격을 강화했다. 이를 위해 통합진보당 해산, 전교조 법외노조화 등 여러 차례 민주적 권리를 공격해 왔다. 이에 맞서 노동자들은 박근혜 정부 4년 동안 저항의 중심을 이뤄 박근혜 정권 퇴진 운동의 밑거름을 제공했다.

그러나 1987년 7~9월 노동자 대투쟁과 달리 노동자계급이 자신의 고유한 힘을 충분히 사용하지 못했다. 부르주아 민주주의가 안착되면서 노동조합 지도부의 관료주의가 강화되고, 선거에 의존하는 개혁주의 정치가 자리 잡았기 때문이다. 아래로부터 투쟁에 바탕을 둔 노동계급의 정치가 중요한 이유다.

박근혜 퇴진만이 아니라 진정한 적폐 청산은 자본주의에 대한 도전과 연결돼야 한다. 인구의 압도 다수로서의 힘을 가지고 있고 자본주의의 고리를 끊을 유일한 힘을 가지고 있는 노동자계급의 투쟁이 확대될 때만 진정한 적폐 청산이 가능할 것이다.

1987년 노동자 대투쟁의 의의는 노동자 투쟁이야말로 진정한 사회 변화의 원동력이라는 점이다.

후주

1장 해방 — 새로운 사회는 가능했는가?

1 미 국무성 영토소위원회 보튼의 메모.
2 1945년 11월 26일 기자회견.
3 카터 에커트, 《제국의 후예》, 푸른역사, 2008, pp369~370.
4 해방3년사연구회 1988, pp85~96 참조.
5 조선공산당 정치국(장안파) 1945, 심지연 1987, pp142~143 참조.
6 <자유신문>(1945.10.27).
7 김남식, 《남로당연구2 — 자료편》, 돌베개, 1988, pp20~37 참조.
8 서중석, 《한국현대민족운동연구》, 역사비평사, 1997, p238.
9 같은 책, pp238~239.
10 김남식, 앞의 책, p22.
11 김무용, "해방 후 조선공산당의 혁명론과 국가구상, 그리고 노동운동", 《진보평론》 제7호(2001년 봄), 2001, p331.
12 김남식, 앞의 책, p28.
13 한국현대사통합데이터베이스.
14 서중석, 앞의 책, p296.
15 김남식, 앞의 책, pp32~33.
16 같은 책, p33.
17 서중석, 앞의 책, p239.
18 존 다우어, 《패배를 껴안고》, 2009, p329.
19 같은 책, p339.
20 코야마 히로타케, 《일본 마르크스주의 개설》, 이론과 실천, 1991, p160.
21 필립 암스트롱 외, 《1945년 이후의 자본주의》, 1996, p71.
22 김남식, 앞의 책, p21.
23 Robert J Alexander, "Vietnamses Trotskyism", *International Trotskyism 1929-1985: A documented Analysis of the Movement*, Duke Univeristy Press, 1991.

24 서중석, 앞의 책, p224.

25 김남식, "박헌영·남로당의 통일전선론", 《역사비평》(1988년 봄), p93.

26 김하영, 《국제주의 시각에서 본 한반도》, 2002, p247.

27 〈매일신보〉(1945.8.28).

28 한국현대사통합데이터베이스.

29 양지은, 《농지개혁과 한국농촌사회변동: 전라남도 담양군 사례를 중심으로》, 이화여대 석사논문, 2008, p17.

30 서중석, 앞의 책, p215.

31 같은 책, p208.

32 브루스 커밍스, 《한국전쟁의 기원》, 일월서각, 1986, p257.

33 〈자유신문〉(1945.10.9).

34 한민당, "임정 외에 정권 참칭하는 단체 및 행동 배격 결의 성명서", 국사편찬위원회, 1945.

35 〈매일신보〉(1945.10.11).

36 한국현대사통합데이터베이스.

37 이강국, "군정과 인민공화국", 《민주주의 조선의 건설》, 범우사(복간), 2006, pp41~42.

38 김무용, "해방 후 조선공산당의 통일전선과 좌우합작운동", 《한국사학보》 제11호, 고려사학회, 2001, p262.

39 내각 명단은 〈매일신보〉 1945년 9월 15일 자 참조.

40 커밍스, 앞의 책, p126.

41 〈매일신보〉(1945.11.2).

42 서중석, 앞의 책, p221.

43 〈매일신보〉(1945.10.26).

44 〈중앙신문〉(1945.11.28).

45 김남식, 앞의 책, p21.

46 서중석, 앞의 책, p278에서 재인용.

47 안태정, 《조선노동조합전국평의회》, 현장에서미래를, 2005, p250에서 재인용.

48 김양재, 1987, pp26~27.

49 〈조선인민보〉(1946.7.23), 안태정, 앞의 책, p354에서 재인용.

50 김양재, 《노동조합교정》, 돌베개(복간), 1987, p22.

51 레온 트로츠키, 《스페인혁명》, 풀무질, 2008, p331.

52 한국현대사통합데이터베이스.

53 박혜숙, "미국정기 농민운동과 전농의 운동노선", 《해방전후사의 인식 3》, 한길사, 1987, p380.

54 이완범, "해방 직후 공산주의자들의 혁명단계론", 《정신문화연구》 제31권 3호, 한국학중앙연구원, 2008, p31 참조.

55 박헌영, "10월 인민항쟁", 《이정 박헌영 전집》 제2권, 역사비평사, 2004, p222.

56 박혜숙, 앞의 글, p389.

57 트로츠키 《프랑스 인민전선 비판》, 풀무질, 2001, pp99~100.

58 〈조선인민보〉(1946.6.3), 김무용, "해방 후 조선공산당의 신전술 채택과 당면과제", 《역사연구》 제5호, 역사비평사, 1997, p245에서 재인용.

59 〈조선일보〉(1946.1.1).

60 〈조선일보〉(1946.1.9).

61 이강국, 앞의 글, p202.

62 이완범, 2008, p32.

63 박명림, 《한국전쟁의 반발과 기원 2》, 나남, 1996, p246.

64 서중석, 앞의 책, pp420~421.

65 박헌영, 앞의 글, p489.

66 〈청년해방일보〉(1946.8.15), 박헌영, 《이정 박헌영 전집》 제5권, 역사비평사, 2004, p222.

67 심지연, 《대구10월항쟁연구》, 청계연구소, 1991, p52.

68 정용욱, 《1942~47년 미국의 대한정책과 과도정부형태 구상》, 서울대 박사학위논문, 1996, p122.

69 강만길, "좌우합작운동의 경위와 그 성격", 《한국민족주의론 2》, 창작과비평, 1983, p69.

70 장 셰노 외, 《중국현대사 1911-1949》, 까치, 1982, p332.

71 〈동아일보〉(1947.1.21).

72 서중석, 앞의 책, pp399~400.

73 장석준, "한국현대사의 '잃어버린 리더십' — 여운형·김규식을 중심으로", 《미래공방》 제1호, 진보정치연구소, 2007, p55.

74 한호석, "8·15 이후 3년동안 전개된 통일전선운동의 역사적 경험", 《단일전선 교양자료》, 출처미상, 2006, p256.

75 한호석, 앞의 글, p257.

76 김하영, 앞의 책, p296.

77 국사편찬위원회, 《쉬띄꼬프 일기(1946~1948)》, 2004, p17.

78 사회과학원 역사연구소 편, 《조선통사(하)》, 오월, 1989, pp316~317.

79 최장집, "'가능의 정치'로서의 해방후사 연구", 《역사비평》 16호(1991년 8월), 역사비평사, 1991, p327.

80 조지 리히트하임, 《유럽현대사》, 백산서당, 1982, p382.

81 서중석, 앞의 책, p471.

82 정용욱, 앞의 책, p174.

83 〈노력인민〉(1947.8.8), 박헌영, 앞의 책, 2004, p630.

2장 한국전쟁 — 누구를 위한 전쟁인가?

1 교과서포럼, 《대안 교과서 한국 근·현대사》, 기파랑, 2008, p137.

2 〈한겨레〉(2009.12.31).

3 필립 암스트롱 외, 앞의 책, p54.

4 아이작 도이처, 《세계 회고록 대전집7: 스탈린》, 수문서관, 1983, p447.

5 박영기·김정한, 《한국노동운동사3 — 미군정기의 노동관계와 노동운동》, 지식마당, 2004, pp259~260.

6 김기원, 《미군정기의 경제구조 — 귀속업체의 처리와 노동자 자주관리운동을 중심으로》, 푸른산, 1990, p89.

7 Park Soon-won, Colonial Industrialization and Labor in Korea: The Onoda Cement Factory(Harvard University Asia Center), 1999, pp161~162.

8 森田芳夫, 《朝鮮終戰の記錄》 資料篇 第3卷, 巖南堂書店, 1983 참조.

9 김일성, "당 중앙위원회 사업 결산 보고", 《북한 '조선로동당'대회 주요 문헌집》, 돌베개, 1988, p55.

10 북한 국가자본주의의 형성 과정을 자세히 알고 싶으면 김하영, 앞의 책을 보시오.

11 Ygael Gluckstein(토니 클리프), Mao's China(George Allen & Unwin Ltd), 1953, pp79~91.

12 한림대아시아문화연구소, 《북한경제통계자료집 1946~1948》, 한림대출판부,

1994, p19.

13 해리 S 트루만, 《트루만 회고록 下》, 지문각, 1968, p105.

14 〈연합뉴스〉(2007.11.20).

15 김남식, 앞의 책, p120 참조.

16 존 R 메릴, 《침략인가 해방전쟁인가》, 과학과 사상, 1988, pp294~295.

17 〈조선일보〉(1950.1.4).

18 브루스 커밍스·존 할리데이, 《한국전쟁의 전개과정》, 태암, 1989, p36.

19 정병준, 《한국전쟁 — 38선 충돌과 전쟁의 형성》, 돌베개, 2006, p332.

20 和田春樹, 《朝鮮戰爭全史》, 岩波書店, 2002, p40.

21 와다 하루키, 《한국전쟁》, 창작과비평, 1996, p78.

22 맥아더, 《세계 회고록 대전집1: 맥아더》, 수문서관, 1983, p392.

23 소진철, 《한국전쟁 어떻게 일어났나》, 한국학술정보, 2008, pp158~159.

24 〈연합통신〉(1950.2.17), 국사편찬위원회, 《자료 대한민국사》16권.

25 해리 S 트루만, 앞의 책, p313.

26 "미국 중앙정보국 정보보고서 Daily Report 1", 국사편찬위원회 《한국전쟁 자료총서》16, p3.

27 국사편찬위원회, 《한국전쟁 자료총서》39, p438.

28 정병준, "한국전쟁 초기 국민보도연맹원 예비검속·학살 사건의 배경과 구조", 《역사와 현실》 54호(2004년 겨울), p95.

29 Bruce Cumings, *The Origin of the Korean War, volume2: The Roaring of the Cataract 1947-1950*, Yuksabipyungsa, 2002, p672.

30 김동춘, 《전쟁과 사회》, 돌베개, 2000, p105에서 재인용.

31 Bruce Cumings, 앞의 책, pp686~690 참조.

32 와다 하루키, 앞의 책, p96.

33 박명림, 《한국 1950: 전쟁과 평화》, 나남, 2002, p219에서 재인용.

34 고준석, 《민족통일 투쟁과 조선혁명》, 도서출판 힘, 1988, pp182~183.

35 이태, 《남부군 上》, 두레, 1988, p261.

36 조선은행조사부, 《조선경제연보》, 1948, pp27~36 참조.

37 리구훈, "허구와 기만으로 조작된 소위 남조선 '농지개혁법'의 정체", 《인민》(1950년 6월), 국사편찬위원회, 《북한관계사료집》 40호, pp569~571 참조.

38 중앙일보사, 《민족의 증언2》, 1983, p141.

39 〈당 열성자들에게 주는 주간보〉 제2호(1950년 8월 13일 자호), 국사편찬위원회, 《북한관계사료집》12, pp534~536.

40 김성칠, 《역사 앞에서: 한 사학자의 6·25일기》, 창비, 2009, p110.

41 데이비드 핼버스탬, 《콜디스트 윈터》, 살림, 2009, p472.

42 김기진, 《한국전쟁과 집단학살》, 푸른역사, 2006, p123.

43 같은 책, p65.

44 이대근, 《해방 후 1950년대의 경제》, 삼성경제연구소, 2002, p207.

45 리영희, 《리영희 저작집6: 역정》, 한길사, 2006, pp255~256.

46 김태우, "한국전쟁기 미 공군의 공중폭격에 관한 연구", 서울대 박사학위논문, 2008, pp79~80쪽 참조.

47 같은 글, pp234~236 참조.

48 New York Times(1951.2.9), 김태우, 앞의 글에서 재인용.

49 〈인민일보〉(1950.11.6), 행정자치부 정부기록보존소 수집과, 《중국과 한국전쟁 1》, 2002, pp49~50.

50 和田春樹, 앞의 책, p169.

51 〈동아일보〉(1995.6.17).

52 홍학지, 《중국이 본 한국전쟁》, 한국학술정보, 2008, p86.

53 가브리엘 콜코, 《미국의 세계전략과 한국전쟁》, 청사, 1989, p124.

54 Bruce Cumings, 앞의 책, p358.

55 이종석, 《북한-중국 관계》, 중심, 2000, p116.

56 볼셰비키텐던시, "6.25 잊혀진 전쟁", http://www.bolshevik.org/hangul/INDEX.htm.

57 태윤기, 《군인 일기》, 일월서각, 1985, p171.

4장 5·18에서 1987년까지 — 노동계급의 역사적 전진

1 〈조선일보〉 2017년 3월 13일 자 사설 "광화문광장 흉물 천막들 이제 걷어낼 때다.".

2 크리스 하먼, 《세계를 뒤흔든 1968》, 책갈피, 2004.

3 서중석, 《6월 항쟁》, 돌베개, 2011, p219.

4 같은 책, p226.

5 같은 책, p273.

6 같은 책, p336.

7 같은 책, p368.

8 정해구, 《전두환과 80년대 민주화운동》, 역사비평사, p127.

9 한국기독교 사회문제연구원 편, 《7~8월 노동자 대중투쟁》, 민중사, 1987, p65.

10 최장집, 《양손잡이 민주주의》, 후마니타스, 2017, p17.

11 손호철, 《촛불혁명과 2017년 체제》, 서강대학교 출판부, 2017.

12 최장집, 앞의 책, p53

13 손호철, 앞의 책, p119.

14 노중기, "6월 민주항쟁과 노동자대투쟁", 《6월 민주항쟁과 한국사회 10년》, 당대, 1997, p209.

15 김영수 외, 《전노협 1990~1995》, 한내, 2013, p62.

16 로자 룩셈부르크, 《룩셈부르크주의》, 풀무질, 2002, p193.

17 이수원, 《현대그룹 노동운동, 그 격동의 역사》, 대륙, 1994, p51.

18 같은 책, p69.

19 구해근, 《한국노동계급의 형성》, 창작과비평사, 2002, pp228-230.

20 노중기, 앞의 글, p202.

21 이수원, 앞의 책, pp114-115.

22 국정 한국사교과서, 국사편찬위원회, p272.

23 구해근, 앞의 책, 2002, p37.

마르크스주의로 본 한국 현대사

지은이 | 한규한 외

펴낸이 | 김태훈
편집 | 이진화

펴낸곳 | 도서출판 책갈피
등록 | 1992년 2월 14일(제2014-000019호)
주소 | 서울 성동구 무학봉15길 12 2층
전화 | 02) 2265-6354
팩스 | 02) 2265-6395
이메일 | bookmarx@naver.com
홈페이지 | http://chaekgalpi.com

첫 번째 찍은 날 2018년 3월 26일
두 번째 찍은 날 2018년 6월 18일

값 13,000원
ISBN 978-89-7966-134-7